新식민지주의론

글로벌화시대의 식민지주의를 묻는다

〈新〉植民地主義論―グローバル化時代の植民地主義を問う
SHIN SHOKUMINCHI SHUGI RON
by Nagao NISHIKAWA

新식민지주의론

니시카와 나가오 지음 · **박미정** 옮김

글로벌화시대의 식민지주의를 묻는다

일조각

한국의 독자들에게

이 책의 한국어판이 『국경을 넘는 방법—문화·문명·국민국가』에 이어 일조각에서 출간된 것은 저에게 더할 나위 없는 명예이며 큰 기쁨입니다. 이 책을 출간하면서 특별히 배려해주신 일조각과 한경구 교수님, 번역을 맡은 박미정 씨를 비롯해 도움을 주신 많은 분들께 진심으로 감사합니다. 이와 같은 깊은 이해와 호의를 받으며 이 책이 출간되는 행복을 지금 새삼 깊은 감회로 받아들입니다.

이 책의 출간과 더불어 후기를 써달라는 요청이 있었습니다. 이 책은 식민지와 식민지주의에 관한 긴 세월에 걸친 연구의 축적이라기보다는 이 문제에 관해서 오랫동안 생각해온 것들과 번복된 의문이 넘치는, 말하자면 독백과 문제제기의 글이라고 하는 편이 진실에 가까울지 모르겠습니다. 최근 몇 년 동안 '〈신〉식민지주의론'이라는 주제를 들어 식민지주의 개념의 전환을 꾀하는 동안, '글로벌화는 제2의 식민지주의'가 아닐까, 현재 세계를 지배하고 있는 것은 '식민지 없는 식민지주의'가 아닐까, '국민국가는 식민지주의의 재생산장치'는 아닐까 등의 일부러 자극적인 말을 되풀이하고 논의와 대화를 계속하면서 드디어 알게 된 것이 있습니다.

그것은 서구의 팽창으로부터 시작되어 국가와 자본과 문명개념으로 지탱되어온 근대라는 시대는 원래 글로벌리제이션과 일체이며, 그 빛나는 근대의 배후에는 암흑의 식민지와 식민지주의가 붙어 있었다는 사실입니다. 그리고 근대라는 시대의 진실은 그 배후에서부터 밝혀가야 하지만, 그 작업은 동시에 근대인일 수밖에 없었던 우리 자신의 숨겨진 내면의 어두운 부분을 밝혀내는 작업을 동반할 것입니다. 식민지와 식민지주의의 진실을 밝히는 작업은 어려움과 위험을 동반하는 끝없는 여행이 될 것이라고 생각합니다.

저는 몇 개월 전부터 이 어려운 여행을 예감하고 망연자실해서 실어증에 걸린 것과 같은 상태가 계속되고 있습니다. 지금 한국의 독자 여러분들께 어떠한 이야기를 할 수 있을까요. 하나의 해결책으로 제가 올해 정월에, 어느 지방의 작은 신문사의 요청을 받아 이 문제에 대해 쓴 일종의 총괄과 같은 글인 「식민지주의와 인양자 문제」를, 「한국어판 후기」를 대신해서 재록하게 되었습니다. 그 글을 통해 식민지주의에 대해 제가 서 있는 위치와 이 책이 놓인 상황 그리고 연구의 어려움에 대한 제 생각과 행보 같은 것을 알 수 있지 않을까 생각합니다. 독자 여러분의 비판과 의견을 들을 수 있다면 다행으로 여기겠습니다.

2009년 11월 20일

니시카와 나가오

차례

* 일러두기

1. 본문에서 미주는 원서의 주, *는 옮긴이 주이다.
2. 본문에서 방점으로 강조한 단어는 원서의 표시를 그대로 따른 것이다.
3. 본문에서 '글로벌, 글로벌리제이션' 등의 용어는 지은이의 의도를 반영해 한글로 번역된 용어로 옮기지 않고 원서의 표기에 따라 발음대로 표기했다.
4. 한국 독자의 이해를 돕기 위해 제1장에서는 포스트콜로니얼리즘 관련 내용을, 제4장에서는 마르티니크 관련 사진을 추가했다.
5. 원서에는 본문에 언급한 참고문헌들의 자세한 서지사항이 표시되어 있지 않기 때문에 이를 보완해서 책 뒷부분에 별도로 정리해서 넣었다.

서문을 대신해서

나의 식민지주의론
—글로벌화시대의 새로운 식민지주의에 대해서

식민지주의라는 문제는 내가 철이 들어 사물에 대해 스스로 생각하게 된 후 언제나 내 머릿속에서 나를 고뇌하게 만들었다. 그래서 언젠가는 결론을 내야만 한다고 생각하던 문제 중의 하나였다. 식민지라는 말이 지금까지 내게 고정관념의 하나로 계속 자리 잡고 있는 이유 중의 하나는, 그것이 나의 국민국가론 속에서 잘 정리되지 않은 채 언젠가는 채워야만 할 이론적인 결함으로 생각하고 있기 때문이기도 하다. 하지만 그 밑바탕에는 내 어린 시절의 기억과 전쟁 체험 등이 있지 않을까 생각한다. 이는 나와 같은 세대의 아주 많은 사람들에게 공통적인 것이다. 다만 식민지라는 말을 얼마나 의식하고 있는가에 따라 차이가 있을 것이다.

호적등본에 따르면 나는 1934년 5월 1일 당시 일본의 식민지였던 북조선과 만주(중국 동북부)의 국경 근처에 있는 작은 읍내인 강계江界의 육군관사에서 태어났다. 군인이었던 아버지가 전근하실 때마다 각지를 전전하다가 신징新京(현재의 창춘長春)에서 마지막으로 살았다. 패전 후에는 북조선의 진남포鎭南浦에서 10개월 정도 억류되었다가 어머니와 둘이서 우여곡절 끝에 38도선을 넘어 인양자引揚者*로서 일본에 돌아왔다. 그렇지만 식민지라는 불쾌한 점액질 같은 말이 내 몸을 감싸게 된 것은 어린 시절 중 11년을 보낸 식민지에서가 아니라 일본 본토로 되돌아온 뒤였다. 아마도 북조선에서 바깥 세계와 차단된 10개월 동안 억류생활을 하면서도 순수하게 애국심을 지켜왔던 소년으로서 점령하 일본사회의 굴욕적인 현실을 그대로 받아들일 수 없었기 때문이었으리라.

주둔군의 지프를 따라가며 껌과 초콜릿을 달라고 보채는 아이들. 그것은 정말 식민지적인 풍경이었다. 그 후 식민지 또는 식민지주의라는 용어는 일본의 전후사회에 대한 나의 남모르는 위화감과 고독을 나타내는 말로서 내 몸속에 계속 잠복해왔던 것이 아닌가 하는 생각이 든다.

그러나 지금 생각해보면 그것은 기묘하게 도착된 체험이다. 식민지에서는 식민지를 의식하지 않고 살다가 귀국한 뒤 일본에서 식민지적 현실을 깨닫고, 일본사회의 그러한 식민지적 상황 속에서 과거의 기억을 더듬어 봄으로써 내가 태어나 자란 곳이 식민지였다는 것을 드디어 이해하기 시작했기 때문이다. 내 어머니는 조선에서 태어나 조선어를 자유롭게 말했다(외할아버지는 조선의 작은 읍내에서 우체국장을 지냈다). 모리사키 가즈에森崎和江**처럼 "경주는 어머님이 부르는 소리慶州は母の呼び聲"라고까지는 말할 수 없지만, 거부할 수 없는 고향인 것만은 변함이 없다.

어머니가 병약한 탓도 있어 집에는 유모와 나이 어린 여자아이들도 있었다. 소학교(나중에 국민학교가 되었다) 때 나를 자주 낚시에 데리고 가주었던 세 살 위의 조선인 친구는 말이 없고 친절했지만, 초대를 받아 그의 집

---

* 제2차 세계대전에서 일본이 패전한 후 식민지에서의 생활을 마치고 일본으로 되돌아온 사람들.
** 1927년 4월 20일 경상북도 대구에서 태어난 시인이자 작가.

에 갔을 때 느꼈던 거북스러움. 그는 거짓말쟁이에다가 쉽게 소리를 질러댔고, 결코 사람 말을 잘 듣지 않는 마르고 피부가 검은 소년이었다(『아Q정전阿Q正傳』을 읽을 때마다 나는 그를 떠올린다). 외출이 금지된 채 비적匪賊이라는 말에 겁먹으며 지내던 하얼빈哈爾濱과 창춘의 긴 겨울 밤. 한번 숨어버리면 밖에서는 보이지 않는, 끝없이 이어진 옥수수밭. 들여우를 쫓아서 전쟁놀이를 하던 어느 날 무한한 황야의 끝에서 발견한 철조망과 콘크리트 벽으로 둘러싸인 건물에 731세균전부대가 있었다는 사실을 안 것은 20년도 더 지난 뒤였다. 아버지와의 이별(아버지는 시베리아에서 3년 반을 지냈다). 8월 불볕더위 속에서 3일 동안 무개화물차를 탔던 여행 그리고 패전. 다다미 4장 반짜리와 8장짜리 두 개의 방에 갇힌 채 기아에 허덕이며 열세 명의 여러 가족들이 공동으로 생활하다 보니 저항력이 없는 갓난아기와 다섯 살 아이가 영양실조로 죽어갔다. 나보다 작은 소련군 소년병(자동소총을 가지고 시계를 달라고 졸랐다)과 몸집이 큰 여자 병사. 러시아병사의 '방문' 때문에 겁에 질렸던 날들. 장벽 틈으로 처음 본 메이데이May Day, 붉은 깃발과 '김일성 만세'라는 소리. 비 내리는 산속을 헤매면서 노숙을 거듭하다가 드디어 넘은 38도선. 인천항에서 가축처럼 세워진 채 미군 병사들이 머리 위에 뿌렸던 DDT가루. 거대한 화물선의 배 밑창에서 십수일을 보낸 일들(리버티선*이란 얼마나 기묘한 이름인가) 등.

'식민지'라는 말로 다가오는 전후사회에 대한 위화감은 그 후 심해지기는 했어도 줄어들지는 않았다. 대학에 들어가 프랑스문학을 배우기 시작했을 때, 특히 일불회관이나 프랑스문학회 등에서 느끼는 위화감. 다케우

* Liberty ship. 제2차 세계대전 중 미국이 잠수함으로 인한 상선의 손실을 메우기 위해 대량으로 건조한 선박. 전시표준선戰時標準船으로서 1941년 이후 2,300척 이상 건조되어 전시물자를 수송했다.

치 요시미竹內好*는 프랑스문학자들에 대한 반감을 '근대주의'라는 이름으로 표현했지만, 내게는 정말 식민지주의였다. 그러나 프랑스문학에 그치지 않고 영문학을 비롯한 모든 외국문학연구, 역사학이나 사회과학, 학회나 대학조차도 일종의 식민지가 아닌가 하는 분노는 해가 갈수록 심해졌다(쓰루미 슌스케鶴見俊輔⁑의 대학과 대학인 비판은 내게는 식민지주의 비판이다). 이것은 불행한 고정관념이다.

식민지라는 고정관념에서 해방되기 위해서는 그것을 새롭게 대상화해서 극복하는 것 이외에는 방법이 없다. 그리고 그 대상화를 추진하기 위해서는 공적인 장소에서, 즉 독자와 공동 연구자인 동료들의 도움을 받아 추진할 필요가 있지 않을까 생각한다.

이 책에는 최근 몇 년 동안 그중에서도 2001년 9월 11일 이후에 쓴, 식민지주의를 대상화하는 시도를 포함한 글이 여덟 편 수록되어 있다. 제I부의 네 편은 상하이上海, 서울, 가오슝高雄, 나아가 마르티니크Martinique 등 변화가 심한 구식민지와 식민지도시로 발을 옮겨, 각각의 상황 속에서 식민지 문제에 대해 생각하고 발언할 것을 스스로에게 강요한, 긴장감 있는 글이다. 제II부의 네 편은 다문화주의, 공공성, 내셔널아이덴티티, 글로벌리제이션 등 각각의 주제는 다르지만 식민지주의 문제의 밑바탕에 있는 것 또는 그것을 해결하기 위한 방향을 찾는 시도라는 점에서 공통된다. 특히 이 책에 수록된 여덟 편은 모두 장소와 시간적 제약 때문에 충분히 연구한 상태에서 쓴 글들이 아니다.

오히려 이 책은 문제를 제기하고 식민지주의에 관한 고찰을 불러일으키

---

* 1910~1977. 일본인 중국문학자, 문예평론가. 루쉰魯迅에 관해 연구하고 그의 작품들을 번역했으며 언론계에서 일본과 중국, 일본문화 등의 문제에 대한 발언을 했다.

⁑ 1922~ . 철학자, 평론가. 작가이며 정치가인 쓰루미 유스케鶴見祐輔는 아버지, 정치가 고토 신페이後藤新平는 외할아버지이다.

는 '독자와 나 자신에 대한' 책이며, 긴 시간이 필요한 연구의 출발점에 지나지 않는다는 것을 먼저 밝혀둔다. 또 이렇게 해서 한 권의 책으로 묶어보니 중복되는 부분과 반복되는 내용이 많은 것이 마음에 걸리지만, 그것은 또 그런대로 의미가 있다고 생각하며, 마지막 장인 제8장 「미명未明의 지평을 향한 걸음—글로벌화 속에서 생각한다」 이외에는 원칙적으로 생략하거나 수정하지 않기로 했다.

다음은 이 책의 전체적인 의도를 쉽게 이해하기 위해, 이 책에서 제기하고 있으며 동시에 '따라서 이제부터 추구해야만 한다고 나 스스로가 생각하는' 모든 문제를 한 눈에 볼 수 있게 정리해놓은 것이다.

1. 식민지 방기와 식민지 망각

내가 여기서 이야기하고자 하는 것은 식민지 문제를 고찰의 대상으로 삼기 위한 역사적 조건이다. 전후 우리는 식민지 문제를 정면으로 부딪혀서 고찰하고 깊이 생각할 수 없었다. 전후 일본인이 과거 역사를 깊이 반성하고 미래로 나가려고 했다면 식민지 문제를 가장 먼저 검토했어야 하는데 왜 그렇게 하지 못했을까? 일본은 패전으로 인해 이전에 영유하고 있던 모든 식민지를 방기放棄했고 점령군의 정책 역시 그와 깊은 관계가 있다고 이 책에서 언급했다. 그러나 식민지에 대한 기억의 억압은 단지 국민감정이나 사회심리학적인 차원으로 끝나지 않는다. 일본의 사회과학도 식민지라는 대상을 잃어버리고 이 문제를 방치함으로써 전후 일본 사회과학의 불투명한 전환과 방향성으로 연결된다.

이는 야나이하라 다다오矢內原忠雄*를 시작으로 해서 제국주의시기에 대

* 1893~1961. 도쿄대학 정치학과 졸업. 2년 동안 유럽에 유학한 후 도쿄대학의 교수가 되어 식

학에서 식민지정책학을 연구했던 이들이 전후 식민지정책학에서 지역연구나 아시아연구, 저개발경제론이나 국제경제학, 나아가서는 국제관계학으로 연구의 방향을 바꾼 흔적을 찾아보면 알 수 있다. 그리고 식민지 문제에 대한 애매한 대처방법, 식민지 망각이 결국에는 식민지 긍정론으로 연결되는 맥락은 사회과학이나 저널리즘의 동향, 심지어는 정부나 자민당 주요 인사들의 거듭되는 폭언이나 수많은 실언에서도 읽을 수 있다.

그중에서도 식민지 망각이 식민지 긍정으로 이어지는 예는 일본에만 있는 것이 아니다. 미국, 캐나다, 오스트레일리아 등 구대영제국의 식민지들로부터 퍼진 다문화주의도 역시 통설과는 반대로 식민지 망각과 식민지 긍정이라는 문맥 속에서 해석할 수 있다. 또 최근 유럽 각국 이민정책의 추이를 더듬어보면 EU(유럽연합) 형성이 구식민지와의 단절을 더욱 강화시켜 식민지 망각 경향이 두드러진다는 점을 지적할 수 있다. EU에 통합(주권의 일부를 이양했다)된 유럽열강은 이제 더 이상 구종주국이 아니며 구식민지의 유제遺制에 관계할 필요가 없다고 말할 뿐이다.

2005년 2월, 프랑스에서는 식민지 지배의 좋은 측면도 학교에서 가르쳐야 한다는 조항이 포함된 법안이 의회에서 통과되자 국내외에서, 그중에서도 특히 알제리와 마르티니크 등의 구식민지 주민들이 비판하고 있다. 지금의 프랑스는 그 같은 법안이 아무런 저항 없이 의회를 통과해버리는 시점에 와 있다. 같은 해 가을, 프랑스 교외에서 시작된 이민 후속세대인 젊은이들의 '폭동'은 이러한 움직임과 무관하지 않을 것이다. 9·11 이후의 부시정권과 미국 대중매체에서 흘러나온 언설은 제2차 세계대전을 뒤

민정책을 강의했으며, 타이완, 사할린, 조선, 만주, 남양에서 일본 식민정책의 실증적 연구를 진행했다. 식민정책분야에서 남긴 뛰어난 업적과 함께, 기독교 신앙에 근거한 실천과 많은 저작으로 사회에 큰 영향을 끼쳤다.

어넘어 제1차 세계대전 이전 식민지주의자의 언설을 연상시키지만, 언뜻 보면 미국을 비판하는 입장에 서 있는 것처럼 보이는 유럽에도 이 같은 저항이 있으며 양자의 움직임은 그 저변에서 서로 통하고 있다.

2. 식민지 없는 식민지주의

나는 이 말을 글로벌화시대의 새로운 식민지주의의 특징을 나타내는 말로 받아들였다. 이 말이 저절로 내 입에서 나온 것은 9·11 이후의 움직임을 파악하는 데 한창 몰두하고 있을 때였으며, 그 말을 기록한 날짜는 2002년 3월 15일이다. 이 책은 그 속편의 의미를 갖고 있기 때문에 그 부분을 옮겨 본다.

> 식민지주의는 '문명화의 사명'이라는 구실을 근거로 추진되었다. '문명화'는 식민지주의의 이데올로기이다. 글로벌리제이션이 혹 제2의 식민지주의를 의미하는 것이라면 새로운 식민지는 어떠한 형태일까. 세계 주변부의 대부분을 차지하는 구식민지가 다시 착취의 대상이 될 것이라는 사실은 부정할 수 없다. 그러나 새로운 식민지주의는 특정한 영토를 정치적, 군사적으로 통치하는 것에 한정할 필요는 없다. 전쟁이 되풀이되었던 이민과 난민의 세기가 지나고 정보가 한순간에 세계의 구석구석까지 도달해 노동력의 이동이 일상적으로 이루어지는 지금, 식민지는 세계의 모든 곳, 구종주국과 패권국의 내부에도 형성될 수 있기 때문이다. 새로운 식민지의 경계는 더 이상 눈에 보이는 영토나 국경이 아니라, 정치적, 경제적인 구조 속에 자리 잡고 있다. 합법·비합법을 가리지 않고 다수의 외국인 노동자가 일하고 있었던 세계무역센터빌딩은 그러한 의미에서도 새로운 식민지주의의 상징이었을 것이다.
>
> 나의 책, 『전쟁의 세기를 넘어서戰爭の世紀を越えて』, 平凡社, 2002, 27쪽

따라서 나는 '식민지 없는 식민지주의'라는 말을 학술문헌에서 인용하고 있는 것이 아니다. 오히려 기존의 식민지주의론의 문맥에서 벗어나서 식민지 문제를 생각하는 것이다. 비슷한 표현으로는 '식민지 없는 제국주의'가 있다. 이 말은 전간기戰間期*로부터 제2차 세계대전에 걸쳐서 식민지주의가 비판의 대상이 되어 정당성을 잃어버린 시대에, 심지어 식민지 지배를 정당화하려고 한 식민지정책학의 허무한 시도와 역설적인 수사기교를 드러낸 말이다(피터 두스Peter Duus, 「식민지 없는 제국주의— '대동아공영권'의 구상The illusion of Empire: Ideology and Practice in the Greater East Asia Co-prosperity Sphere」, 『思想』, 1992년 4월호). '식민지 없는 제국주의'에서 '식민지 없는 식민지주의'로 옮겨간 과정을 추적하는 것은 흥미 있는 일이기는 하지만 잠시 미루어두기로 하자.

제국주의가 비판의 대상이 된 이래로, 제국주의는 언제나 식민지주의와 함께 언급되어왔다. 그러나 지금까지 에메 세제르Aimé Césaire의 『식민지주의론*Discours sur le Colonialisme*』(1950)을 제외하고, 식민지 또는 식민지주의를 정면으로 진지하게 논의한 적이 있을까. 이것은 오랜 세월 동안 내가 갖고 있던 의문이다. 제국주의에 관한 이론은 전후에 한정되지 않고 전쟁 전이나 전쟁 중에도 마르크스주의이론이나 사회과학의 중심에 있었지만 식민지주의론은 오늘에 이르기까지 제국주의론의 부수적인 계통으로 존재해왔던 것은 아닐까. 식민지정책학에 대한 저서 중 걸작으로 꼽히는 야나이하라 다다오의 『제국주의하의 타이완帝國主義下の臺灣』이라는 제목을 보고 나는 가벼운 현기증을 느낀 적이 있다. 야나이하라는 "자본주의 최고단계로서의 제국주의"라는 레닌Vladimir Ilich Lenin의 개념 규정을 그대로 사용해서 일본제국주의의 식민지정책이론과 실제를 긍정적으로, 그

* 1918년 제1차 세계대전의 종전에서부터 1939년 제2차 세계대전 발발까지의 20년.

구체적인 예로 타이완을 들어 설명한다.

성전聖典으로서 레닌의 『제국주의—자본주의 최고의 단계로서』가 다양한 각도에서 비판의 대상이라는 것을 모르는 것은 아니지만 제국주의와 식민지주의의 관계에서는 어떨까. 이 관계를 역전시켜 식민지를 주체로 해서 식민지의 입장에서 생각해볼 수는 없을까. 이렇게 말해서 레닌의 가치를 떨어뜨리려는 것은 아니다. 예를 들면 다음 문장을 보자. "자본주의는 지상地上 인구의 압도적 다수에 대해 한 움큼의 '선진' 제국들이 식민지로 억압하고 금융으로 교살하려는 세계체제로 성장하고 탈바꿈했다. 그리고 이 '수확물'은 머리부터 발끝까지 무장한 세계적으로 강대한 두셋의 강도들(미국, 영국, 일본)이 분배했다. 그리고 그들은 자신들의 전쟁에 전 지구를 끌어들이는 것이다"[프랑스어판(1925)과 독일어판(1926) 출간에 즈음한 서문. 『제국주의—자본주의 최고의 단계로서』, 岩波文庫, 18쪽]. 이 한 구절이 글로벌화 시대인 현재에 이르러 현실성을 갖게 되면서 한층 더 빛을 발하고 있는 것처럼 보인다. 그러나 고도자본주의의 관점에서 바라본다는 것은 결국 중심에서 주변을 바라본다는 것으로서 '문명화'의 관점에서 바라본다는 의미일 것이다. 예를 들면 앞에서 인용한 '식민지적 억압'의 실태는 레닌의 『제국주의—자본주의 최고의 단계로서』에서는 거의 분석되지 않았다. 이 점에서 요한 갈퉁Johan Galtung이 레닌의 이름을 거론하면서도 그 경제환원주의('자본주의의 최고 단계……')를 비판해서 자신의 제국주의론에 새로운 도식을 만드는 방법은 흥미롭다. 그러나 주변에서 중심을 바라본다면 어떻게 될까. 에메 세제르는 『식민지주의론』에서 그것을 시도하려고 했다. 유감스럽게도 에메 세제르 역시 프랑스 본토, 즉 프랑스공화국에서 최고교육을 받은 지식인으로서 문명이라는 개념에 사로잡혀 있다. 그러나 그는 이를 역전시킨다. 문명의 야만과 야만의 문명. 미국과 유럽의 야만,

식민지의 문명.

> 나는 비유럽의 모든 문명을 무조건 지지한다. …… 그것들은 연구자들의 말처럼 전前자본주의적인 사회였을 뿐만 아니라 반反자본주의적인 사회이기도 했다. 그것은 협조적인 사회, 우애가 넘치는 사회였다. 나는 제국주의에 파괴된 모든 사회를 무조건 지지한다…….
>
> 『귀향노트 · 식민지주의론』, 平凡社ライブラリー, 149~150쪽

세제르의 『식민지주의론』에는 그의 마르크스주의와 '네그리튀드négritude'*에 대한 주장이 강하게 담겨 있다. 그러나 그것은 동시에 '문명화의 사명'이라는 식민지이데올로기를 서구의 부르주아와 공유한 서구의 마르크스주의(더 직접적으로는 프랑스공산당)에 대한 심한 비판과 항의의 책이기도 했다. 피식민지 측의 식민지주의론은 말할 것도 없이 반식민지주의론이다. 그러나 이 책의 제4장(「마르티니크에서 오키나와로」)에서 언급한 것처럼, 시인이자 정치가이기도 한 에메 세제르의 생애는 독립보다는 동화(자치)를 선택한 극히 모순에 찬 것이었다.

도식적으로 말하자면 세제르의 네그리튀드와 식민지주의론은 영토 지배를 목적으로 했던 고전적인 식민지주의에 대응하고 있으며 '식민지 없는 식민지주의'에 대응하는 것은 크레올주의creolism와 다문화주의, 나아

---

* '흑인성, 흑인문화 예찬'의 뜻. 1934년에 기관지 『흑인학생*L'Étudiant Noir*』을 창간한 레옹 다마Léon Damas(1912~1978), 에메 세제르, 레오폴 세다르 상고르 등 세 명을 중심으로, 1930년대의 파리에서 시작된 흑인 유학생들의 "흑인을 흑인성, 네그리튀드의 존엄에 눈을 뜨게 해서 프랑스의 식민지동화정책을 거부한다"는 문화운동을 네그리튀드운동이라고 한다. 이 운동을 계기로 해서 결집한 흑인의 에너지는 제2차 세계대전 후 아프리카 독립의 기폭제가 되었다. 1930년대의 파리에서 이 운동이 받아들여진 배경에는, 제1차 세계대전 후에 황폐화한 유럽의 문화상황에 대한 백인의 자신감 상실이 있으며, 백인들은 그 대체물을 피카소Pablo Picasso처럼 흑인문화에서 찾은 것이다.

가서는 포스트콜로니얼리즘이지만, 이는 이 책에서는 충분히 다루고 있지 않다. 다문화주의에 대해서는 이제까지 너무 많이 논의했다고 자각했으며 이 책에 수록된 짧은 시론은 지금까지 그다지 주목하지 않았던 다문화주의와 식민지주의의 관련에 대해 언급한 것으로서, 원래는 다문화주의에서의 반反식민지주의에 대해서도 살펴보려 했다. 크레올주의에 대해서는 조금 더 시간을 갖고 언어와 일상생활의 측면에 주목해서 고찰해보고 싶다는 생각을 하고 있지만, 이 책의 제3장(「글로벌화시대의 이문화커뮤니케이션」)에서 크레올주의가 '(식민지주의의) 피해자 입장에서 제안한 화해의 사상'이라는 기본적인 관점에는 변함이 없다. 이것은 이 책에 수록된 내셔널아이덴티티론과도 관계되며, 또 내 식민지주의론의 방향을 보여주는 중요한 지점이기도 하기 때문에, 다음에 타이완에서 강연(이 책 제3장)을 하면서 염두에 두었던 나 자신의 글을 재수록해둔다.

크레올주의는 서구 열강의 백인들이 단지 식민지화한 것뿐만 아니라, 토착 선주민들이 쫓겨나고 절멸된 뒤에 아프리카 각지에서 노예로 끌려온 흑인과 지배자인 백인 사이에서 만들어졌으며, 최악의 극한 상태에서 형성된 언어나 문화 속에서 시대를 초월한 긍정적인 요소를 발견하고자 하는 역전逆轉의 사상이며 피해자 쪽에서 제시한 화해의 사상이라고 말해도 좋을 것이다. 나는 여기에 제시된 크레올주의가 다문화주의와 아이덴티티론이 가야 할 방향을 제시하고 있는 것이라 생각한다. 동시에 구미 열강의 국익 중심적인 독단과 횡포로 인해 고난을 당하고 있는 팔레스타인 출신 학자 에드워드 사이드Edward Wadie Said*는 『오리엔탈리즘*Orientalism; Western Conceptions of the Orient*』에 이어 출간한 『문화와 제국주의*Culture and Imperialism*』에서 카리브

* 1935~2003. 팔레스타인계 미국인으로 문학연구자, 문학비평가. 오리엔탈리즘과 함께 포스트콜로니얼리즘을 확립했다.

해 출신 지식인들의 아이덴티티론에 호응이라도 하듯이 다음과 같이 쓰고 있다.

"그러나 민족주의자들의 운동이나 제국주의자들의 획책에 그렇게도 중요한 요소였던 '우리 대對 그들'이라는 이항대립은 이제 사라졌다. 그 대신에 지금 우리가 어렴풋이 느끼기 시작한 것은 낡은 권위가 새로운 권위로 교체되는 것이 아니라 국경을 넘어, 틀에 박힌 형태를 넘어, 민족을 넘어, 본질을 넘어 형성되는 새로운 연대관계가 급속하게 생겨나고 있다는 점이다. 그리고 이러한 새로운 연대관계의 출현으로 인해 예전의 제국주의시대에 문화적 사고의 중심을 차지하고 있던 아이덴티티라는 근본적으로 정적靜的인 개념이 계속 환기되고 있으며 또한 도전을 받고 있는 것이다."

나의 글, 「다언어 · 다문화주의의 현재—식민지주의적이지 않은 일본어 교육은 가능한가多言語 · 多文化主義の現在—植民地主義的でない日本語教育は可能か」, 『전쟁의 세기를 넘어서』, 240쪽 ; 에드워드 사이드, 『문화와 제국주의』 1, みすず書房, 1998, 24쪽

여기에서 인용한 사이드의 글은 『오리엔탈리즘』 시대의 사이드에게는 적용되지 않는다고 생각한다. 『오리엔탈리즘』(1978)과 『문화와 제국주의』(1993) 간의 단절, 그 사이의 전환이야말로 포스트콜로니얼리즘적 인식에서 아주 중요하다는 나의 주장은 이 책에서도 충분히 전개되어 있지는 않지만, 몇 년 전에 내 생각을 정리한 짧은 글이 있으므로 이를 참조해주기 바란다(니시카와 나가오 · 오조라 히로시大空博 · 히메오카 도시코姫岡とし子 · 가 고夏剛 엮음, 『글로벌화를 읽는 88개의 키워드グローバル化を讀解み解く88のキーワード』, 平凡社, 2003에서 「포스트식민주의」 항목).

포스트콜로니얼(식민지 후)이라는 형용사는 제2차 세계대전 후에 많은 식민지가 독립해서 국민국가를 형성한 역사적 상황을 나타내는 말로 사용되기 시작했다(예를 들면 post-colonial state처럼). 그러나 현재 사용되고 있

는 포스트콜로니얼리즘, 포스트콜로니얼 비평, 포스트콜로니얼이론이라는 용어는 1970년대부터 사용되기 시작해, 1990년대 들어서 일반화되었다고 생각해도 좋을 것이다. 따라서 포스트콜로니얼리즘이라는 말은 글로벌화라는 말과 같은 시대를 살았기 때문에 글로벌화라는 말이 나타내는 역사적 현실과 깊이 관련되어 있다.

그러나 포스트콜로니얼이라는 말이 사용되면서 포스트콜로니얼 비평이나 포스트콜로니얼이론이 문제가 되었을 때, 포스트콜로니얼의 개념은 근본적으로 변용되어야만 했다. 즉 여기서 말하는 포스트콜로니얼은 단순히 식민지 후가 아니라 식민지라는 체제가 끝난 후에도 식민지주의적인 지배나 심성, 문화적 상황이 의연히 존재하거나 형태를 바꾼 식민지주의가 한층 강화되어 있는 현상을 가리킨다. 즉 식민지시대와 그 후의 시대가 새삼 문제시된 것이다. 그러나 정치나 경제보다는 오히려 문학과 문화의 영역에서, 제3세계 출신으로 미국에 살고 있는 많은 지식인들이 동시대의 포스트구조주의와 포스트모던 또는 컬추럴스터디스 등 서로 영향을 주고 받으며 그러한 이론을 추구하게 된 것은 포스트콜로니얼리즘의 언설에 일종의 난해함과 래디컬리즘, 굳이 말하자면 편향을 불러일으키게 되었다. 예를 들면 대표적인 세 사람, 사이드의 이론에 나타나는 미셸 푸코Michel Foucault와 프란츠 파농Frantz Omar Fanon, 호미 바바Homi K. Bhabha의 이론에 나타나는 루이 알튀세르Louis Althusser, 안토니오 그람시Antonio Gramsci, 자크 라캉Jacques Lacan, 가야트리 스피박Gayatri Chakravorty Spivak의 이론에 나타나는 카를 마르크스Karl Marx와 자크 데리다Jacques Derrida의 흔적을 부정할 수 없을 것이다.

포스트콜로니얼리즘이론에 대해 살펴보려면 사이드의 『오리엔탈리즘』에서 시작하는 것이 통례이다. 그러나 나는 『오리엔탈리즘』과 『문화와 제국주의』 사이에 있는 깊은 단절과 수정을 위한 시도에 주목하는 것이 중요하다고 생각한다. 『오리엔탈리즘』에서 되풀이된 오리엔탈리즘의 정의를 통해 사이드가 밝힌 것은 식민지주의적인 언설을 지배하는 서양과 동양의 이항대립적인 도식이다. 그 결과 식민자와 피식민자 간의 접촉과 상호관계가 밝혀지지 않고 논의는 막다른 길로 빠져버린다. 또 이항대립적인 관계의 성립에서 중요한 문화와 아이덴티티의 개념은 아직 비판의 대상이 아니다.

이에 비해 『문화와 제국주의』에서 사이드는 전혀 다른 모습을 보이고 있다. 먼저 방법론상의 핵심개념은 『오리엔탈리즘』에서는 디스코스discourse(언설, 미셸 푸코)이지만, 『문화와 제국주의』에서는 내러티브narrative(이야깃거리)이며, 자신의 사고로부터 구식민지와 제3세계를 탈락시켜 서구적인 틀 속에 스스로를 몰아넣은 서구적인 지식인으로서 푸코가 엄한 비판의 대상이 되어 있음에 주목하자. 사이드가 『문화와 제국주의』에서 일관되게 주장하고 있는 것은, 식민지 지배는 타인의 저항을 불러일으키고 그 저항은 지배하는 쪽에 변화를 가져오지만 저항도 역시 지배하는 쪽의 논리를 자기 내면에 받아들이고 만다는 상호의존적인 관계의 인식과, 그러한 관계를 넘어서 형성되어야만 하는 '새로운 제휴관계'의 모색이다. 따라서 이 책에서는 제국주의자의 기획의도와 내셔널리스트의 운동에서 중요했던 '우리'와 '그들'이라는 이항대립적인 도식이 철저하게 부정되어 그러한 도식을 지탱해온 '문화'와 '아이덴티티' 개념이 비판적으로 재검토되고 있다.

『문화와 제국주의』에서 가장 급진적인 부분은 「협력, 독립 그리고 해방」이라는 제목의 제3장 제5절일 것이다. 이 절을 사이드는 토머스 호지스킨Thomas Hodgskin의 다음 글을 인용하는 것으로 시작한다. "어떠한 새로운 이론도 인식해야만 하는 것은 제국주의가 희생자 측의 협력 또는 비협력의 산물이었다는 것, 즉 그것이 유럽팽창의 산물이었다는 것과 마찬가지로 토착의 산물이었다는 점이다"(「아프리카 및 제3세계의 제국주의 이론」). 사이드에 따르면 이러한 의존관계의 정점에는 "지구 전체의 예전 식민지국을 최종적으로 독립국가로 전환해서 만들어낸 내셔널리즘"이 있다. 마운트배튼Louis Mountbatten에서 네루Jawaharlal Nehru로, 드골Charles de Gaulle에서 FLN(Front de Libération Nationale, 알제리 민족해방전선)으로 또는 그 밖의 많은 개발독재형의 독립에 대한 사이드의 비판은 통렬하다. 이러한 독립은 식민지에서 국가체제와 권위를 백인 식민자를 대신해서 유색엘리트가 계승했음을 의미하고 있었기 때문에, 그것은 당연히 분열이나 내셔널리스트들의 독립운동과는 뚜렷한 차이를 보이는 다양한 형태의 해방운동을 불러일으킨다. 이렇게 해서 사이드는 파농의 마지막 저작 『대지

백인	불안 · 공포	규범 · 지도자 지배 문명	정상 우성 강자 성인(인간) 성숙 유덕 · 성실 진실 · 정확 합리적	우리	서양 · 서양인
흑인 · 유색인종	친절함 헌신 · 복종 성적 능력 신비 재생	무능력 피지배 · 교정 미개 · 야만/정체	이상異常(이질) 열성 약자 유아/노쇠 미발달/타락 부덕 · 불성실 허위/부정확 비합리적	그들	동양 · 동양인

이항대립적 도식(니시카와 나가오, 『증보 국경을 넘는 방법』, 平凡社ライブラリー)

의 저주받은 사람들*Les Damnés de la terre*』을 원용하면서 "문화가 내셔널리즘 독립투쟁의 영역으로부터 해방을 목표로 하는 이론구축의 영역으로 크게 이행했다"고 선언한다.

이렇게 해서 해방이론으로 다시 설정된 포스트콜로니얼연구(이 책에서는 '포스트콜로니얼'이라는 용어는 사용되지 않았다)는 크레올이나 혼혈의 형태로 나타나 있는 하이브리디티hybridity(이종혼성) 또는 디아스포라diaspora 또는 이민 · 난민으로 인해 나타나는 이동성이나 월경성越境性에 특별한 관심을 갖고, 아이덴티티, 젠더Gender, 국적, 인종, 민족, 문화, 언어 나아가 주체성, 인권, 권력 등의 개념에 대해 되묻는다.

이론이 정치精緻해져서 세계의 풍부한 다양성이 회복되기를 바란다. 그러나 포스트콜로니얼연구는 차별과 불평등을 만들어내는 세계의 구조를 비판적으로 해석해서 그러한 구조를 만들어내는 무언가에 도전하는 것이 원래 의도였을 것이다. 포지셔널리티Positionality는 포스트콜로니얼리즘의 가장 중요한 개념이다. 그중에서도 일본에서 나는 어디에, 어느 쪽에 있는가라는 물음을 잊어버리고 포스트콜로니얼리즘이 지적 정열로 끝나버린다면 그것은 정말 일본의 지적 식민지 상황을 보여주는 포스트콜로니얼한 풍경이 될 것이다. 일본에서 포스트콜로니얼리즘은 종주국이면서 식민지라는 자기 내면에 있는 이중의 식민지성을 찾아내는 것으로부터 시작해야 하지 않을까(니시카와 나가오 · 오조라 히로시 · 히메오카 도시코 · 가 고 엮음, 『글로벌화를 읽는 88개의 키워드』, 248~251쪽).*

* 사이드의 『오리엔탈리즘』과 『문화와 제국주의』 간의 단절과 그 사이의 전환에 대한 니시카와와 나가오의 생각을 '포스트콜로니얼리즘'이라는 핵심어로 짧게 정리한 글이다.

3. 내부식민지와 세계도시(글로벌시티)

식민지 없는 식민지주의를 계속 고찰하면서 이 두 개의 개념에 대해 다시 한번 주목해보자. 양자를 함께 쓴 이유는, 양자를 개별적인 것이 아니라 서로 관계가 있는 개념으로 이해하는 것이 식민지주의를 이해하는 데 도움이 된다고 생각하기 때문이다.

일반적으로 내부식민지론은 한 나라 안에서도 문화적, 민족적 특이성을 가진 주변지역이 중심에 종속되는 식민지적 상황에 놓이는 것에 주목한다. 그러나 이러한 차별과 착취의 관계는 중심도시의 내부에서도 볼 수 있으며, 내부식민지와 같은 상황에 놓인 주변부와 해외 식민지의 관계에서도 나타난다. 현재 사용되는 내부식민지주의Internal Colonialism라는 용어의 기원은 1960년대 후반부터 1970년대의 미합중국에서 비롯된다고 할 수 있다. 1969년에 나온 로버트 브라우너Robert Blauner의 선구적인 논문 제목이 "Internal Colonialism and Ghetto Revolt"(내부식민지주의와 게토의 폭동)라고 붙여진 것에서 알 수 있듯이, 그것은 미국의 흑인이나 히스패닉 또는 아시아계 주민이나 아메리카 원주민 등의 소수민족집단을 가리킨다. 같은 문제가 영국의 국민국가 형성에서 중핵(잉글랜드)과 주변지역(스코틀랜드, 웨일스, 아일랜드)의 관계를 중심으로, 역사적으로 고찰된 연구인 『내부식민지주의*Internal Colonialism: The Celtic Fringe in British National Development, 1536-1966*』(1975)를 마이클 헥터Michael Hechter가 출간하면서 내부식민지주의라는 개념은 더욱 보편성을 갖게 되었고 이 용어 자체도 널리 보급되었다. 일본에서도 사회학자나 인류학자들이 다양하게 소개했지만 에스니시티연구라는 물결이 사라짐에 따라 현재에는 거의 잊혀져 가고 있는 것으로 생각된다. 헥터의 그 후 저작 중에서 『연대의 조건—합리적 선택이론에 따른 접근*Principles of Group Solidarity*』(1987)은 2003년에 일본어로 번역되어 출간되었지만, 유감스럽게도 『내부식민지주의』는 아직도 일본어로 번역되지 않았다. 최근에는 역사연구자가 식민지연구에 뛰어들어 이 용어를 쓰는 예를 여기저기에서 볼 수 있지만, 이 경우에는 거꾸로 헥터가 원저에서 사용한 의미를 적절하게 쓰고 있다고는 볼 수 없는 경우도 많다.

내부식민지론은 지금까지 문화적 분업론이라는 측면이 강조되어 소개되었다. 세키네 마사미關根政美의 『에스니시티의 정치사회학エスニシティの政治社會學』(名古屋大學出版會, 1994)에 상세하게 소개되어 있어, 그 일부를 인용하고자 한다.

> 문화적 분업이 일단 완성되고 나면 도시와 주변 사이에는 복지나 교육제도의 격차나 1인당 국민소득의 경제적 격차도 유지된다. 뿐만 아니라 국정國政 차원에서도 불평등이 생겨나, 인구에 비례해서 지역을 대표하는 의원이 적거나 각료직에 임명되는 비율이 극단적으로 낮아질 수도 있다. 그 결과 정치적, 경제적으로 소수자집단으로서의 위치가 굳어져버린다(Reece, 1979 : 287~288). 소수자집단으로서 지역적으로나 직업적으로 인종·민족·에스닉집단이 고착화되면, 다른 한편으로는 이들 간의 동료의식이나 결속력이 강해진다. 특히 고향이나 고국을 떠나 이주했을 때 그때까지는 그다지 느끼지 못했던 인종이나 민족, 에스니시티 등을, 불평등한 상황에서 생활하게 되면서 더욱 의식하게 된다. 그 결과 문화적 분업상황이 더욱 명확하게 인식된다(Hechter, 1975 : 43).
>
> 『에스니시티의 정치사회학』, 128쪽

이렇게 이해되고 해석된 이론이 유효성을 발휘하는 경우가 있음을 의심치 않는다. 그러나 여기서는 조금 다른 문맥, 즉 글로벌화시대의 식민지주의라는 문맥 속에서 내부식민지론을 조금 다른 각도로 조명해보고자 한다. 내가 여기서 다시 강조하고 싶은 것은 첫째, 그 시대적 특색이다. 헥터가 『내부식민지주의』의 서문에서, 1968년 컬럼비아대학에서 자신이 체험한 내용에 대해 기술한 내용으로도 알 수 있듯이 '내부식민지'는 공민권公民權운동과 베트남전쟁 반대운동의 시대에 소수자집단이 자기인식을 하면서 사용하는 용어로서 처음 등장했다. 이는 물론 국민국가의 존재가 의심받지 않았으며 글로벌리제이션이라는 말이 보급되지 않았던 시대이지만, 현재 거론되고 있는 것과 같은 글로벌화시대의 기점이 되는 시대였다.

둘째, 헥터의 이 연구는 이매뉴얼 월러스틴Immanuel Maurice Wallerstein의 세계체제론에서 큰 영향을 받았으며(이는 '중핵'과 '주변'이라는 용어를 사용하는 데서도 나타난다), 뿐만 아니라 그 배후에는 레닌이나 그람시, 라틴아메리카의 종속이론 등이 있다는 것이다(헥터는 레닌의 『러시아에 있어서 자본주의의 발전*Development of Capitalism in Russia*』을 들어, 레닌이 최초로 내부식민지주의론에 대해 논했음을 지적하고 있다. 『내부식민지주의』, 8쪽). 내부식민지론은 레닌의 불균등발전론을 미국에서 75년 후에 계승한 것이라고 말할 수 있을지도 모른다.

셋째, 여기서 무엇보다도 강조하고 싶은 것은 국민국가시대의 문제로서 제기된 내부식민지론을 글로벌화시대의 문제로 재편했을 때 어떻게 전망할 수 있을까라는 것이다. 미국 국내에서 에스닉 갈등이라는 문제를 헥터가 장소와 시대를 바꾸어 1536년부터 1966년까지의 영국에 적용하면서 내부식민지주의의 보편성을 명확히 할 수 있었던 것처럼, 우리는 내부식민지주의 문제를 글로벌화시대라는 현재의 시점으로 보면서 내부식민지주의론이 지금까지 숨기고 있었던 본질을 밝힐 수 있을지도 모른다. 9·11

이후의 사태가, 글로벌화시대에는 전쟁이 더 이상 국가 간의 싸움이 아니라 '내전'의 양상을 띨 수밖에 없음을 보여주듯이, 국가라는 틀을 벗어난 곳에서 전개되는 글로벌화시대의 식민지주의는 우리가 생각하고 있었던 것과 극히 유사한 내부식민지라는 개념의 형태를 갖게 된다. 물론 Internal colonialism의 internal은 더 이상 '내부(내적)'가 아니라 '지구 내'라는 의미로 바꾸어야 할 것이다.

그리고 이는 헥터의 내부식민지주의론이 시대에 뒤떨어져 쓸모없는 이론이 아니라는 점을 알려준다. 헥터가 내부식민지개념을 다른 시대와 장소에 적용할 때 필요로 했던 절차나 이론적 모델은 글로벌화시대의 식민지주의를 고찰하기 위해 아주 중요하고 유익한 점을 시사하고 도움을 주기 때문이다.

넷째, 그와 같은 작업의 결과 예상되는 전망과 관련해서 여기서는 무엇을 제시해야만 할 것인가. 지금부터 수행할 작업에 대한 예상은 그만두기로 하겠다. 단지 내부식민지라는 말이 나온 순간에 예측되어야 했던 것 하나만 명기해두기로 하자. 바로 국외에 있는 식민지를 대상으로 한 식민지주의가 내부식민지주의와는 본질적으로 다른 것인가라는 물음이다. 그 대답을, 국가적인 따라서 민족주의적인 관점에서 보면 '다를' 것인가, 피해자인 주민의 입장에서 보면 어떨까. 또는 질문을 바꾸어서, 자국 군대가 자행한 학살과 타국 군대가 자행한 학살은 본질적으로 다른 것일까. 그 대답은 이미 나와 있다고 생각한다. 또는 민족자본의 착취와 타국 자본의 착취는 본질적으로 다른 것일까. 국가 간 빈부의 격차뿐만 아니라 한 국가 안에서의 격차가 점점 더 커져가는 상황에서 주민의 대답은 벌써 나와 있을 것이다. 자본은 민족의 차이가 아니기 때문에.

한 가지 경험이 기억난다. 네 명의 유학생과 세 명의 일본인 학생으로

구성된 소규모 대학원 수업에서 있었던 일이다. 수업이라기보다는 오히려 대화를 즐기는 시간이었다. 나는 후쿠자와 유키치福澤諭吉*의 '탈아론脫亞論'을 일본의 식민지주의와 연관해서 비판적으로 이야기하고 있었는데, 중국에서 온 유학생과 한국에서 온 유학생(둘 다 여학생)의 반응이 조금 다르다는 것을 알았다. 그리고 화제가 홍콩 반환 문제로 옮겨가자 둘 다 그다지 흥미 없다는 듯이 주민에게는 항상 자국의 정부가 타국의 정부보다 좋다고 할 수는 없다는 말을 해서 나는 아연했다. 나는 한순간 그러한 그녀들의 반응이 식민지주의에 중독된 인간의 발언과 같이 생각되어, 나 자신의 민족주의적인 반응을 반성하는 데 시간이 좀 필요했다. 나는 먼저 중국에서 온 유학생은 문화대혁명으로 인해 일가이산一家離散의 운명을 만난 것이 일본유학의 이유였고, 한국에서 온 유학생도 박정희 대통령 시대의 언론탄압으로 인해 대학에서 쫓겨난 경력을 가졌기 때문이라며 이들의 발언을 정당화해보려 했지만 이 판단은 아마 틀렸을 것이다. 지배자들에게 고난을 강요당해온 주민들이 문제시하는 것은 지배자들이 좋은 정치를 하는가 아닌가이지, 자신들과 같은 민족인가 아닌가는 그 다음의 문제이기 때문에 그녀들의 반응이 오히려 정상이라고 보아야 할 것이다.

식민지주의라는 말이 가진 강한 이데올로기성이 반식민지투쟁 속에서 현실의 한쪽 면을 감추어, 별종의 식민지주의(진정한 내부식민지주의이다)를 만들어왔다는 사실을 인정해야만 한다. 사이드가 『문화와 제국주의』에서 개발독재형의 독립을 엄하게 경계하고 프란츠 파농을 원용하면서 민족주의가 아니라 해방이론을 지향했던 것은 이와 같은 문맥에서였을 것이다.

글로벌화시대에 적용된 내부식민지론은 주변에 눈높이를 맞추어 지구

* 1835~1901. 무사, 저술가, 계몽사상가, 신문『지지신포時事新報』창간자, 교육자, 게이오기주쿠慶應義塾 창설자. 메이지 6대 교육자 가운데 한 사람.

적인 규모에서 세계의 중핵과 주변의 관계를 보거나 중핵 내부의 주변 문제를 조명하는 것에 비해, 세계도시론은 같은 글로벌화시대에서 새로운 중심의 형성과 그에 연관되는 도시의 변화 그리고 다른 도시와의 관계에 주목한다. 따라서 내부식민지론과 세계도시론의 상호보완적인 역할 분담을 일단 다음과 같이 정리할 수 있지 않을까. 상호보완적이라는 것은 세계도시에서 이민 문제나, 계층과 격차를 분석하는 데는 내부식민지론이 가장 효율적일 것이며, 반대로 주변의 변용과 새로운 주변의 형성에 대해 분석하기 위해서는 세계도시론의 관점이 필요하다는 점에서, 내부식민지론과 세계도시론은 상호보완적이라 할 수 있다.

세계도시의 개념에 관해서는 이 책 제1장의 마지막 부분에 한 가지 경험과 관련해서 간단히 언급해두었기 때문에 여기서는 반복하지 않겠다. 다행히 도시론이나 공간론에서는 최근 새로운 기운이 형성되어, 20년 전에 출간된 앙리 르페브르Henri Lefebvre의 『공간의 생산*La production de l'espace*』이 새롭게 주목을 받아 출간되거나, 르페브르의 이 저작에 영향을 받은 에드워드 소자Edward W. Soja의 『제3공간*Third Space: Journeys to Los Angeles and Other Real-and-Imagined Places*』이나 데이비드 하비David Harvey의 『포스트모더니티의 조건*The Conditions of Postmodernity*』 등도 번역되어 읽을 수 있다(아쉽게도 사스키아 사센Saskia Sassen의 『글로벌시티*The Global City; New York, London, Tokyo*』의 번역본은 아직 나오지 않았다). 그 밖에 식민지도시에 관한 연구서도 나오기 시작해 그 책들로부터 많은 것을 배우게 될 것이다. 그러나 글로벌화는 현재 진행 중이기 때문에 우리는 손에 쥔 새로운 정보나 자료를 바탕으로 자신의 생각을 만들어가야만 한다. 그리고 도시연구의 경우 무엇보다도 그 도시에 살면서 관찰할 필요가 있지만 그렇게 이상적인 상태에서 관찰하는 것은 불가능하다. 이러한 악조건에도 불구하고 우리가 식민지주의론의 관점에서 세계도시에 대한 고찰을 진행하려면 무엇에 주목하고 무엇에 주의를 기울여야 할까. 먼저 나 자신을 위한 지침 같은 것을 써 둔다.

첫째, 세계는 그 역사적, 지리적 조건에 따라 다양한 유형의 도시가 있고 또한 도시를 들여다보아도 정치적, 경제적, 문화적, 군사적으로 다양한 기능을 겸비하고 있기 때문에, 어떤 한 가지 주제로 접근하더라도 모순이 가득한 살아 있는 복합성 전체를 시야에 넣고 생각할 필요가 있을 것이다. 예전에 몇 번인가 도시론이 크게 유행했지만(모두 1968년에 출간된 하니 고로羽仁五郎의 『도시논리都市の論理』나 앙리 르페브르의 『도시에의 권리*Le Droit à la Ville*』가 연상된다), 많은 경우 도시의 어느 한 기능이나 장치의 역할을 끄집어내어 강조하는 것이었다.

둘째, 세계가 몇 개의 세계도시를 중핵으로 재편성되고 있다고 가정할 때, 세계도시의 조건은 이러이러하다라는 고정적이고 규범적인 정의보다는 도시의 변용이나 모든 도시 사이에 형성되는 네트워크의 형태, 모든 도시 간(지배-종속 또는 그 밖의)의 여러 관계, 나아가서는 꼭 일대일이 아닌 도시와 주변의 복합적인 관계가 주목받을 것이다.

셋째, 주민과 이민의 문제. 국제 이민과 국내 이주의 구별은 차차 의미를 잃어버린다. 여러 도시 간에, 도시와 주변, 주변과 주변 사이에 만들어진 네트워크 속에서, 각지 주민의 이동은 무엇을 기동력으로 해서 어떠한 경로를 통해 이루어지며, 어떠한 곳에 정착하게 되는 것일까. 도시의 선주민과 이민 또는 이민 상호 간의 민족적이고 계층적인 관계, 외국인 노동자나 소수민족이 놓인 위치 등.

넷째, 변용이 계속되는 도시의 형태나 주거의 변화가 가져오는 다양한 커뮤니티, 가족이나 인간관계의 변화. 젠더의 문제. 경제적, 문화적인 격차와 다양한 갈등…….

다섯째, 그러한 세계의 재편 속에서 예전의 식민지도시는 어떻게 변하고, 구식민지도시와 구종주국 도시들의 관계는 어떻게 변화하고 있는 것일까? 지배-종속의 관계도 역전될 수 있을 것이다. 상하이의 예를 생각해 보면, 구식민지도시가 세계에서 최대의 격차를 발생시키는 장치로 변화할 때 그곳에서 무슨 일이 일어나고 있을까? 그것은 어떠한 미래로 연결되고 있을까?

여섯째, 도시의 내면화 또는 내면화된 도시. 부와 빈곤, 억압과 혁명, 거대한 건조물이나 가로街路, 광장, 대박람회, 경기장이나 극장, 고급주택가와 슬럼, 번화가와 상점가, 파사주passage, 주변부의 공장지대와 중심부에 남은 작은 공장, 노동자, 군중과 고독한 사람들, 걸인과 창부 등. 도시의 표상은 종종 주민의 꿈과 욕망을 표상으로 한다. 대도시의 '매력'이 화제가 되는 것도 바로 이 때문이다. 그것은 문학이나 예술을 통해 싫증나지 않게 추구되어온 것이기도 했다. 도시의 신화는 도시의 식민지성을 은폐하고 동시에 이를 드러내 보인다.

일곱째, 도시연구, 그중에서도 식민지도시연구는 도시가 본래 가지고 있는 식민지성에 주목한다. 도시계획의 개념이 식민지도시 건설에 관련되어 있다는 사실은 쉽게 상상할 수 있을 것이다. 로버트 홈Robert K. Home의 "모든 도시는 어떤 의미에서는 식민지도시이다"*라는 말은 그간의 사정을 말하고 있다. 그러나 문명화가 식민지주의의 이데올로기이며 도시화가 문명화와 같은 의미라고 한다면 이것은 당연한 귀결일 것이다. 식민지주의에는 근대의 모든 이데올로기가 연관되어 있다.

* 『심어진 도시—영국 식민도시의 형성*Of Planting and Planning: The Making of British Colonial Cities*』, Routledge, 1996 ; 布野修司 · 安藤正雄 옮김, 『植えつけられた都市—英國植民都市の形成』, 京都大學學術出版會, 2001, 4쪽.

4. 내면화된 식민지주의

식민지주의는 단지 주권과 영토의 확대나 지배하에 있는 토지나 주민으로부터 수탈하는 것에 그치지 않고 식민지주의의 내면화를 꾀하며 또한 그렇게 내면화된 식민지주의로 지탱되고 있다. 내가 이것을 처음으로 명확하게 의식한 것은 「제국의 형성과 국민화帝國の形成と國民化」라는 제목의 논문을 집필하면서 '전쟁과 지방과 식민지'라는 형식으로 결론을 쓰고 있을 때였다. 다음 한 절은 내가 '내부식민지'라는 용어를 최초로 의식해서 쓴 문장이기 때문에 인용한다.

지방이 일종의 식민지였던 것은 '문명화'와 '동화'를 구실로 하는 오키나와나 홋카이도의 '경영'[「홋카이도구토인보호법北海道舊土人保護法」은 1899년(메이지 32년)]을 보면 알 수 있지만 다른 지방들도 다소 차이는 있으나 그러한 의미에서 식민지였다. 이는 지방행정을 담당하고 있는 관료들에게는 자명한 일이었지만 지방의 학교에서 가르치는 '시골교사'들 역시 충분히 자각하고 있었다. 지방과 식민지의 유사성은, 일본이 식민지를 얻어 식민지행정을 시작할 때 일본 본토의 지방행정이 하나의 모델이 되었다는 것 또는 반대로 식민지행정의 경험자가 일본의 지방개혁에 식민지에서 사용한 행정기법을 적용하려고 했던 것을 보아도 알 수 있다. 세기 전환기에 일본의 지방은 내부식민지론을 검증할 수 있는 장으로서 알맞은 조건을 갖추고 있다. 그러나 식민지를 조명해서 지방의 문제를 생각하는 것은 여기에 그치지 않는다. 전 국민을 대상으로 하는 국민화 또한 식민지화였지 않았나 하는 의문을 금할 수 없기 때문이다. 도시에서 온 교사에게 '사투리'를 금지당해 '국어'를 배우는 지방의 초등학생과, 다른 나라에서 온 교사에게 '모국어'를 금지당해 '일본어'를 배우는 식민지 초등학생 사이에 얼마만큼의 차이가 있을까. 여성을 '최후의 식민지'라고 표현한다면 국민은 광대한 '최초의 식민지'이다.

니시카와 나가오 · 와타나베 고조渡辺公三 엮음,

『세기 전환기의 국제질서와 국민문화의 형성世紀轉換期の國際秩序と國民文化の形成』,

柏書房, 1999, 37～38쪽

이제 내가 말하고자 하는 것이 무엇인지 알 것이다. 구로부네黑船의 위협으로 가차 없이 개국을 당해, 세계체제의 한가운데로 내동댕이쳐진 일본은 구미열강을 모델로 해서 '만국공법'의 논리를 자신의 것으로 만들었으며, 세계와 주변 여러 나라들에 대해서 자국을 '문명화'(문명개화)함으로써 식민지화의 상태에서 빠져나와 독립을 지키려고 한다. 그러나 '문명개화'라는 것은 열강의 식민지화 이데올로기였던 '문명화의 사명'을 자국민을 향해, 고모리 요이치小林陽一의 적절한 표현을 빌리자면, 정말 '자기 식민지화'하는 것(『포스트콜로니얼ポストコロニアル』, 岩波書店, 2001, 16쪽)이며, 식민지주의의 도착倒錯된 내면화였다. 문명화된 구미와 문명화되어야 할(즉 미개의) 일본이라는 관계는, 더욱 문명화된 일본과 문명화되어야 할 이웃나라 또는 문명화된 중앙과 문명화되어야 할 지방의 관계로 바뀐다.

이처럼 문명화된 구미와 문명화되어야 할 일본의 관계는 패전 후 점령하의 일본에서 더욱 명확한 형태로 재현된다. 은폐되어 있던 식민지적 관계는 여기서 점령이라는 형태로 베일이 벗겨져 우리의 눈앞에 드러난 것이다. 최초의 인상적인 사건은 항복문서조인식 때 미주리Missouri호에 걸려 있던 페리Matthew Calbraith Perry의 성조기와 맥아더Douglas MacArthur의 최초 연설이지만, 더욱 결정적인 형태로 대중들의 눈에 비추어진 것은 맥아더와 천황의 사진이었다. 우리는 9 · 11 이후 부시George Walker Bush와 고이즈미小泉純一郎의 사진에서 그 재현을 볼 수 있을 것이다(이 문제에 관해서는 다음 나의 글을 참조하기 바란다. 「글로벌화와 전쟁—이라크 점령의 '일본

모델'에 대해서グローバル化と戰爭―イラク占領の『日本モデル』について」, 『立命館言語文化研究』, 제15권 4호, 2004년 3월).

국민화가 문명화이며, 또한 국민화가 문명화인 한 식민지주의를 내포하고 있다는 점을 새삼 설명할 필요가 있을까. 이 책의 제7장(194쪽) '국민통합의 전제와 여러 요소'에 재수록된 '국민화(문명화)'의 표에 있는 각 항목은, 국민 형성nation building과 동화시향적 식민지 경영의 유사성을 나타내고 있다. 국민화를 위해 시행되었던 시책은 슬프게도 식민지 경영과 닮아가는 것이다(야나이하라 다다오의 『제국주의하의 타이완』을 읽은 독자는 틀림없이 이를 통감할 것이다). 그러나 그것은 식민지시대에 한정되지 않고, 제2차 세계대전 후 염원하던 독립을 달성한 후발 국민국가 여러 나라에서 자각적이고 보다 강화된 형태로 나타난다(동아시아와 동남아시아에 관해서는 니시카와 나가오·야마구치 고우지山口幸二·와타나베 고조 엮음, 『아시아의 다문화사회와 국민국가アジアの多文化社會と國民國家』, 人文書院, 1998을 참조). 국민화는 국가의 모든 억압장치와 이데올로기장치를 동원해서 시행하는 국민적 사업이었다. 국민화는 넓은 의미의 교육으로 수행된다. 우리가 학교 교실에서 느꼈던 교사에 대한 불신감(교사에 대한 선망의 반면에)은, 교사가 '문명화의 사명'을 갖고 학생들을 대할 때 비롯된다. 그것은 정말 주어진 책무이지만, 우리는 그 노골적인 원형을 식민지 선교사와 원주민의 관계에서 볼 수 있지 않을까. 학교는 교육의 중심적인 장치이지만, 그것이 의무교육에 한정되는 것은 아니다. 대학은 일종의 식민지이며 식민지주의를 재생산하는 장場이다. 학생들은 그것을 어렴풋이 느끼고는 있지만 의식적으로 억압하고 있다. 이렇게 국가가 식민지주의를 재생산하는 장치의 역할을 계속하는 한 국민은 어느 정도 식민지주의자가 되지 않을까?

국민화는 국민의 감성과 사고에 결정적인 영향을 미친다. 도시의 표상,

국어 또는 국어로 쓰여진 역사와 역사이야기에 새겨진 식민지성(이는 포스트콜로니얼연구의 주제지만, 미우라 마사시三浦雅士의 '소설이라는 식민지'라는 제목의 선구적인 논고가 있다. 『소설이라는 식민지小説という植民地』, 福武書店, 1991에 수록). 국민화가 애국심과 내셔널리즘으로 귀결된다는 것은 쉽게 알아차릴 수 있는 당연한 일이다. 글로벌화시대의 내셔널리즘이 어떠한 형태를 갖게 될 것인지 아는 것은 이 책이 지향하는 목표 가운데 하나이다. 그러나 이 주제도 또한 충분히 전개되지 않고, 제8장의 제2절[(3) 글로벌화가 동반하는 내셔널리즘]에서 그 일부를 간략히 고찰하고 있다. 그 부분에서는 글로벌화의 배후에 있는 내셔널리즘, 국민국가 형성이 막 시작되었을 뿐인 또는 그 과정에 있는 후발 여러 나라에 글로벌화의 물결이 일으킨 심각한 사태 등의 문제가 제기된다. 새로운 식민지주의는 지구상에서 동시에 진행되고 있는 국민국가의 형성과 해체 또는 글로벌화에 대한 반동으로서의 내셔널리즘 등 복잡한 상황 속에서 고찰해야 할 것이다. '식민지 없는 식민지주의'에 호응하는 '네이션 없는 내셔널리즘'이 형성되고 있는 것은 아닐까.

나는 이 글을, 내가 속한 주변인 동시에 중핵이며 식민지인 동시에 종주국이었던 일본의 시점에 맞추어 집필했지만, 식민지주의가 생산되는 구조는 식민지주의의 선진국에서도 기본적으로 변함이 없다는 점을 마지막으로 지적해두고 싶다. 전형적인 국민국가라고 하는 프랑스에서도 국내의 주변부(농촌)가 국민화(다시 말해서 문명화)되기까지는 대혁명 이래 100년 이상의 시간이 필요했다(유진 웨버Eugen Weber, 『프랑스인이 된 농민*Peasants into Frenchmen: the Modernization of Rural France, 1880–1914*』, 1976을 참조). 해외식민지를 향한 것과 같은 시선이 지방과 국민 자신에게 향해 있었다(프랑스만큼 교육이 중시되는 나라도 드물다). 영국의 국민국가 형성에 관해서 지적한 마이클 헥터의 '내부식민지'에 관한 도식은 그대로 프랑스에 적용

되는 것이다. 제2차 세계대전 후의 이민에 관해서는 "제3세계는 학교 밖에서 시작된다"(シチュアシオン VIII, 『식민지문제*Le Colonialisme est un système*』, 人文書院, 2000에서 재수록)라는 사르트르Jean Paul Sartre의 말이 지금도 적절한 것임을 최근 젊은이들의 '폭동'이 증명하고 있다. 구식민지였던 미국이 예외였다고는 생각되지 않는다. 하와이나 필리핀에 대한 식민지 지배를 논외로 하더라도, 미국에는 지배하고 영유할 광대한 서부가 있으며, 그곳은 식민지로서 기능하고 있었기 때문이다. 한 나라가 문명국으로서 성립하기 위해서는 식민지와 식민지적 기능을 담당할 주변이 필요했다. 문명이 형성되고 유지되기 위해서는 자신의 외부뿐만 아니라 내부에도 야만의 존재가 필요했다.

9 · 11 이후, 야만은 테러라는 이름으로 바뀌어 세계는 이분화되려 하고 있다. 그것이 더욱 강화된 중핵과 주변의 재편인지, 그러한 구조가 끝나려고 하는 시작점인지는 명확하지 않다. 그러나 그것에서 우리가 문제 삼아야만 하는 것이 무엇인지는 점차 명확해지고 있다. 식민지주의에 대해 비판적으로 묻는 것은, 국민국가와 자본주의 양자의 변용과 나아가서는 그 공범관계가 가져오는 차별과 착취의 역사를 그 근저에서 문제 삼는 것이리라. 식민지주의에 대해 비판적으로 문제 삼는 것은 문명개념의 근본을 묻는 것이기도 하며, 5세기 동안 계속되어온 서구문명의 지배와 그러한 서구문명을 내면화한 비서구문명의 전체를 따라서 근대라고 불리는 시대의 총체를, 나아가서는 그 속에서 살아가고 있는 우리 자신에 대해 근본적인 물음을 던지는 것이라고 생각한다.

2006년 2월 22일

니시카와 나가오

I

제1장

글로벌화과정에서 공공권의 변용과 〈신〉식민지주의

들어가며

이번에 귀 과학기술연구원을 방문할 수 있도록 쾌히 허가해주시고 이와 같은 교류의 장을 만들어 주신 연구소장 왕이지王貽志 선생님을 비롯한 연구소의 여러분들께 진심으로 감사합니다. 또 이처럼 저명한 연구소에서 발언할 기회를 얻은 것은 제게 더할 나위 없는 명예로 생각하며 깊이 감사합니다. 우리는 벌써 전날(2005년 11월 16일) 이 연구소에서 왕 선생님을 비롯한 많은 전문연구자들과 만나, 젊은 연구자들이 갖고 있는 의문이나 질문에 대한 답변을 얻으며 많은 귀중한 조언을 들었습니다. 이것은 드문 기회이므로 정말 고마운 일이라 생각하며 다시 한번 감사합니다.

오늘은 제게 발언의 기회가 주어졌기 때문에 우리 모두와 관련된 주제에 대해서 다시 한번 말씀드리겠습니다. 저는 중국어를 못하기 때문에 통역을 해주실 귀제민郭潔敏 선생님께 대단히 폐를 끼치게 되어 죄송합니다만 잘 부탁합니다. 제 이야기 속에 애매한 점이나 부정확한 점이 있으면 주저하지 마시고 그 즉시 지적해주십시오. 또 나중에 질문이나 토론시간이 주어진다면 다행입니다. 저는 발표가 서투르기 때문에 약간 불안한 마음이 듭니다만 어떻게든 제 진의가 잘 전달되기를 바랍니다. 교토京都에서 동행한 리쓰메이칸대학立命館大學의 젊은 연구자들도 저의 부족한 점을 채워줄 것이라고 생각합니다.

1. 글로벌화란 무엇인가

이번에 저희가 상하이上海를 방문한 것은 리쓰메이칸대학 선단총합학술연구과先端總合學術硏究科에서 공공公共 부문을 중심으로 진행하고 있는 프로젝트연구의 일환입니다. 덧붙여서 이 프로젝트연구의 공식적인 연구과제는 「글로벌화과정에서 한 국민국가를 초월하는 공공권公共圈의 여러 양상— '식민지'와 '도시'를 축으로 하는 비교역사사회학적 연구」입니다. 매우 길고 설명이 필요한 제목이라고 생각합니다.

먼저 과제의 제목이 나타내고 있는 것은, 근년(그중에서도 최근의 십수 년)에 현저해진 공공권의 변용 또는 공공성公共性의 변질이라는 문제입니다. 관官과 민民, 공公과 사私라는 용어가 나타내고 있는 것처럼 공공성 문제는 근대의 국민국가 형성nation-building에 관련된 특별히 국민국가적인 문제입니다. 예전에는 국가의 법과 행정기관에 공공성을 정의하는 권한이 주어져 있었습니다. 국가의 구성원인 개개인이 속해 있는 다양한 공공권을 근본적으로 규정하고 있었던 것은 국경과 국적이었습니다. 최근 십수 년 동안 일본에서 '공공'이라는 용어가 일종의 유행어가 되고 공공성 문제가 빈번히 논해지고 있는 것은, 이러한 국가의 공공성 정의 기능이 더 이상 충분히 작동하지 않으며 다양한 모순과 새로운 문제가 분출되었고 그 주요 원인(범인犯人)을 글로벌화에서 찾으려는 현상이 있기 때문이라고 생각합니다.[1]

글로벌화라는 용어에는 세기 전환기 역사적 대변동의 모든 양상이 포함되어 있으며, 이 때문에 글로벌화의 정의는 그것을 보는 사람의 위치와 입장에 따라 다릅니다. 실제로 수많은 정의가 나와 있으며, 저 또한 제 나름의 정의를 내리고 있습니다.[2] 그러나 여기서는 먼저 우리가 현재 보고 듣고 체험하고 있는 공통의 현상을 열거하는 것으로부터 시작하려고 합니다.

생각나는 대로 열거해보면, 예를 들어, 규제완화라는 구호와 함께 시작된 외자계 기업의 진출, 인터넷이나 휴대전화의 보급(IT혁명), 세계적인 유행과 다문화주의적 지향, 젊은이 문화, 풍부한 물자의 유통과 소비생활, 그 반면에 확산되는 파산이나 실업(그중에서도 젊은 층이나 여성, 도산이나 정리해고로 인한 중장년 층의 실업), 가족이나 학교의 변질, 지역사회나 직장에서 인간관계의 변화, 도시와 농촌(중앙과 지방) 또는 계층이나 성차(남녀)로 인한 경제적 격차의 확대, 이민이나 외국인 노동자의 증가, 보험이나 연금 등 사회복지정책의 후퇴, 에이즈나 여러 가지 바이러스로 인한 세계적인 감염 질환의 심각화, 환경파괴(오염), 범죄의 증가, 테러와의 전쟁, NGO(Non-Governmental Organization)와 시민단체의 반글로벌화운동 등입니다.

이상은 일본열도의 주민이 직면하고 있는 역사적 전환기의 모든 양상과 현실이지만, 그것은 동시에 일본에만 한정되지 않는 모든 자본주의국가의 주민 대부분이 직면하고 있는 현실이며, 적어도 중국에서도 벌써 문제가 되고 있는 현실이라고 생각합니다. 글로벌화라고 불리는 것은 복합적인 현상으로, 이처럼 다양한 측면을 가지고 다양한 방법으로 드러나고 있지만 그중에서 최근(2001년 9월 11일 이후) 특히 두드러진 몇 가지 측면을 지적할 수 있다고 생각합니다.

첫째, 자본의 자유화(규제완화,[3] 경쟁원리, 작은 정부 등)가 주창되고 있는 한편, 구래의 국민국가적 질서의 유지(정부의 규제강화)가 강조되고 있는 것입니다. 고전적인 국민국가는 자본과 국가의 조화로운 균형 위에 성립되며, 자본의 개방과 자유화는 많은 경우 국민국가의 틀, 기성 질서의 파괴와 연결됩니다. 이에 대한 반동으로 국민국가적 질서의 강화는, 교육이나 저널리즘 등을 통해서 이루어지는 낡은 가족적 도덕의 강화, 국민문화나 애국심(민족주의)의 고양, 인종차별, 나아가 경찰이나 군사력의 강화라는 강압적인 통제를 강화하는 형태로 나타납니다.

이처럼 언뜻 보면 모순된 그러나 서로 깊이 연관되어 있는 두 움직임은 글로벌화의 물결에 휩쓸린 선진자유주의 모든 나라들에서 조금씩은 공통적으로 나타나는 현상이지만, 일본 자민당(자유민주당)정부의 정책은 그 전형적인 예라고 해도 좋을 것입니다. 고이즈미小泉純一郎 총리는 '구조개혁'의 일환으로서 '우정郵政 민영화'라는 슬로건을 걸고 '작은 정부' 실현을 지향하자고 주장해, 2005년 9월 11일의 총선거에서 대승했습니다. 그러나 이 슬로건은 아주 기만적인 것입니다. '민영화'는 관에 대한 민의 우위, 즉 국가에게 빼앗긴 국민의 권리를 회복하는 것 같은 인상을 주지만, 우정 민영화의 '민'은 물론 국민이 아니라 실제로는 대자본(그것이 국경을 넘는 것임은 말할 것도 없습니다)이며, 민영화는 우정을 국민의 복지가 아니라 자본의 논리(이윤)에 따르게 한다는 것을 의미합니다. 예전의 우체국은 학교나 파출소 등과 같이 지역사회의 형성에 중요한 따라서 국민통합을 위해 중요한 제도였습니다만, 우정 민영화란 구래의 국민국가적 질서의 파괴로 연결되는 것입니다. 또 '작은 정부'는 무엇인가. 그것은 국가권력의 축소 같은 인상을 주지만 실제로는 사회·복지 예산을 축소하고 빈부의 격차를 확대시켰으며, 다른 한편으로는 경찰이나 군대의 확대와 강화, 더욱 권위주의적인 정부, 즉 교육이나 대중매체에 대한 개입, 가족 중심적 도덕관이나 애국심의 강요(야스쿠니신사靖國新社 참배는 그 한 단면입니다) 등이 획책되었습니다. 덧붙이자면 헌법개정을 포함해 종속적인 관계에서 '일미(군사)동맹'을 강화했고, 그 결과 아시아 내에서도 정치적, 외교적으로 고립된 것, 이것이 고이즈미 총리가 말하는 '작은 정부'의 실태입니다.

둘째, 글로벌화의 급격한 진행으로 인해 두드러지게 나타났던 또 다른 현상으로서 균질화와 차별화의 문제를 들고자 합니다. 글로벌화가 세계의 균질화를 진행시키고 있음은 틀림없는 사실이지만, 다른 한편으로 차별화의 문제가 드러나게 되었습니다. 차별화에는 두 가지 측면이 있다고 생각합니다. 첫째는 글로벌자본이 지역적, 민족적 차이를 상품화해서 유통시키는 것입니다. 에스닉푸드ethnic food나 복장이나 음악 등 또는 관광이나 주변부의 귀중한 자원 발굴을 이 부류에 포함시켜도 좋을 것이라고 생각합니다. 두 번째는 글로벌화로 빚어진 환경파괴나 빈곤 등으로 인해 의식하기 시작한 자기인식의 차이이며, 이것은 반글로벌화운동으로 연결됩니다.

이러한 상황은 중핵center과 주변periphery이라는 오래전부터 사용된 낡은 용어를 새롭게 조명하게 됩니다. 이 문제에 관한 수많은 문헌 중에서 제가 가장 먼저 떠올리는 것은 이매뉴얼 월러스틴Immanuel Wallerstein과 요한 갈퉁Johan Galtung 두 사람입니다. 알고 계시는 것처럼 미국의 사회학자 월러스틴은 마르크스Karl Marx, 프랑스의 역사학자 브로델Fernand Braudel, 나아가서는 라틴아메리카를 중심으로 제3세계에서 빈번하게 논의되어온 종속이론dependency theory(프랭크Andre Gunder Frank와 아민Samir Amin 등)을 비판적으로 계승해서 중핵-주변(또는 중핵-반주변-주변)의 착취-피착취의 관계로부터 만들어지는 세계체제론theory of the world-system

을 구축했습니다. 전후 일본에서 지배적이었던 마르크스주의적 발전단계론이나 미국의 세계정책에서 유래하는 근대화론(근대화 = 민주화 = 경제발전)에 대해서 후발 제국의 빈곤, 나아가 인종차별이나 성차별까지 세계자본주의의 구조(중핵의 주변 착취)로 설명하고 있는 월러스틴의 세계체제론은 아주 신선하고 매력적이었다고 저는 기억하고 있습니다.

월러스틴의 세계체제론은 기본적으로 세계자본주의이론이기 때문에 근대적 국가 형성의 문제나 국가이론에 대한 부분에는 약점이 있다는 비판을 받고 있습니다. 이에 대해 월러스틴은 세계체제론에 조금 뒤떨어진 '국가 간 체제론theory of the interstate system'을 제시합니다. 이 이론이 가진 매우 참신한 점 가운데 하나는, 그가 국민국가 창설의 신화를 역전시켜 근대적인 국가는 각각 여러 나라의 내적인 성숙을 통해 형성된 것이 아니라 세계체제, 즉 세계자본주의의 필요에 따라서 말하자면 외적인 강제를 통해 형성된다는 가설을 제시한 것입니다. 이처럼 형성된 국가 간 체제 속에서 모든 국가는 패권국을 중심으로 지배-피지배의 서열을 형성하고 모든 국가는 더 좋은 위치를 찾아 경쟁합니다. 같은 원리는 모든 국가의 내부에서도 일어나고 있으며 내셔널리즘이나 차별을 만들어내는 구조가 형성됩니다…….

이렇게 해서 월러스틴은 15세기 이후의 포르투갈, 네덜란드, 스페인, 영국, 미국이라는 패권국을 중심으로 세계의 역사를 더듬어 갑니다.[4] 그 기술記述은 매우 설득력이 있습니다. 특히 미국을 중심으로 글로벌화가 급격히 진행되고 있는 현재에는 한층 더 설득적이라고 생각됩니다. 그러나 문제가 없는 것은 아닙니다. 저는 이러한 세계체제 = 국가 간 체제라는 생각이 아주 일극一極 중심적이며 구미 중심적이라고 생각합니다. 적어도 다중심多中心적인 세계체제의 모델을 그의 이론에서 끄집어내는 것은 어렵지 않을까요.

또 다른 한 가지 문제는 자본주의와 국가의 관계입니다. 월러스틴의 이론에서 근대국가는 세계자본주의 최대의 제도적 지주支柱입니다. 그러나 세계자본주의의 요청으로 존재하고 있는 국가는 자본주의가 붕괴했을 때 어떠한 형태를 취하게 될까요. 지배-피지배라는, 현재 국가가 갖고 있는 것과 같은 상호 적대적인 관계도 역시 소멸할까요. 이것은 월러스틴 자신이 현재(1968년 이후)를 세계체제로부터 다른 체제로 전환하는 시기(자본 이윤율의 장기저락, 국가의 약체화, 체제를 지지하고 있는 구조 변화[5])라고 생각하고 있는 이상, 그의 이론에서도 중요한 문제일 것입니다. 또 저 자신은 월러스틴의 이 명제를 지지하며 현재 거론되고 있는 글로벌리제이션은 세계체제의 최종 단계(그것만으로 한층 강화된)라고 생각하고 있는 만큼, 제게도 중요한 문제입니다.

또 다른 한 사람, 노르웨이 출신의 요한 갈퉁 교수는 평화연구 창시자의 한 사람으로, 저명한 분이기 때문에 중국에서도 잘 알고 계시리라고 생각합니다. 2001년 9월 11일 뉴욕의 세계무역센터인 두 개의 빌딩이 붕괴되는 것을 텔레비전에서 보면서 순간적으로 생각난 것은 갈퉁의 다음과 같은 말이었습니다.

그럼에도 불구하고 점점 상호의존이 깊어가는 세계에서, 다른 나라에서 행사되는 폭력이, 예를 들면 테러행위라는 형태로 자국에도 발생하는 경향은 강해질 것이다. 그리고 그것은 착취와 억압이라는 구조적 폭력의 두 가지 기본형태에 해당한다. 자연을 착취하면 생태계가 파괴된다. 국민을 착취하면 알코올 중독이나 마약, 범죄, 자살 등의 심각한 사회적 병이 발생한다. 국가 전체를 착취하면 채무 문제나 무역 문제가 일어난다. 그러한 관계에는 숙명적인 것이 있다. "당신이 말하는 것, 행하는 모든 것은 언젠가 자신에게 되돌아온다."

이것은 일본에서 번역된『구조적 폭력과 평화』[6]의「머리말」가운데 한 부분으로, 동유럽과 소련의 사회주의체제가 붕괴한 직후에 쓴 글이지만, 지금은 9·11을 예고한 것으로 생각됩니다. 그리고 동시에 이 문장은 글로벌리제이션을 훌륭하게 정의하고 있는 것은 아닐까요. 핵심용어는 '상호의존'이지만, 그것이 반드시 조화로운 관계인 것은 아니며, 그 관계에는 '착취'와 '억압'이라는 '구조적 폭력'이 움직이고 있습니다. 무엇보다도 제가 다음에 인용하고 있는 것은 같은 책에 수록된, 아직 글로벌화라는 말이 사용되지 않았던, 9·11이 일어나기 30년도 더 전에 쓰여진 갈퉁의 논문「제국주의의 구조이론A Structural Theory of Imperialism」입니다. 갈퉁은 그 글에서 아마도 레닌의 '제국주의론'과 '불균등발전론'을 염두에 두면서 중핵(중심)과 주변이라는 용어를 사용해서 제국주의를 정의하고 있습니다.

두 국가로부터 성립되는 세계[두 국가 간의 관계라는 의미일까?]에서 제국주의라는 것은 중심국이 주변국에 대해서 양국 간에 이익부조화가 생기도록 그 힘을 행사할 수 있는 관계라고 정의할 수 있다. 구체적으로 제국주의는 중심국과 주변국 사이의 관계이며 그 관계에는,

1. 중심국의 중심부(cC)와 주변국의 중심부(cP) 사이에는 이익조화가 존재하며, 그 위에
2. 중심국의 내부보다는 주변국의 내부에 더욱 큰 이익부조화가 존재하며, 나아가
3. 중심국의 주변부(pC)와 주변국의 주변부(pP) 사이에는 이익부조화가 존재한다.

「제국주의의 구조이론」, 75쪽

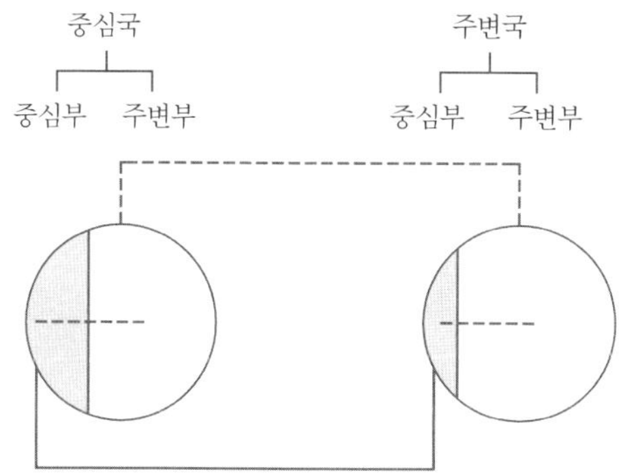

그림 제국주의의 구조(『구조적 폭력과 평화』, 76쪽)

여기서 이익부조화는 '당사자 간 생활조건의 격차가 확대되는 것과 같은 형태로 양자가 결합하고 있는 경우'이며, 이익조화는 '양쪽 당사자 간 생활조건의 격차가 줄어들어 없어지는 것과 같은 형태로 양자가 결합하고 있는 경우'라고 정의되어 있습니다. 갈퉁은 이 제국주의의 정의에 덧붙여서 알기 쉬운 도식('제국주의의 구조')을 제시하고 있지만 솔직히 말해 처음 이 글을 읽었을 때 저는 그렇게 강한 인상을 받지 못했습니다.

제가 이 정의를 다시금 떠올리게 된 것은 십수 년 전 동남아시아를 여행하면서 쿠알라룸푸르, 싱가포르, 홍콩, 타이베이 등 대도시의 고층빌딩이 눈앞에 다가왔을 때입니다. 여러 신흥국가의 자부自負와 민족적인 자긍심을 나타내는 언뜻 보기에 국가주의적인 고층빌딩은, 그와 동시에 세계자본주의와의 강한 연대, 갈퉁의 용어에 따르면 중심국의 중심부와 주변국의 중심부 사이의 이익조화적인 관계를 나타내고 있습니다. 다른 한편으로 이 고층빌딩가의 주변에 남아 있는 그리고 지방에 퍼져 있는 가난한 이들의 주거지는 주변국의 중심부와 주변국의 주변부 사이의 이익부조화적인 관계를 생각하게 합니다. 이러한 고층빌딩이, 주변에 가까이 있는 가난한 주민보다는 뉴욕이나 런던, 도쿄 등 세계적인 대도시의 고층빌딩과 연결되고 있다(실제로 세계의 고층빌딩은 인터넷이나 그 밖의 매체를 통해 순식간에 연결된다)고 생각하면 그리고 그것이 주변부 가난한 주민들과의 격차, 차별이나 착취를 나타내는 것이라고 한다면 그러한 고층빌딩들은 글로벌리제이션의 본질을 보여주고 있는 것이 아닐까요.

제가 갈퉁의 이 도식을 두 번째로 떠올린 것은 9·11 이후 미국 부시정권의 반테러 보복전쟁의 논리를 선진국, 후진국을 가리지 않고 세계 거의 모든 주요국에서 받아들였을 때입니다. 그 후 각국의 주변부에서 발생하고 있던 분쟁은 민족 문제에서 테러 문제로 바뀌었고 대테러대책으로 대응하게 되었습니다. 아프가니스탄공습에서부터 이라크전쟁과 이라크 점령에 이르기까지 부시정권의 반테러 보복전쟁의 논리는 현재 사실검증을 통해 거의 번복되어, 국제연합 안전보장이사회에서 이라크의 대량살상무기Weapons of Mass Destruction; WMD의 소지에 대해 증언해서 개전開戰의 계기를 만들었던 전 국무장관 콜린 파월Colin Luther Powell이 잘못을 인정하고 그러한 증언이 자신의 '인생의 오점'이었다고 말할 정도입니다. 그러나 반테러 보복전쟁의 논리는 여전히 남아 있고 글로벌화가 급격하게 진행되어가면서 중심부와 주변부의 대립은 한층 두드러지고 있다고 생각됩니다.

현재의 글로벌화 문제를 생각할 때 갈퉁의 '제국주의'론은 다양한 결점을 가지고 있습니다. 갈퉁의 중심-주변 논리는 두 나라 간의 관계를 모델로 하고 있으며, 한 나라가 어떤 나라(또는 여러 나라들)에 대해서 지배적이면서 동시에 또 다른 나라(또는 여러 나라)에 대해서는 피지배적이라고 하는 복합적인 모델이 필요할 것입니다. 또 갈퉁은 레닌[7]을 인용하면서도 경제

표 제국주의의 역사적 세 단계

단계	시기	형태	명칭
I	과거	점령, cP는 실제로 점령하고 있는 cC의 사람들로 이루어진다.	식민지주의
II	현재	조직, cC는 국제조직을 매개로 해서 cP와 상호작용을 꾀한다.	신식민지주의
III	미래	커뮤니케이션, cC는 국제적 커뮤니케이션을 매개로 해서 cP와 상호작용을 꾀한다.	신신식민지주의

『구조적 폭력과 평화』, 106쪽

적 환원주의를 비판하며 제국주의를 '국가 간의 지배관계'로 한정했습니다. 갈퉁은 당시 고도자본주의라고 하는 규정에 맞지 않는 국가 간의 지배관계가 그의 주변에서도 많이 관찰되었으며 따라서 그것을 간과한 채 논의를 진행할 수 없었기 때문에 그러한 관점을 갖게 되었다고 생각합니다. 현재 글로벌화시대의 국가관계는 경제 문제를 벗어나서는 논할 수 없습니다. 그러나 갈퉁의 제국주의론을 주의 깊게 읽어보면, 우리가 글로벌화를 논할 때 필요한 주요 용어는 거의 빠짐없이 나오고 있습니다. 차별, 착취, 격차, 구조적 폭력, 중핵과 주변, 지배-피지배, 상호의존 등이 그러한 용어들입니다. 나아가 신식민지주의라는 말도 사용되고 있습니다. 갈퉁은 제국주의의 역사적 세 단계를 상정해서, 각각 I(과거)—식민지주의, II(현재)—신식민지주의, III(미래)—신신식민지주의라는 명칭을 붙였습니다. 이 표('제국주의의 역사적 세 단계')도 인용해두겠습니다. 갈퉁의 규정에 따르면 우리가 직면하고 있는 글로벌화는 II단계에서 III단계로의 이행기라고 생각됩니다.

2. 식민지와 도시—내부식민지론과 글로벌시티

이제 이와 같은 글로벌화에 대한 인식을 통해 우리가 연구과제의 부제를

「'식민지'와 '도시'를 축으로 하는 비교역사사회학적 연구」로 한 이유를 어느 정도 이해했으리라 생각합니다. 우리의 의도를 단적으로 요약하면 글로벌화과정의 〈신〉식민지주의적인 측면에 주목하고 〈신〉식민지주의의 관점에서 글로벌화를 고찰하는 것 그리고 그 〈신〉식민지주의의 존재형태를 도시의 변용을 고찰함으로써 확인하는 것입니다. 물론 도시의 변용은 농촌의 변용을 수반합니다. 그러나 식민지 문제는 우리에게도 매우 복잡한 문제입니다.

우리가 지금 '식민지'를 고집하는 이유 중 하나는, 전후 일본에서는 식민지를 인식의 대상으로 삼은 적이 거의 없으며 식민지 문제에 대해 생각하는 것을 방해하려는 커다란 힘이 작용했다는 것에 대한 반성이 있기 때문입니다. 이 문제는 몇 개의 단계로 나누어서 생각할 필요가 있습니다. 먼저 전제가 되는 역사적 사실로, 패전함으로써 일본은 그때까지 갖고 있었던 모든 식민지를 방기했으며 일본인 입식자入植者*는 모두 토지와 재산을 버리고 본토로 귀국했다는 것입니다. 조선, 만주라고 불리던 중국 동북부, 중국과 그 밖의 지역으로부터 귀환한 인양자는 총 660만 명(총 인구의 9퍼센트)에 달했던 것으로 생각하고 있습니다. 귀국한 입식자들은 그 후 식민지와의 연락을 일절 끊었습니다. 이러한 사례는 식민지의 역사에서 극히 드문 일이 아닐까요. 식민지에 주둔했던 군대도 현지에서 무장해제되어 중국 동북부로부터 시베리아로 보내진 군인(약 57만 명)을 제외한 전원이 본국으로 돌아왔습니다. 그러나 패전 후의 일본은 군대를 보유하는 것이 금지되었기 때문에 그들을 받아들일 수 있는 군대는 더 이상 존재하지 않았습니다. 이것 역시 전쟁의 역사에서는 드문 사례일지도 모릅니다.

---

* 식민자로서 식민지에 거주하고 있는 자.

인양자나 복원병復員兵*이 이러한 사태를 별다른 저항 없이 받아들인 것은 그들이 갖고 있었던 천황 중심의 권위주의적인 국가관과 전쟁관 때문이기도 하지만, 식민지에서 그들의 존재는 부정不正한 것이었으며 결코 정당화될 수 없는 침략적인 전쟁과 식민지화에 대한 반성이 있었기 때문이라고 생각합니다. 이러한 인식은 전쟁 직후의 일본에서 일반적인 감정이고 여론이었기 때문에 인양자나 복원병들은 전후 사회에서 입을 다문 채 떳떳하지 못한 기억과 함께 살아가게 됩니다. 다른 한편으로 내부식민지주의의 잔재라고 할 수 있는 재일조선인이나 중국인들의 존재 역시 식민지주의가 남긴 현실에 전후 일본인들이 정면 대응하기보다는 오히려 그러한 현실로부터 눈을 돌리게 된 이유가 아닌가 생각합니다. 패전 당시 억지로 일본에 잡혀 있던 200만 명의 조선인 중 150만 명은 곧바로 돌아갔습니다만 남겨진 재일조선인들의 입장은 매우 애매했습니다. 점령군(총사령부 General Headquarters)은 그들을 '해방국민'이라며 승자의 편에 두었지만 동시에 점령하의 질서를 깨뜨리는 위험한 존재로서 지배, 관리해야 할 대상으로 보았습니다. 어둠의 특권자로서 제3국인의 신화가 생겨난 것은 바로 이때입니다. 이렇게 해서 일본인의 식민지 기억과 식민지 체험은 밀봉되어 전후 일본사회의 의식 밖으로 쫓겨나고 말았습니다. 혹은 식민지 체험의 전체에서 일부분만 떼어내 피해자 의식만을 강조하게 되었습니다. 히로시마廣島와 나가사키長崎의 피폭 체험처럼 말입니다.

'식민지 망각'은 미군을 중심으로 한 점령정책이 노리던 것이기도 했습니다. 전후 일본은 일종의 쇄국상태로, 구식민지국과의 접촉은 금지되었으며 그러한 경향은 한국전쟁 후 냉전구조가 진행되는 동안 한층 강화되

* 전시체제의 군대를 평시체제로 되돌려 군인의 소집을 해제하는 것으로, 패전 후 식민지의 일본군은 병역이 해제되어 민간인으로서 본국으로 돌아가게 되었다.

었습니다. 일본인이 구식민지에 대해 반성하는 것도 구식민지 사람들이 식민지 잔재 속에서 얼마나 고통받고 있는지 또는 그것을 뛰어넘어 어떠한 새로운 사회를 건설하고 있는지, 말하자면 포스트콜로니얼세계에 대해 인식하는 것조차도 금지되어 있었다고 말할 수 있을지 모르겠습니다. 점령하에서 이루어지는 '식민지연구'는 환영받지 못합니다. 점령 그 자체가 일종의 식민지화이기 때문입니다.

그러나 이러한 점에서 미국의 점령정책은 지극히 교묘했습니다. 일본인에게 점령을 식민지화라고 느끼게 하지 않았기 때문입니다. 미국의 역사가 존 다워John W. Dower*는 전후의 일본에 대해 논한 『패배를 끌어안고 *Embracing Defeat: Japan in the Wake of World War II*』(1999)의 제3부 6장에 「신식민지주의적 혁명Neocolonial Revolution」이라는 제목을 붙이고 있습니다만, 전후의 모든 개혁을 '신식민지주의'라고 생각했던 사람이 당시에는 거의 없었다고 생각합니다. 또는 그렇게 느꼈다 하더라도 그것을 입 밖으로 낼 수는 없었습니다. 미국의 점령정책은 '대성공'이었기 때문에 부시정권이 이라크 점령정책에 '일본점령모델'을 적용하려는 잘못된 생각을 갖게 할 정도였습니다(그러나 이라크인들은 점령을 바로 식민지화로 알아차리고 그 말을 이용해 미국을 비판하고 있습니다). 식민지 망각은 식민지에 대한 관심과 함께 식민지주의에 대한 감성, 즉 자신이 현재 식민지 상황에 있으며 식민지화되어 있다는 것에 대한 또는 전후의 경제발전이 형태를 바꾼 식민지주의였다는 것에 대한 감수성과 인식을 잃어버리도록 작용했습니다. 전후의 일본에서 식민지라는 용어를 전혀 사용하지 않았던 것은 아닙니다. 그러나 이 용어는 많은 경우 교조주의적인 제국주의론의 일환으로써

* 1938~ . 미국의 자유주의적인 역사학자.

상투적으로 사용되어, 유연한 현실분석의 능력을 잃어버리고 점차 뒤돌아 보지 않게 만들었습니다.

일본에서 식민지에 대한 관심이 되살아난 것은 최근 십수 년입니다. 그 계기 중 하나는 미국에서 포스트콜로니얼연구가 유행했기 때문입니다. 그러나 미국의 포스트콜로니얼연구 때문에 일본의 식민지연구가 성행한다고 한다면 그것 역시 일본이 일종의 지적 식민지 상황에 놓여 있음을 의미하는 것은 아닐까요. 또 다른 비웃을 만한 현상 한 가지는, 일본이 예전의 식민지 지배를 긍정하고, 식민지 지배를 통해 아시아에 공헌했다고 주장하는 정치적 동향이 이와 같은 시기에 표면화된 것입니다. 아카데미즘에 입각해서 얼핏 보기에는 진지한 실증연구가 이러한 구제국에 대한 노스탤지어적인 정동情動을 공유하는 것은 충분히 가능한 일입니다. 예전에 대학에서 일본의 식민지연구는 식민지정책학이라는 형태로, 니토베 이나조新渡戸稲造*나 야나이하라 다다오矢内原忠雄 같은 저명한 학자가 강좌를 담당했습니다. 전후에 이 식민지정책학은, 야나이하라의 경력이 보여주는 것처럼 국제경제론이나 저개발경제론 그리고 국제관계학의 영역으로 옮겨갔습니다.[8] 최근 새로운 식민지연구는 오히려 역사학, 인류학, 문학연구의 영역으로 이동하고 있습니다. 그 결과 정치·경제적인 영역뿐만 아니라 내면화된 식민지, 문화적 식민지, 식민지주의적 형상, 젠더론, 식민지적 무의식 등의 영역으로 확대되고 있습니다.[9] 우리가 지금 식민지라는 말을 고집하고 있는 것은 봉인된 식민지 체험을 풀어 과거의 진실을 내 것으로 만들고 그러한 과거를 뛰어넘어 현재 전개되고 있는 움직임을 정확하게 알아야 한다고 생각하기 때문입니다. 그리고 그러한 연구에는 어떤 형태로

* 1862~1933. 농학자, 교육자. 영문으로 쓴 저서『무사도武士道, *Bushido: The Soul of Japan*』, 1900은 명저로 불린다.

든 우리가 관계해야 하며, 우리가 연관되어 있는 새로운 식민지주의에 대한 인식과 예민한 감수성이 필요하다고 생각합니다.

우리는 〈신〉 식민지주의라는 용어를 사용하고 있습니다만 이 부분에 대해서도 설명이 필요하리라 생각합니다. 우리는 앞에서 갈퉁이 제국주의의 단계를 나타내는 명칭으로 사용한 신(또는 신신新新)식민지주의를 인용했습니다. 갈퉁의 도식은 우리가 새로운 식민지주의이론을 구축하는 데 매우 유용하다고 생각합니다. 그러나 우리가 이 용어를 사용할 때 가장 먼저 떠올리게 되는 것은 1955년에 개최된 아시아 · 아프리카회의(반둥회의)와, 그것을 계승한 것 같은 형태로 1960년 국제연합 총회에서 아시아 · 아프리카의 여러 나라가 제안하고 채택한(아시아 · 아프리카 43개국 공동 제안) 「식민지독립부여선언Declaration on the Granting of Independence to Colonial Countries and Peoples」입니다. 이 '선언'은 독립, 즉 식민지 해방 이후에도 구식민지에 뿌리 깊게 남아 있는 식민지주의를 고발해 진정한 독립을 찾는 것이지만, 그 선언에는 구식민지의 어려운 상황과 새로운 형태를 갖추기 시작한 식민지주의에 대한 구식민지 측의 인식이 명확하게 언급되어 있습니다. 이렇게 해서 '신식민지주의Neo-Colonialism'라는 용어는 1960년대 초에 정착해서 일본에서도 한때 열띤 논의를 불러일으켰습니다(오카쿠라 고시로岡倉古士郎, 로야마 요시로蠟山芳郎 등[10]).

이러한 논의가 그 후의 세대로 이어지지 않았던 것은 아시아 · 아프리카를 포함한 세계의 정치적 · 경제적 상황이 크게 변화했기 때문이라고 생각합니다. 그러나 이것은 귀중한 출발점이었습니다. 「식민지독립부여선언」에서 표명된 구식민지 측의 식민지 인식은, 한편으로는 레오폴 세다르 상고르Léopold Sédar Senghor, 에메 세제르Aimé Césaire, 프란츠 파농Frantz Omar Fanon, 아밀카 카브랄Amilcar Cabral이라는 아프리카와 카리브해(마르티니크Martinique)의 정치적 · 사상적 지도자들의 실천과 언설을 통해서 에드워드 사이드Edward Wadie Saide 이후의 '포스트콜로니얼연구'로 연결되고 다른 한편으로는 월러스틴이 받아들인 것과 같은 '종속이론'으로 이어집니다.

이상은 우리가 이어가야 할 '신식민지주의' 연구의 대강의 흐름입니다. 그러나 그중에서도 최근 십 년의 세계는 매우 크게 변화했으며 그와 더불어 식민지의 개념도 더할 나위 없이 큰 변화를 겪고 있습니다. 우리가 앞에서 기술한 '신식민지주의'와 구별하기 위해 괄호를 붙여 '〈신〉식민지주의'라고 한 것은 그 때문입니다. 〈신〉식민지주의의 정의는 이미 언급한 것과 같은 우리의 글로벌화에 대한 인식과 깊이 관련되어 있습니다. 여기서는 그중에서도 근본적인 변화라고 생각되는 것만을 기술하고자 합니다.

첫째는, 식민지의 영역과 형태의 문제입니다. 이전의 '신식민지주의' 개념은 「식민지독립부여선언」이 나타내고 있는 것처럼 고전적인 '민족자결'의 원칙에 따라, 하나의 영역국가(구식민지)와 다른 영역국가(구종주국)과의 지배-종속관계를 보여주고 있습니다. 이에 대해서 새로운 '〈신〉식민지주의'는 영역적인 지배(점령, 입식)를 필요로 하지 않습니다. 말하자면 '식민지 없는 식민지주의'입니다. 이 변화에 관해서는 앞에서 인용한 갈퉁의 예언적인 표('제국주의의 역사적 세 단계')가 실로 간결하고 적확하게 지적하고 있습니다. 그 표에 따르면 과거 식민지주의의 형태는 '점령'이지만 현재 신식민지주의의 형태는 '(국제)조직', 미래의 신신식민지주의의 형태는 '커뮤니케이션'입니다(지금은 IT라고 말을 바꾸어도 괜찮겠죠). 단 우리는 여기서의 주역이 이제는 국가가 아니라 자본이라는 점, 또 그 자본이 변질되기 시작했다는 점을 지적해야 합니다.

둘째는, 노동력 이동과 경제적 격차의 문제입니다. 글로벌화의 진행과 더불어 현재 세계의 인구 이동은 인류역사상 최고의 수치를 기록하고 있습니다. 지구상의 경제 격차도 역시 인류역사상 최대라 해도 좋겠지요. '난민의 세기'라는 표현이 있는 것처럼 세계 각지의 전쟁이나 분쟁은 어쩔 수 없이 나라를 떠나야 했던 많은 이민이나 난민을 만들어냈습니다. 그러나 주변지역의 빈곤 역시 이민 증대의 큰 이유입니다. 세계의 노동력 이동을 나타내는 지도는 이민을 받아들이는 여러 나라와 이민을 내보내는 여러 나라의 편차를 보여주고 있습니다. 이민을 받아들이는 여러 나라는 미국, 캐나다, 오스트레일리아, 유럽, 아랍 석유산출국, 일본 등 생활수준(또는 GNP)이 높은 지역입니다. 이에 비해 이민을 내보내는 곳은 아프리카나 중남미, 동남아시아 등의 빈곤한 지역이라고 일단은 말할 수 있습니다. 그러나 같은 동남아시아에서도 이민을 끊임없이 내보내기만 하는 필리핀처럼 빈곤한 나라와, 이민을 계속해서 받아들이기만 하는 싱가포르나 홍콩 같은 부유한 지역이 있기 때문에 노동력 이동의 지도는 같은 지역 내의 격차를 보여주고 있습니다. 또 잊지 말아야 하는 것은 국내노동력의 이동(출가出稼)으로, 예를 들어 중국처럼 큰 나라에서는 이러한 노동자가 연간 1억 명에 달하는데 이것은 거의 일본 총 인구에 해당하는 숫자입니다.

수입이나 생활수준의 격차는 그것이 멀리 떨어져 있어 전혀 교류가 없는 지역에서 나타났다면 우연이라고도 볼 수 있지만, 그 격차가 글로벌화 같은 상호의존적 관계 속에서 나타난 경우에는 착취-피착취의 관계를 상정할 수밖에 없습니다. 이러한 의미에서 인구 이동과 격차의 증대는 〈신〉식민지주의의 징후를 보여주는 현상입니다. 그러면 국내에서 발생하는 격차는 어떻게 생각하면 좋을까요. 국내에서 발생하는 격차에도 착취-피착취의 관계가 작용하고 있다는 사실은 부정할 수 없습니다. 그러면 국내의 격차와 국가 간의 격차는 어떻게 다를까요. 아마도 그 답은 그러한 현상을 보는 이의 입장에 따라서 다를 것이라고 생각합니다. 특정 기업에서 일하는 노동자로서는 일해서 노임을 얻는다는 점에서 그 기업이 외국자본이든 자국자본이든 또는 자국에서 일하든 타국에서 일하든 별 차이가 없을 것입니다. 또 자본의 입장에서는 노동자가 어느 지역 출신이든 일정한, 즉 다시 말하면 싼 노임으로 일하는 한 상관이 없습니다. 따라서 국내의 격차와 국가 간의 격차에 다른 점이 있다면 그것은 국가의 입장뿐입니다.

국내 격차의 이론화와 관련해서 우리는 1970년대에 등장한 '내부식민지주의Internal Colonialism' 론에 관심이 있습니다. 에스니시티ethnicity나 소수자집단minority의 문제에 주목했던 시대에 아메리카 원주민이나 흑인, 히스패닉이라는 소수자의 차별과 종속적인 관계의 분석에 사용되던 내부식민지주의론을, 미국의 사회학자 마이클 헥터Michael Hechter가 영국의 국민통합과 근대국가 형성과정의 분석에 적용하면서 더욱 정밀한 이론적인 모델을 만들었습니다(*Internal Colonialism: The Celtic Fringe in British National Development, 1536-1966*, 1975). 1968년 세대인 헥터는, 당시의 공민권公民權운동이 동화파와 민족파로 분열해가는 과정에서 그들이 자신들의 존재와 스스로를 '내부식민지' 라고 이름 짓는 장면에 직면하고, 이 대립을 넘어서기 위한 이론적인 모색으로서 이 논문을 썼지만, 그것을 영국이라는 다른 지역에 적용함으로써 '내부식민지' 의 보편성이 확인되었다고 봅니다.

일반적으로 국민국가 형성은 중심부의 다수파 민족집단이 주변부의 소수파 민족집단을 통합함으로써 이루어지지만 당초에 존재했던 경제적, 문화적 차별과 격차의 구조는 국가 형성이 진행되면서 오히려 강화됩니다. 이렇게 해서 한 나라 안에서도 종주국과 식민지 같은 관계가 성립됩니다. 이러한 현상은 미국이나 영국같이 언뜻 보기에도 다민족국가인 곳에서는 쉽게 관찰되지만 일본처럼 좁고 균질적으로 보이는 국가에서도 존재하고 있습니다. 홋카이도北海道나 도호쿠東北 또는 오키나와沖繩 같은 주변부(지방)는 정말 내부식민지였습니다. 원래 '식민지'라는 말 자체가 홋카이도를 경영할 때 만들어진 용어입니다. 또 미국에서 필리핀에 대한 식민지 지배와 아메리카 원주민 통치가 비교되면서 논의되었던 것처럼 일본에서는 비교적 성공한 타이완 식민지 지배를 일본 지방 통치정책의 모델로 삼았습니다. 더 이상의 구체적인 사례를 열거하는 것은 생략하겠습니다만, 내부식민지주의는 근대 국민국가 형성에서 오히려 일반적인 현상이었습니다.

그러나 그러한 역사적 사실에 주목할 때 식민지주의가 무엇이었는가라는 의문이 새삼스럽게 생겨날 것입니다. 또 국경을 넘어 전 세계를 중핵과 주변으로 나누면서 진행하고 있는 글로벌화의 움직임 속에서 내부식민지주의라는 개념에 대해 관찰한다면 식민지주의에 관한 새로운 시야가 열리지 않을까요. 여기서 식민지주의의 정의가 다시 문제가 될지도 모릅니다. 먼저 제가 내린 정의는 '선진 열강이 후발 제국諸國을 착취하는 한 가지 형태'라는 극히 간단한 것입니다. 이것을 '중핵이 주변을 착취하는 한 가지 형태'라고 다시 써보면 식민지주의라는 용어에 숨겨진 더욱 깊은 진실이 보이지 않습니까. 지금까지 식민지주의 비판은 주로 민족의 독립(자결권)과 인도주의(인권)의 관점에서 이루어져왔습니다. 이것은 중요한 관점입니다. 그러나 현재 민족이나 인권에 대한 개념의 근거가 의심받기 시작하고 있을 뿐만 아니라 이러한 개념이 식민지주의의 보다 본질적인 부분을 은폐하고 있는 것은 아닐까요. 제가 여기서 근대의 경제학자들이 의구심을 표현하고 전면적으로 부정했던 '착취'라는 말을 일부러 사용하고 있는 것은 이렇게 은폐되어 있는 것이 무엇인가를 밝히고 싶기 때문입니다. 글로벌리제이션은 식민지주의의 본질을 드러내어 더욱 쉽게 보이게 한다고 생각합니다.

셋째는, 글로벌화된 도시, 즉 글로벌시티(세계도시)에 대한 문제입니다. 글로벌화의 물결은 세계 각지의 주요 도시를 글로벌화해갑니다. 글로벌화된 세계의 중핵이 되는 글로벌시티라고 불리는 도시는 어떻게 보느냐에 따라 다르지만 뉴욕, 런던, 파리, 베를린, 프랑크푸르트, 도쿄, 상하이, 홍콩, 싱가포르 등 이삼십여 곳 정도가 바로 떠오르며, 이 도시들은 각각의 독자성을 가지면서도 글로벌시티로서의 공통성을 갖고 있습니다(아르헨티나 출신 도시사회학자 사스키아 사센Saskia Sassen이 『글로벌시티*The Global City*』, 2001에서 들고 있는 대표적인 도시는 뉴욕, 런던, 도쿄입니다).

글로벌시티는 많은 다국적기업이 모이고 세계의 다국적기업 간에 네트워크가 형성되는 중심지이며, 그곳에는 자본이나 권력이 집중됩니다. 글로벌시티는 세계의 자본에 개방된 도시이지만 동시에 세계의 이민노동자들에게 열린 도시이기도 합니다. 뉴욕의 붕괴된 세계무역센터빌딩에 74개국의 국적을 가진 사람들이 일하고 있었다는 사실은 아주 상징적입니다. 세계자본주의는 더 이상 식민지라는 변경邊境의 땅에 갈 필요가 없으며 변경의 땅으로부터 노동자를 종주국의 중심부로 끌어들입니다. 이렇게 해서 글로벌시티에는 흑인, 아랍인, 중국인, 일본인, 한국인, 이탈리아인, 그리스인, 폴란드인, 에스파냐인, 멕시코인 등 다양한 민족집단이 그들의 거리를 형성하고 있으며, 때로는 치외법권적인 외관을 드러내기도 합니다. 저는 그것을 '역조계逆租界' 현상이라고 지적한 적이 있습니다만,[11] 글로벌시티가 일종의 식민지라고 말할 수 있을지도 모르겠습니다.

일종의 수탈장치인 글로벌시티에는 부가 집중되어 유행과 모드(양식), 미식美食의 중심이자, 최대의 쾌락과 욕망이 충족되는 장소이면서 동시에 그 내부에는 극도의 빈곤을 안고 있기 때문에 최대의 격차가 존재하는 장소이기도 합니다. 영국의 지리학자 데이비드 하비David Harvey는 『도시의 자본론*The Urbanization of Capital*』(1985)에서 도시를 자본축적과 계급투쟁이 일어나는 공간으로 그렸습니다. 글로벌시티는 글로벌화의 모든 모순이, 그 어두운 면과 가능성이 집중적으로 표현되는 장소입니다. 글로벌시티는 글로벌화로부터 배제된 다양한 요소를 그 주변으로 밀어내어 적대적인 주변부와 교외도시가 형성됩니다. 최근 파리 교외에서 시작되어 일시에 프랑스 각지로 확산된, 이민 2세를 중심으로 하는 젊은이들의 '폭동'은 반글로벌화운동의 측면을 갖고 있습니다.

세계의 다양한 글로벌시티는 글로벌화된 세계의 중핵으로서 서로 이익조화적인 관계를 맺습니다. 하지만 글로벌시티 간의 강렬한 경쟁을 부정할 수 없습니다. 예를 들면 '세계도시'를 자인自認하는 도쿄가 종종 표명하고 있는 위기감이 바로 그것입니다(『위기돌파 · 전략플랜—21세기로의 제1스텝危機突破 · 戰略プラン—21世紀への第一ステップ』, 1999년 11월). 이시하라 신타로石原愼太郎 도지사의 '삼국인三國人' 발언을 시작으로 해서 수많은 기교奇矯한 발언도 이 위기감과 연결지어 해석할 수 있습니다.[12] 월러스틴이 세계체제=국가 간 체제에서 설명한 여러 국가 간의 협력-적대관계와 유사한 관계가 글로벌시티 사이에 형성되고 있는 것은 아닐까요.

이상은 〈신〉식민지주의에 관한 우리의 이론이라기보다는 우리의 관심이 어디에 있는가를 설명한 것입니다. 우리는 이러한 관심을 가지고 지금까지 파리, 베를린, 다롄, 서울, 가오슝, 타이베이, 호찌민, 하노이 등의 도시를 둘러보았습니다. 추상적인 이론으로만 치닫는 것이 아니라 현지에서 배우고 현지에서 생각하고 싶기 때문입니다. 우리가 둘러본 아시아의 도시는 모두 일본의 식민지 지배를 받았던 곳이며 우리의 심정에는 괴롭고 복잡한 부분이 있었음은 확실합니다. 그러나 반성은 현실을 인식하는 것에서부터 시작해야 합니다. 우리가 마지막으로 상하이를 택한 이유는 우리가 지금까지 배워온 것 또는 여러 가지 의문에 대한 대답의 모든 것이 기적적으로 발전하고 있는 이 도시에 있다는 것을 예감하고 있었기 때문입니다.

상하이는 근대의 일본인에게는 특별한 의미와 매력을 가진 도시였습니다. 메이지 초기에 상하이는 '조계租界'라는 말로 알려진 것처럼 식민지 도시의 대표적인 예였고 동시에 그들이 바라는 '근대', 즉 '문명개화'의 한 모델이었으며 많은 일본인이 상하이를 통해서 서구를 배우고 서구를 꿈에 그렸습니다. 이와쿠라사절단岩倉使節團의 기록자라고 할 수 있는 구메 구니타케久米邦武는 1년 반이 넘는 구미시찰에서 돌아오는 길에 마지막 기항지였던 상하이에 대해 꽤 많은 페이지를 할애해서, 상하이의 '외국인 거류지'나 '동양의 대무역장'에 대해 기술하면서 대포나 소총공장에 대해서도 주목하고 있습니다.[13] 그와 같은 대규모 항만이나 공장이 일본에는 아직 없었기 때문입니다. 1930년대의 상하이는 퇴폐주의décadence와 파업strike과 혁명의 도시였으며 또한 격렬한 항일운동의 도시였습니다. 또 전후에는 일본 전후문학의 발상지 가운데 하나(다케다 다이준武田泰淳, 홋타 요시에堀田善衛 등)이기도 했습니다. 그래서 지금 상하이는 우리가 문제를 제기하기에 가장 매력적인 도시라고 생각합니다.

2003년에 베를린을 방문했을 때, 베를린 장벽이 있던 자리에 각국의 자본이 몰려들어 거대한 재개발이 진행되고 있는 것을 목격하고 저는 베를린 장벽이 붕괴된 이유에는, 내적 · 외적인 다양한 요소를 생각해볼 수 있지만 근본적으로는 글로벌화의 물결로 인한 것이라는 강한 인상을 받았습니다. 소비에트연방이나 동구사회주의권의 붕괴는 정치적, 사상적 이유(자유주의)도 있었지만, 자본주의경제가 사회주의경제를 병합한 것이었다는 의견이 있습니다. 사회주의는 글로벌화의 〈신〉식민지적 경향에 대해서 어떠한 대항책을 마련해낼 수 있을까요. 글로벌화의 이러한 일련의 과정은 사회주의이념을 어떻게 변경시키게 될까요. 이것이 현재 제 최대의 관심사입니다. 비판과 가르침을 주신다면 다행입니다. 들어주셔서 감사합니다.

미주

1 이 문제에 관해서는 나의 글, 「다문화주의로 본 공공성 문제—공공성의 재정의를 위하여多文化主義から見た公共性問題—公共性再定義のために」, 야마구치 사나山口定 · 사토 하루키치佐藤春吉 · 나카지마 시게키中島茂樹 · 오제키 모토아키關素明 엮음, 『새로운 공공성—그 프런티어新しい公共性—そのフロンティア』, 立命館大學 人文科學研究所 硏究叢書, 第16輯, 有斐閣, 2003을 참조 바란다(이 책 제6장).

2 『증보 국경을 넘는 방법—국민국가론 서설增補國境の越え方—國民國家論序說』, 平凡社ライブラリー, 2001, 364~395쪽 ; 「글로벌화 속에서 생각한다—서문을 대신해서グローバル化のなかで考える—序にかえて」, 니시카와 나가오西川長夫 · 오조라 히로시大空博 · 히메오카 도시코姫岡とし子 · 가 고夏剛 엮음, 『글로벌화를 읽는 88개의 키워드グローバル化を讀み解く88のキーワード』에 수록, 平凡社, 2003(이 책 제8장).

3 규제완화에 관해서는 사스키아 사센의 다음 지적을 참조 바란다. "규제완화는 국가의 역할을 저하시킴으로써 다양한 시장이나 산업에서 글로벌화를 추진하는 결정적인 방법이라고 널리 이해되고 있다. 그러나 규제완화는 한편으로는 글로벌화라는 사실과, 다른 한편으로는 국가를 통해 이루어진 계약과 소유권을 궁극적으로 보장하는 것이 의연히 필요하다는 사실을 잘 절충시키는 수단으로 볼 수 있다……." 사센은 나아가, 글로벌화에서 국가의 역설적인 역할에 대해 다음과 같이 기술하고 있다. "초국가적인 레짐의 형성과 국가영역의 탈국가화를 통해야만 국가가 국내자본과 외국자본에 매우 폭넓은 권리를 보장할 수 있기 때문이다." 『글로벌 공간의 정치경제학—도시 · 이민 · 정보화グローバル空間の政治經濟學—都市 · 移民 · 情報化』, 다부치 다이치田淵太一 · 윤춘지尹春志 · 하라다 다쓰오原田太津男 옮김, 岩波書店, 2004, 309~311쪽.

4 이매뉴얼 월러스틴 지음, 가와키타 미노루川北稔 옮김, 『근대세계시스템近代世界システム』 I · II, 岩波書店, 1981. 『사적 시스템으로서의 자본주의史的システムとして資本主義』, 『자본주의 세계경제 I—중핵과 주변의 불평등資本主義世界經濟 I—中核と周邊の不平等』, 『자본주의 세계경제 II—계급 · 에스니시티의 불평등, 국제정치資本主義世界經濟 II—階級 · エスニシティの不平等, 國際政治』 등 월러스틴의 저작은 거의 모두 번역되어 있다.

5 立命館大學 國際關係學部 창립 10주년 기념강연, 「사회과학 그리고 21세기를 위한 국제관계社會科學, そして二十一世紀のための國際關係」, 1997년 9월 22일.

6 요한 갈퉁 지음, 다카야나기 사키오高柳先男 · 시오야 다모쓰塩屋保 · 사카이 유미코酒井由美子 옮김, 『구조적 폭력과 평화構造的暴力と平和』, 中央大學出版部, 1991.

7 레닌이 쓴 『제국주의』의 정식 제목은 『자본주의 최고 단계로서의 제국주의資本主義の最高の段階としての帝國主義』이다. 나아가 일본에서는 레닌의 『제국주의』(1916)가 출간되기 15년 전인 1901년, 레닌이 『제국주의』에서 인용하고 있는 영국의 경제학자 홉슨J.A. Hobson의 『제국주의론*Imperialism*』(1902)이 출간되기 1년 전에 고토쿠 슈스이幸德秋水의 제국주의

론,『20세기의 괴물, 제국주의廿世紀の怪物帝國主義』가 출간되었다. 당시는 일본 제국주의가 열강으로 분해서 동아시아의 식민지 획득에 뛰어들려고 하는 시기이지만, 고토쿠가 그 책에서 강하게 비판하고 있는 것은 판도 확장을 위해 달리는 열강의 제국주의와 그것을 지지하는 '애국심' 그리고 '군국주의'였다. 고토쿠 슈스이는 후에 대역사건大逆事件에 가담했다는 이유 등으로 처형되었다.

8 가네코 후미오金子文夫,「일본에서 식민지연구의 성립사정日本における植民地硏究の成立事情」, 고지마 레이이츠小島麗逸 엮음,『일본제국주의와 동아시아日本帝國主義と東アジア』, アジア經濟硏究所, 1979 ; 아사다 교지淺田喬二,『일본식민지연구사론日本植民地硏究史論』, 未來社, 1990. 가장 최근의 연구로는, 岩波講座,『'제국' 일본의 학지 '帝國' 日本の學知』 제1권,「'제국' 편성의 계보 '帝國' 編成の系譜」, 2006을 참조. 나아가 전후 역사학의 영역에 있는 문헌에 관해서는, 야나기사와 아소부柳澤遊 · 오카베 마키오岡部牧夫 엮음,『제국주의와 식민지帝國主義と植民地』, 展望 日本歷史 20, 東京堂出版, 2001을 참조할 것. 단 이 책에는 글로벌화와 새로운 식민지주의라는 관점은 결여되어 있다.

9 그러한 새로운 경향을 보여주는 것으로는 岩波講座,『근대일본과 식민지近代日本と植民地』 전 8권, 1992~1993 ; 고마고메 다케시駒込武,『식민지제국 일본의 문화통합植民地帝國日本の文化統合』, 岩波書店, 1996 ; 구리모토 에이세이栗本英世 · 이노세 구미에井野瀨久美惠 엮음,『식민지경험-인류학과 역사학으로부터의 접근植民地經驗-人類學と歷史學からのアプローチ』, 人文書院, 1999. 가장 최근의 것으로는, 야마지 가쓰히코山路勝彦 · 다나카 마사카즈田中雅一 엮음,『식민지주의와 인류학植民地主義と人類學』, 關西學院大學出版會, 2002 ; 미야지마 히로시宮嶋博史 · 이성시李成市 · 윤해동尹海東 · 임지현林志弦 엮음,『식민지근대의 시좌-조선과 일본植民地近代の視座-朝鮮と日本』, 岩波書店, 2004 ; 이와사키 미노루岩崎稔 · 오카와 마사히코大川正彦 · 나카노 도시오中野敏男 · 이효덕李孝德 엮음,『계속되는 식민지주의繼續する植民地主義』, 青弓社, 2005를 참조 바란다.

10 가와바타 마사히사川端正久,『정치학과 민족 · 식민지문제政治學と民族 · 植民地問題』, 法律文化社, 1980을 참조 바란다.

11 예를 들면 프랑스의 마르세유 제1구의 문제.『프랑스의 해체?-또 하나의 국민국가론フランスの解體?-もうひとつの國民國家論』, 人文書院, 1999에 수록된「구주연합과 문화마찰歐洲聯合と文化摩擦」이라는 장의 208~209쪽.

12 이 점에 관해서는 마치무라 다카시町村敬志,「재가열 이데올로기로서의 글로벌리제이션再加熱イデオロギーとしてのグローバリゼーション」외,『現代思想』, 2000년 10월호의 특집「글로벌시티 도쿄グローバルシチィ東京」에 수록된 모든 논고가 참고된다.

13 구메 구니타케久米邦武,『미구회람실기米歐回覽實記』, 岩波文庫 5, 331~335쪽. 지은이인 구메는 서구의 언어를 하지 못하는 한학자였기 때문에 그의 구미에 관한 기초적인 정보는 중국을 경유한 것이었다고 생각된다.

제2장

동북아시아 문화공동체의 가능성

1. 일국사를 넘어서

'동북아시아 공동체'라는 말은, 비록 그것에 '문화적'이라는 형용사가 붙어 있다 하더라도 예전의 '동아협동체'나 '대동아공영권'이라는 이름 아래 동북아시아나 동남아시아에 침략을 자행해온 역사적 기억을 가진 많은 일본인들로서는 될 수 있으면 피하고 싶은, 복잡하고 미묘한 반응을 불러일으키는 무거운 말입니다. 그럼에도 불구하고 역사적 현실을 직시하고 무언가 구체적인 해결책을 필요로 하고 있는 지금 이 말을 스쳐 지나가기가 어려운 것도 사실입니다. 이 문제는 한국이나 중국에서도 다양한 제언提言에 호응하는 형태로 지난 몇 년 동안 일본에서도 화제가 된 강상중姜尙中의 『동북아시아 공동의 집을 향하여東北アジア共同の家をめざして』(平凡社, 2001)나 와다 하루키和田春樹의 『동북아시아 공동의 집東北アジア共同の家』(平凡社, 2003) 등 진지하고 성실한 그러나 동시에 복잡한 문제를 가진 제안

들이 나와 있습니다. 이러한 제언들은 주로 정치적 또는 경제적 관점에서 나와 있지만 같은 문제를 문화적인 관점에서 보면 어떨까요. 오늘은 이 두 사람의 발언을 토대로 조금 다른 각도에서 이 문제에 대해 생각해보고자 합니다.

이번 학회의 주제를 보고 불현듯 생각난 것은 『지중해』의 저작으로 알려진 20세기를 대표하는 프랑스의 역사가 페르낭 브로델이 그의 마지막 작품인 『프랑스의 아이덴티티*L'identité la France*』(1990)의 서문에 쓴 말입니다. 그 책에서 브로델은 역시 저명한 프랑스 중세사가인 마르크 블로크Marc Bloch의 "프랑스의 역사 따위는 없다. 존재하는 것은 유럽의 역사일 뿐이다"를 인용해서, "유럽의 역사 따위는 없다. 존재하는 것은 세계역사일 뿐이다"라고 덧붙이고 있습니다. 블로크나 브로델의 이와 같은 말은 오늘날 EU(유럽연합)의 전개나 글로벌리제이션의 진전을 눈으로 볼 때 매우 설득력 있다는 사실을 부정할 수 없습니다.

그렇지만 우리가 이것을 흉내 내어, 예를 들어 "일본사나 한국사 따위는 없다. 존재하는 것은 동아시아사일 뿐이다"라고 말할 수 있을까요? 한국이나 다른 나라들의 경우에는 모르겠지만 일본의 고대사 연구자들 중에는 그렇게 생각하는 사람도 상당수 있다고 생각합니다. 그러나 근대에 와서는 어떻게 될까요? 또 심지어 한발 더 나아가 "동아시아사 따위는 없다. 존재하는 것은 세계사일 뿐이다"라고 말할 수 있을까요?

저는 블로크나 브로델이 자국의 역사에 대해서 언급한 이 물음이, 우리가 오늘 여기서 논하고자 하는 문제의 본질에 다가가는 또는 우리가 오늘 피해갈 수 없는 문제를 제기하고 있다고 생각합니다. 아마 여기서 유럽과 아시아의 역사적 또는 지정학적인 차이를 들어 이 물음에 대한 답을 거부할 수는 없을 것입니다. 확실히 중세유럽은 기독교의 지배하에 하나의 세계를 이루고 있었습니다. 그리고 오늘날 확대된 EU에서 이슬람교 국가인 터키를 배제하려는 움직임을 보면 기독교가 유럽 통일에 끼친 역할이 큰 것임을 알 수 있습니다. 그러나 만약 이것을 하나의 문화권이라 한다면 동아시아는 더욱 더 옛날인 고대로부터 광대한 문화권을 이루고 있었던 것은 아닐까요.

무엇보다도 동아시아나 동북아시아의 지리적, 문화적 경계를 명기하는 것은 불가능합니다. 동북아시아, 동남아시아 또는 아시아나 유럽이든 특정 지역에 붙여진 명칭은 많은 경우 그 배후에 정치적, 경제적 의도가 있는 이데올로기적인 것입니다. 논의를 진행하기 위해서 한정할 필요가 있다면, 여기서는 일단 동북아시아가 중中・소蘇・한韓・일日의 모든 나라가 인접해 있어 고대로부터 오랫동안 이어진 교류와 투쟁의 역사가 새겨져 있는 지역이며, 한반도가 그 모든 나라를 잇는 중요한 역할을 담당하고 있음을 강조해두고자 합니다. 개인적인 이야기를 덧붙이자면, 북조선(강계)에서 태어나 아버지가 군인이었기 때문에 일본제국주의의 발전과 함께 조선과 만주 각지를 전전하면서 유소년기를 지내고, 패전 후에는 소련군의 점령하에 있었던 북조선에서 1년 가까이 억류되었던(아버지는 시베리아에서 3년 반을 억류당했습니다), 지금으로 말하자면 난민으로서 인양引揚되었던 저에게는 제 생애와 직접 관련된 지역입니다.

블로크나 브로델의 이 말은 단지 한 나라의 역사와 지역사 또는 지역사와 세계사의 관계를 문제 삼은 것뿐만 아니라 근대에 형성된 역사의 개념 또는 역사학의 자리매김에 대해서도 근본적인 의문을 제기하는 것이라고 생각합니다. 알고 계시는 것처럼 근대적인 역사의 개념은 국민국가의 산물입니다. 역사의 기본은 일국사一國史, national history였습니다. 그것은 근대역사학의 형성 과정을 보아도 혹은 실제로 출간된 역사작품을 보아도 분명하게 알 수 있습니다. 베네딕트 앤더슨Benedict Anderson은 1991년에 출간된 『상상의 공동체*Imagined Communities: Reflections on the Origin and Spread of Nationalism*』(1983) 증보판(일본에서 번역은 1997)의 마지막 장에서 근대의 역사를 '국민의 전기傳記'라고 부르고 있습니다만 이것은 원리적으로도 실제적으로도 옳다고 생각합니다. 블로크나 브로델의 말은 이와 같은 일국사적 역사개념의 부정으로도 연결되겠지요(특히 『지중해』에서 출발한 브로델의 마지막 저작이 『프랑스의 아이덴티티』였다는 것은 매우 흥미로운 사실입니다).

이에 대해서 우리는 문화공동체를 문제 삼고 있는 것이지 역사를 문제 삼고 있는 것은 아니다라는 반론도 예상되지만 이에 대한 재반론은 쉽겠지요. 왜냐하면 근대적인 문화개념은 18세기 후반부터 19세기에 걸쳐서, 국민국가 형성기에 국민이나 민족 또는 역사와 일체一體의 개념으로 형성되어 주권국가의 구조를 거의 그대로 보여주고 있다고 말해도 좋기 때문입니다. 즉 몇 백 년 이상 된 문화에 대한 정의들에서 공통점을 끄집어내 보면, 특정 집단의 독자적인 생활양식에 역점을 둔다 해도 또는 가치나 상징체계에 역점을 둔다 해도 문화는 특정한 영역 내의 공통성과 다른 영역과의 이질성(배타성)을 전제로 경계 내의 균질성과 의사소통의 가능성, 경계 밖의 이질성과 의사소통의 불가능성을 전제로 하는 개념이었습니다. 이렇게 해서 문화라는 것은 국민문화를 의미하며 나라 이름에 문화를 붙인 중국문화, 한국문화, 일본문화, 러시아문화, 미국문화, 프랑스문화라는 표현이 일반화되었고, 일본문화는 외국인에게는 이해되지 않는다는 말이 당연한 것처럼 널리 퍼진 것입니다.

문화공동체의 모델은 민족(국민)국가였습니다. 저는 이전에 이와 같은 역사적 상황을 더듬어, 민족이라는 것은 문화의 담당자이며 문화라는 것

은 '민족의 상태'라는 정의를 내린 적이 있습니다만, 국민과 문명이 지배적인 선진 여러 나라(영국, 프랑스, 미국)에서 국민은 문명의 담당자이며 문명이란 '국민의 상태'라고 말할 수 있겠습니다. 심지어 여기서 사용되는 문화, 문명, 민족, 국민 등의 말은, 다른 과학기술이나 철학 용어와 마찬가지로 근대화에 즈음해서, 주로 막부 말 메이지시대의 일본에서 한자로 유럽언어를 번역해서 한자권漢字圈 여러 나라에 역수입된 역사를 가진 용어임을 덧붙여 말해두고 싶습니다(서구에서 문명과 문화, 국민과 민족 등 국민국가에 관련된 용어와 개념이 형성되고, 그러한 용어가 일본에서 번역되고 한자문화권으로 보급되는 과정에 대해서는 다음 제 책들을 참조 바랍니다. 이 중 첫 번째 책은 벌써 한국어판이 나와 있습니다만 남은 두 권도 가까운 시일 내에 번역되어 나온다고 들었습니다. ①『국민국가론의 사정—또는 '국민'이라는 괴물에 대해서國民國家論の射程—あるいは〈國民〉という怪物について』, 柏書房, 1998, ②『지구시대의 민족=문화이론—탈 '국민문화'를 위하여地球時代の民族=文化理論—脫「國民文化」のために』, 新曜社, 1995, ③『증보 국경을 넘는 방법—국민국가론 서설增補國境の越え方—國民國家論序說』, 平凡社ライブラリー, 2001).

2. 세 가지 고찰과 제안

그러면 이제 동북아시아 공동체의 가능성에 대해 요약한 세 가지 고찰과 제안을 하고자 합니다.

첫째, 앞에서 말한 것처럼 고전적인 문화개념의 재검토입니다. 문화라는 개념이 형성기에 받아들인 자기 중심적, 고립적, 배타적인 경향을 극복해야 한다고 생각합니다. 그중에서도 단일민족 신화가 뿌리 깊은 일본이나 한국에서 이것은 중요한 문제라고 생각합니다. 중국이나 러시아에서도 마찬가지라면 이 경향은 동북아시아 문화공동체에 공통되는, 세계 여러 지역 중에서도 눈에 띄는 특색일지도 모릅니다.

무엇보다도 저는 문화상대주의나 다문화주의에 바로 찬동하는 사람은 아닙니다. 문화상대주의는 각 문화가 가진 고유의 가치를 주장함으로써 확실히 다른 민족이나 인종에 대한 편견을 없애는 효과가 있었을지도 모릅니다만, 다른 한편으로는 주권국가의 이미지를 계승하며 배타적이고 고립적인 문화개념을 고수합니다. 문화상대주의는 문화의 교류나 뒤섞임 또는 다른 문화이해의 이론화에는 등을 돌리고 있다고 생각합니다.

캐나다나 오스트레일리아에서 국시로 삼았고 미국에서도 정착되어가는 다문화주의는 역사의 대전환(서구중심주의의 종말)을 나타내는 대변혁이라고 생각합니다. 그러나 의심스러운 점도 많습니다. 다문화주의는 문화상대주의처럼 문화개념의 배타적이고 고립주의적인 경향을 극복하지 못하고 있습니다. 이론대로라면 수많은 작은 국가mini nation가 형성될 수밖에 없습니다. 또 다문화주의는 구대영제국의 식민지에서 지배적이었던 이민집단(백인 다수집단majority)이 더 이상 지배적일 수 없는 상황에 대응한 개혁이었지만, 선주민의 토지를 빼앗은 그들이 의연히 그 땅에서 계속 살고 있는 것은 어떠한 이유, 무슨 권리 때문인가라는 근본적인 물음에 충분한 대답이 되지 않습니다.

EU의 다양한 시도는 문화적인 영역에서도 참조할 만한 것이 많다고 생각합니다. 모든 것이 진행 중이며 공통 교과서를 만드려는 시도나 대학의 단위호환제도 시행될 것이고 각국 학생에게 열린 대학도 뒤이어 설립되겠지요. 지역 내에서 이동의 자유는 시간과 함께 주민들의 생활형태나 가족형태 또는 아이덴티티 같은 의식형태에 커다란 변화를 가져올 것입니다. 그러나 다문화주의나 다언어주의가 강조되고 소수언어의 보호가 진행되고 있지만, 복지제도의 후퇴나 빈부 격차의 증대가 우려됩니다. 또 지역 밖으로부터 이민하는 데 필요한 조건이 개선되었다고는 생각하지 않습니다. 지역 내 모든 나라의 국경이 낮아진 반면 지역 밖의 국경은 높아집니다. EU와 유럽 각국의 이민정책을 보면, 구종주국들이 EU를 구실로 삼아 여전히 식민지 잔재에 시달리는 구식민지를 잊어버리려 한다는 인상을 받습니다.

이렇게 세계의 다양한 지역을 둘러보면 참고해야 할 것이 많지만 단일한 모델이 없다는 점은 확실하다고 생각합니다. 동북아시아 문화공동체의 가능성은 그러한 지역의 역사적 현실 속에서 찾아내는 방법밖에 없습니다. 다문화주의에 대해 논할 때 저는 지금까지 몇 번인가 언어적으로도 문화적으로도 훨씬 다양하고 역사적으로도 오랫동안 다문화주의를 실천해 온 아시아나 아프리카의 화제가 왜 관심의 대상이 되지 않는가에 대해 의문을 제기해왔습니다. 이 물음은 다문화주의와 관련된 언설의 이데올로기성을 문제 삼으면서 동시에 서구적인 문화개념 그 자체에 대해 의문을 제기하는 것이기도 합니다. 민족이나 국민성, 전통이나 국민문화에 귀착하는 고정적이고 배타적인 문화개념이 아니라 이동과 교류를 축으로 한 문화개념에 대해 생각해야 하지 않을까요. 실제로 역사학자나 문화인류학자들은 이미 알고 있는 것이기도 합니다만, 문화라고 불리는 것이 발생해서 발전한 것은 고립된 산속에서가 아니라 이질적인 것이 만나고 교류할 수 있는 열린 장소에서였을 것입니다. 또는 산속이었다 하더라도 많은 인간이 생활하며 외부로부터 방문객이 있었을 것입니다.

둘째, 전후post-war와 식민지 후post-colonial의 문제입니다. 현시점에서 동북아시아 문화공동체의 가능성에 대해 생각한다면 이 문제는 피해갈 수 없다고 생각합니다. 1945년 8월 15일을 일본인은 패전(또는 종전)으로 보아, 그 이후를 전후라고 부르고 있습니다. 동북아시아의 다른 지역에서 그것은 승리로서 해방이라고 불렀습니다만, 전후가 아니라 그 이후에도 전쟁이 계속되어 심지어 한반도는 남북으로 분단되었습니다. 이러한 상황의 차이와 의식의 단절은 크다고 생각합니다.

2001년의 9·11 이후, 아프가니스탄공습이나 이라크전쟁 등, 우리의 전쟁과 전후를 어느 정도 경험한 세대에게는 제2차 세계대전을 생각나게 하는 사건이 계속되었습니다. 특히 9·11테러가 미국에서는 일본군의 진주만공격과 비교되어 "리멤버 펄 하버Remember Pearl Harbor"의 목소리가 널리 퍼지면서, 또 이라크 점령이 이전의 일본 점령을 모델로 했다고 알려지면서 일본에서는 전후라는 것이 무엇이었는지에 대해 되묻는 움직임이 일어났습니다. 같은 2001년 3월에 번역, 출간되어 큰 화제가 되었던 존 다워의 『패배를 끌어안고』(1999)나 9·11 이후 다워의 발언이 이 움직임에 영향을 준 것은 사실입니다.

존 다워는 이 책에서 맥아더Douglas MacArthur 원수 치하에서 이루어진, 전후 일본의 민주적인 여러 가지 개혁은 모두 '일미합작'이라고 말하고 있습니다. '일미합작'이라는 것은 일본 측의 자발적 협력이 있었다는 뜻이며 또한 일종의 식민지화가 진행되고 있었다는 의미이기도 합니다. 실제로 다워는 '대군大君' 맥아더의 부하들을 '식민지총독viceroys'이라 이름붙이고 전후의 개혁을 '신식민지주의적 혁명Neocolonial Revolution'이라고 불렀습니다.

그런데 '일본모델'로 실행한 이라크 점령을, 이라크인들은 확실히 '식민지화'라고 의식(예를 들면 프랑스의 신문, 3월 19일자 『리베라시옹*Libération*』지의 인터뷰기사)했던 것에 비해 당시 일본인은 그것을 식민지화라고 느끼지 않았습니다. 여기서 그 이유에 대해 상세히 분석할 수는 없지만 두 가지 정도는 들어보겠습니다. 첫 번째는, 일본인이 천황이나 권력자의 권위를 받아들이는 것과 마찬가지로 맥아더 총사령관의 권위를 받아들인 것입니다(긴 역사를 통해 배양된 권위주의의 귀결입니다). 두 번째는 민주화를 대의大義로서 받아들일 수 있었다는 것입니다. 식민지화를 식민지화라고 느끼지 않을 정도로 식민지화된 일본인, 일본 점령은 그 정도로 성공한 점령이었습니다. 뿐만 아니라 미국 측에 그 성공을 확신시킨 것은 그 후 고이즈미정권까지 계속된 일본정부의 '자발적 협력'이었습니다. 그 배후에 냉전체제와 미국이 주도한 한국전쟁이 있었기 때문에 일본경제가 부흥할 수 있었다는 사실을 부정할 수 없습니다. 이는 베트남 참전으로 경제성장을 실현한 한국이 어쩔 수 없이 이라크 참전을 해야 하는 것과 유사한 관계가 있을지도 모릅니다.

전후 일본은 연합군(실질적으로는 미군)의 점령하에 있었으며 권력과 정치적 주도권을 미국에 맡기고 구식민지의 모든 것을 방기했으며, 나아가서는 전쟁방기를 명기한 평화헌법을 제정함으로써 한국전쟁을 통해(즉 한반도 주민의 희생 위에서) 경제부흥을 실현했음에도 불구하고 구식민지에 대한 기억을 잊었습니다. 침략전쟁과 식민지 지배를 통해 아시아 모든 지역에서 저지른 만행과 주민이 입은 피해에 대해 잊은 것뿐만 아니라 그러한 지역에 대한 관심이나 상상력도 잃어, 그러한 지역 주민들과 정상적인 관계를 구축하기 위한 노력을 게을리했습니다. 물론 예외는 있습니다만 그것이 일반적인 경향이고 그러한 경향은 지금도 계속되고 있으며, 동북아시아 문화공동체의 가능성을 저해하는 중대한 요인이 되었다고 생각합니다.

한국의 경우는 어떤가요. 한국이나 그 외 나라들의 전후를 분석할 능력도 자격도 제게는 없습니다. 제가 여기서 유일하게 제안하고 싶은 것은 한국과 일본의 관계 또는 그 밖의 동북아시아 나라들과 일본의 관계를 단지 대립적인 관계로 보는 것이 아니라 상호적인 관계로 볼 수 있는 통일된 관점과 넓은 시야를 어떻게 만들까 하는 문제입니다. 이 경우에 잊지 말아야 할 요소 가운데 하나로 대미관계가 있습니다. 미국이 일으킨 이라크전쟁과 일본 점령모델을 이용한 이라크 점령은 미국의 전후정책을 새롭게 조명해서, 미국이 동일한 군사령관 치하의 일본-오키나와-한국에서 각각 다른 점령형태를 보였던 것이 어떤 의미였는지 새삼 묻게 됩니다. 일본 본토에서는 자유로운 민주화가, 오키나와에서는 더욱 식민지적인 군사기지화가 이루어졌고 한국에는 군사·독재적인 괴뢰정권이 주어졌습니다. 이는 점령이 대의명분이나 하나의 이념에 따라 이루어진 것이 아니라, 미국 세계정책의 일환이라는 현실적인 목적을 이루기 위해 세 가지 점령형태가 각각의 임무를 가진 상호보완적 점령이었다는 의미가 아닐까요. 동북아시아 문화공동체의 가능성은 그것이 대미관계 속에서 얼마나 주체적으로 자신의 위치를 평가할 수 있는가에 달려 있다고 생각합니다.

다음으로 저는 동북아시아지역에서의 식민지 후라는 개념에 대한 재고를 제안합니다. 초기에 포스트콜로니얼이라는 용어는 제2차 세계대전 후 많은 식민지가 독립해서 국민국가를 형성한 역사적 상황을 지칭했습니다만, 현재는 식민지라는 체제가 끝난 뒤에도 여전히 식민지주의적인 지배나 심성, 문화적 상황이 잔존하면서 형태를 바꾼 식민지주의가 때에 따라서는 강화되는 사태를 가리키는 용어로 사용하게 되었습니다. 이러한 의미에서 현재의 일본은 포스트콜로니얼 상태, 즉 장기적인 일본의 전후는 식민지 후가 아니었나 하고 생각합니다.

포스트콜로니얼이론의 선구적인 존재였던 에드워드 사이드는 『문화와 제국주의*Culture and Imperialism*』(1993)의 아마도 가장 급진적인 장인 「협력, 독립 그리고 해방」에서, 식민지였다가 독립한 여러 국가들이 걸어온 길을 비판적으로 그려내고 있습니다. 이 글에서는 주로 중동이나 아프리카 여러 나라들을 대상으로 하고 있습니다만 동아시아도 시야에 넣고 있습니다. 이 글에서 말하는 '협력'이라는 것은, 사이드에 따르면 제국주의의 존속이 그 희생자들의 협력 또는 비협력에 달려 있다는 뜻입니다. '독립'에 관한 사이드의 비판은 강렬합니다. 즉 식민지에서 국가의 체제와 권위를 백인 대신 유색 엘리트들이 그대로 이어받았으며, 그 모순을 강력한 민족주의로 은폐했다는 사실을 분노를 담아 고발하고 있습니다. 게다가 사이드는 프란츠 파농의 마지막 저작인 『대지의 저주받은 사람들*Les Damnés de la terre*』을 원용하면서 "문화가 내셔널리즘의 독립투쟁 영역으로부터 해방을 향한 이론구축의 영역으로 크게 이행했다"라고 쓰고 있습니다만, '해방'을 향한 이론이 어떠한 것인가에 대해서는 상세하게 거론되어 있지 않습니다. 이를 해석하는 것은 다음 세대의 일이 되겠지요. 저는 사이드의 말을 그대로 받아들이려는 것은 아닙니다. 그러나 세계의 포스트콜로니얼적인 상황 속에서 자신의 존재를 자리매김하는 것은 다음에 이야기할 글로벌리제이션에 대한 대응책을 찾아내기 위해서도 중요하다고 생각합니다.

셋째는, 글로벌리제이션에 대해서입니다. 현재 또는 미래에 하나의 지역공동체를 구축하려면 글로벌화에 대한 고찰과 대응이 불가결하다는 것은 말할 나위도 없습니다. 이 복잡하고 복합적인 현상을 짧은 시간에 논하는 것은 불가능하겠지요(글로벌화에 관해서는 이 책의 제8장을 참조 바란다). 저는 여기서 유일하게 동북아시아 문화공동체를 구축한다면 글로벌화가 제2의(또는 새로운) 식민지주의가 되지 않기 위한 연구와 대책이 필요하다는 제안을 하는 것으로 마치고자 합니다. 이제부터는 논의는 접어두고 2004년 3월과 9월에 조사를 위해 방문한 베를린과 다렌의 인상을 말씀드리겠습니다. '평화'와 '번영'의 배후에서 구조화된 착취와 차별의 네트워크가 의연히 기능하고 있다면, 그것과 어떻게 싸우고 어떻게 탈출할 것인지 생각하는 것은 문화의 문제이기도 합니다.

그중 한 가지는 2004년 3월의 조사여행으로, 베를린을 방문했을 때의 일입니다. 우리는 베를린 장벽의 흔적을 따라 걸었습니다만, 장벽 양쪽에 있어야만 할 빈곤한 사람들의 주거지는 깨끗하게 사라졌고 여러 선진국의 자본이 북적거리는 거대한 개발이 진행되고 있었습니다. 그곳에서 저는 다시 한번 베를린의 장벽을 붕괴시킨 것이 무엇이었는지 생각했지만, 그것은 결국 자본의 힘이며 글로벌리제이션이라는 것이 제가 도달한 결론입니다. 우리는 터키인의 거주지역이나 구동독지역에도 가보았습니다만 독일의 통일이 결코 성공적이지 않다는 것은 누구의 눈에도 확실해 보였습니다. 당연히 우리는 한반도의 분단과 통일에 대해서 다시 생각할 수밖에 없었습니다.

또 다른 한 가지는, 이것은 최근의 일입니다만 2004년 9월에 처음으로 건축가와 주거를 연구하는 몇 사람과 함께 중국 랴오둥遼東반도의 다롄을 방문했습니다. 아시는 대로 다롄은 1898년에 러시아가 조차租借했고 러일전쟁 후에는 일본의 조차지가 되었습니다. 옛 시가지에는 러시아인들의 거리가 있으며 또 만철滿鐵* 등이 세운 일본인 거주구역도 있습니다. 패전 후 다롄에서 돌아온 일본인의 수는 20만 명(당시 다롄 시의 인구는 60만 명)으로 알고 있습니다. 러시아인이 세운 러시아인 거리도 일본인이 세운 일본인 거리도 노후해서 거의 폐허가 되기 직전이었습니다. 러시아인 거리의 큰길은 관광용으로 남아 있지만, 뒷골목으로 들어가면 무너져가는 건물에

* 남만주철도南滿洲鐵道.

알몸으로 자고 있는 사람도 있고 폐품을 모으는 사람들이 모이는 장소가 되기도 합니다. 일본인 거리 쪽은 다이쇼大正기의 일본식 서양건물이 많지만 아직 골조骨組가 튼튼해서, 그곳에서 중국 사람들이 중국식으로 생활하고 있습니다. 그러나 낡아서 붕괴 직전의 옛날 저택은 건물의 내부는 망가지고 정원은 쓰레기장이 되어 심한 악취가 맴돌고 있었습니다. 우리는 다롄에서 러시아 제국주의와 일본 제국주의의 무참한 말로를 그 냄새와 함께 눈으로 본 것입니다.

그러나 다롄의 교외에는 새로운 집합주택군이 세워지고(그것은 일본의 어떤 도시에서도 볼 수 없는 큰 규모였습니다), 게다가 그 건너편에는 광대한 개발지구가 펼쳐져 있었습니다. 집합주택군에서 흥미로웠던 것은, 건물의 중간부분은 거의 세계 공통의 집합주택을 생각나게 하지만 건물의 상부 디자인은 일본이나 유럽에서는 볼 수 없는 독자적인 것이었으며 상점이 늘어선 하부는 우리 일본인들이 보기에는 그야말로 중국풍이었습니다. 특히 재미있었던 것은 단독주택의 정원으로, 그 정원에는 장미와 맨드라미 등 서양풍의 화단이 있고 연못에는 수련이 피어 있는 한편, 호리병박이나 수세미를 심어 놓은 울타리도 있어서 다문화 혼성의 상징으로 보였습니다.

광대한 경제개발지구는 차를 타고 지나칠 수밖에 없었습니다만, 그중에서 한 부분을 차지하는 일본기업이 200여 개 정도 입주한 중일공업단지를 방문해서, 일본인과 중국인 관리책임자 두 명과 한 시간 반 정도 인터뷰를 할 수 있었습니다. 제가 가장 궁금했던 것은 노동력의 대부분을 차지하는 여공女工들에 관한 것이었습니다. 그녀들은 주로 내륙의 농촌 출신으로 우리가 본 집합주택군에 살며, 몇 년 또는 그 이상 농촌에 호적을 그대로 둔 채 머물지만 그동안 모두 시골의 부모에게 생활비를 계속 보내며 결혼한 경우에도 각자의 가족에게 생활비를 보냅니다. 드물게 결혼해서 일정 금

액 이상의 고급맨션을 사게 되면 도시호적을 얻어 시골 부모를 도시로 모셔오는 것도 가능하지만, 그러한 경우에도 함께 사는 것이 아니라 다른 단지에 살게 하고 자식들이 돌보거나 합니다. 제도화된 출가이지만 이렇게 해서 도시와 농촌의 또는 도시 내에서의 빈부 격차는 더욱 더 확대되어가는 것이 아닐까요. 일본이나 한국을 비롯해 각국의 기업이 개발지구에 입주하는 것은 여러 가지 우대조치優遇措置 때문이기도 하지만 무엇보다 싼 임금 때문이며 싼 임금은 무엇을 의미할까요.

다롄에는 그 밖에도 옛 시내에 일본의 IT산업을 받아들여 제휴를 꾀하고 있는 구역이 있으며 그곳에서는 일본어에 숙달된 기술자나 일꾼들이 일하고 있습니다. 그러한 선례는 벌써 미국의 IT기업이 임금이 5분의 1인 인도로 이전해서, 실리콘밸리의 기술자들이 대량으로 실업자가 되어버리는 사례로도 보고되고 있지만 글로벌화로 인한 세계적인 움직임의 한 부분을 다롄이 담당하고 있습니다. 도시로서는 약 100년 정도의 역사밖에 없는 다롄 시는 새로운 유형의 글로벌시티로서 큰 매력을 갖추고 있습니다만 글로벌화의 함정에서 벗어나지는 못했습니다. 동북아시아 문화공동체라는 용어를 보았을 때 저는 하나의 모델로서 다롄을 떠올렸습니다. 다롄 시의 시도에서 배울 것은 많다고 생각합니다만 우리의 문화공동체 구상은 형성 과정에 있는 이 매력적인 도시의 미래와 어떻게 연결될까요.

제3장

글로벌화시대의 이문화커뮤니케이션

—9·11과 '이라크전쟁' 후에

이 글은 1997년 11월에 타이완의 단장淡江대학에서 개최된 국제심포지엄 「국제화시대에서의 이문화교류國際化時代における異文化交流」에서 발표한 나의 글, 「국민국가와 이문화교류—문화교류를 방해하는 것과 촉진하는 것의 관계에 대한 이론적 고찰國民國家と異文化交流—文化交流を妨げるもの促進するものとの關係についての理論的考察」의 속편이다. 최근 몇 년 동안 이루어진 세계변화는 크고 급격하다. 이는 '국제화'에서 '글로벌화'로의 변화이지만, 특히 9·11 이후에는 글로벌화라는 용어의 배후에 숨겨져 있던 패권국 미국의 세계전략과 제국주의적인 욕망이 드러나게 되었다. 이문화커뮤니케이션의 문제는 이러한 변화 속에서 새롭게 고찰해야 할 것이다.

9·11에서부터 '이라크전쟁'에 걸쳐 미국에서는 "리멤버 펄 하버"가 소리 높여 반복되고 이라크 점령을 '일본모델'이라 논하면서, 전후의 일본이나 한국, 타이완에서 각각 다른 형태로 이루어졌던 점령이나 해방, 독립을 새롭게 조명하면서 전후와 식민지 후의 관계와 의미를 새롭게 되새기고

있다. 이 글에서는 에드워드 사이드가 식민지 후의 제3세계 분석에 사용한 협력 · 독립 · 해방의 개념을 참고로 하면서 일본 · 한국 · 타이완의 정치적, 경제적, 문화적 변화에 주목하고, 그것이 일상적 언어생활이나 문학표현에 가져온 특징적인 몇 가지 변화에 대해 지적했다. 글로벌화로 인한 소수언어의 소멸, 지배적 언어(영어)의 보급, 다언어 상황의 출현, 언어의 혼성과 유동화, 국어의 불가능성이라는 사태는 민족이나 아이덴티티개념 변화의 필연성을 보여주는 동시에 언어교육에도 근본적인 변화를 요구하고 있다. 마지막으로 카리브해의 구식민지에서 일어난 네그리튀드négritude에서 크레올Creole이라는 움직임과 유사한 움직임을 3대에 걸친 재일한국 · 조선인 문학들 속에서 살펴봄으로써 나는 글로벌화시대의 보편적인 경향 한 가지를 보여주었다고 생각한다. 하지만 현재 진행 중인 글로벌화에 대해서는 결정적인 판단을 삼가야 하지 않을까 생각한다.

들어가며

1997년 11월 14~15일에 타이완의 단장대학에서 열린 국제심포지엄 「국제화시대에서의 이문화교류」에서 저는 「국민국가와 이문화교류—문화교류를 방해하는 것과 촉진하는 것의 관계에 대한 이론적 고찰」이라는 아주 긴 부제를 붙인 발표를 했습니다. 이 글은 후에 제 책인 『국민국가론의 사정—또는 '국민'이라는 괴물에 대해서』(柏書房, 1998)에 수록되었고, 이 책은 2002년에는 『국민이라는 괴물*The Monstrous Nation*』이라는 제목으로 한국어판이 출간되었습니다. 이번 발표는 그 6년 후의 속편이라고도 할 수 있는 것으로, 이문화커뮤니케이션이 얼마나 시대의 정치적 · 경제적 변화에 크게 영향을 끼치는가를 강조함과 동시에 역사적으로 예를 찾을 수 없는 그 변화의 격심함과 속도에 주목하고자 합니다. 실제로 최근 5~10년 동안 이루어진 세계의 변화는 우리의 상상을 훨씬 뛰어넘는 것이었다고 생각합니다.

1997년 심포지엄의 주제가 「국제화시대에서의 이문화교류」였던 것으로도 알 수 있듯이, 당시는 일본에서도 글로벌화보다는 국제화라는 말이 일반적이었습니다. 현재는 국제화보다는 글로벌화 또는 글로벌리제이션이 흔히 쓰이고 있습니다. 국제화에서 글로벌화로, 이것은 시대적 변화의 특색을 잘 나타내고 있습니다. 또 당시 타이완에서는 국민국가nation-state라는 용어가 그다지 보급되어 있지 않아 그 용어를 설명하는 데 많은 시간을 할애해야 했습니다. 지금은 어떨까요. 일본에서는 국민국가론의 유행이 끝났다고 이야기하는 사람들도 있지만, 신문이나 잡지에서 이 말을 보게 되는 횟수는 많아졌습니다. 다만 많은 경우 그 말은 '글로벌화로 인한 국민국가의 위기'라는 화제와 관계되고 있는 것 같습니다.

1997년의 발표에서 저는 '이문화교류의 역설'을 강조했습니다. "문화라는 것은 특정 집단(또는 국민이나 민족)의 독자적인 생활양식 또는 가치나 상징의 체계이다"라는 문화의 일반적인 정의에 따르면, 문화라는 것은 원래 타자의 이해를 넘어선 것이며 이론적으로 이문화끼리는 교류될 수 없습니다. 여전히 '일본문화(또는 타이완문화, 중국문화, 한국문화, 프랑스문화 등)는 외국인에게는 이해되지 않는다'라는 언설이 끊이지 않는 것은 이러한 문화개념이 지배적이라는 사실을 말해주고 있습니다. 그러나 현재 문화교류가 일어나고 있다는 것은 누가 보아도 의심할 수 없는 현실입니다. 이민이나 국제결혼이라는, 누가 보아도 명확한 경우를 제외하고도, 우리의 일상생활에서 의식주 가운데 어느 것을 보더라도 이문화와 관련되지 않은 순수한 토종을 찾아내는 것은 어렵습니다.

이문화교류의 역설은 국민국가의 모순적인 성격을 비추고 있습니다. 근대의 국가는 거의 모두 국민주권과 국가주권을 전제로 하는 국민국가입니다. 국민국가는 국경을 만들어 타국과는 다른 독자적인 국민성과 국민문화를 강조합니다. 국민국가의 성립과 틀을 같이하고 있는 문화의 개념은 nation의 개념과 아주 유사한 구조를 가지고 있습니다. 즉 문화에는 각각의 경계가 있으며, 그 경계 내에서는 균질하게 통용되지만 다른 문화와는 이질적이기 때문에 경계를 넘어서 자유롭게 교류하는 일은 있을 수 없습니다. 인종차별에 반대하는 지식인의 양심적인 문화상대주의의 배후에도 이와 같은 주권국가의 nation개념이 있었습니다. 만약 이문화 간의 자유로운 교류가 가능하다면 문화의 정의는 무너지고 맙니다. 이는 국경이 없는 국민국가를 상정할 수 없는 것과 같은 것입니다. 그럼에도 불구하고 다른 한편에서 국민국가는 국제관계, 이매뉴얼 월러스틴의 용어를 빌리자면 세계체제(세계자본주의)와 국가 간 체제 속에 위치하고 있으며 그러한 국제관계의 밖에서 존속할 수는 없습니다. 즉 국민국가는 독립을 주장하는 한편 여지없이 다른 나라와의 교류를 강제당하고 있다고 말해도 좋겠습니다.

이문화커뮤니케이션의 커다란 그리고 근본적인 틀을 결정하고 있는 것은 이러한 국민국가의 모습과 국가 간의 관계라고 생각합니다. 국기國旗나 국가國歌에서 볼 수 있듯이, 모든 국가는 다른 나라에 대한 자국문화의 독자성과 다른 나라와의 이질성을 강조합니다. 이는 이문화커뮤니케이션에서 일반적으로 저해요인으로 작용하지만, 한편으로는 그 때문에 이국異國의 산물이나 풍속이 한층 매력적으로 비치는 경우(이국취향exotism)도 있을 것입니다. 또 모든 나라에 제도적으로 국기나 국가가 존재한다는 사실 자체가 모든 국가의 유사성을 보여주고 있습니다. 실제로 국민국가라고 인정받고 있는 국가(지구상의 거의 모든 국가)에는 똑같이 정부나 의회가 있고 법률이 있으며 재판소와 경찰, 특히 군대가 있고 정당이나 저널리즘이 있으며 호적이나 가족제도, 학교가 있고 국어와 국사가 있으며 박물관이나 병원이 있고 세금이나 화폐, 은행이나 시장이 있으며, 예전에는 식민지가 있었습니다. 이것은 기껏해야 200～300년 동안 만들어진 국민국가시대의 특색입니다만, 세계 거의 모든 국가가 이와 같은 제도와 장치를 갖고 있으며 또 가지려 한다는 것은 생각해보면 놀랄 만한 일이 아닐까요.

국민국가시대의 이문화교류는 이와 같은 모든 국가의 제도적·구조적 유사성 위에 성립되어 있습니다. 따라서 이 제도적·구조적 유사성은 국제적으로 공통되기 때문에 이문화커뮤니케이션의 기반이기도 하지만 동시에 차별과 배제라는 디스커뮤니케이션discommunication의 기반이라는 사실도 잊어서는 안 된다고 생각합니다. 여기서 세계체제와 국가 간 체제에 대해 간단히 언급할 필요가 있습니다. 세계체제론에 대한 이문화커뮤니케이션의 관계 중에서 특히 중요한 것은 이윤 또는 잉여가치의 추구를 위해 세계적인 분업이 일어나고 있으며(중핵, 반주변, 주변), 그 과정에서 볼 수 있는 것은 지배-피지배, 착취-피착취의 관계입니다. 국가 간 체제의 요점은, 세계 모든 국가는 패권을 향한 서열 속에 자리 잡고 있으며, 보다 높은 위치를 차지하기 위해 일어나는 국가 간 투쟁이 극단적으로 표현되는 경우가 전쟁이다라고 이야기할 수 있을 것입니다. 세계체제에서 작용하고 있는 것이 자본의 논리(이윤)이며, 국가 간 체제에서 작용하고 있는 것이 국가 논리(국익)라는 점은 쉽게 이해되지만, 자본의 논리와 국가 논리의 관계(대립·공범관계)는 월러스틴조차도 아직 충분히 밝히지 못했다고 생각합니다. 그럼에도 불구하고 현실 문제로서, 다양한 문화나 문화의 담당자인 인간이 이러한 세계체제나 국가 간 체제 속에서 이동하고 교류할 때 이러한 체제가 가진 지배-피지배, 착취-피착취 또는 차별-피차별의 관계로부터 벗어나 있다고는 생각하지 않습니다. 그것은 주변부 주민의 생활이나, 세계 각지에서 증대하는 이민이나 외국인 노동자들에 대해 생각해보면 금방 이해할 수 있을 것입니다.

이문화교류의 문제는 어쨌든 자유롭고 평등한 교류가 일어나고 있는 것을 전제로 하기 쉽지만, 우리는 이렇게 어려운 현실로부터 출발해서 문화교류의 문제에 대해 생각해보자는 것이 1997년 제 발표의 핵심 중 하나였습니다. 이문화이해나 이문화커뮤니케이션은 결코 평화적으로 일어나고 있는 것이 아니라 다양한 마찰이나 대립, 갈등 또는 투쟁 속에서 이루어지고 있다고 생각합니다.

1. 9·11과 '이라크전쟁'이 보여준 글로벌화의 현실

국제화에서 글로벌화로 옮겨가는 것은 최근 십여 년 동안 이루어진 세계의 움직임이며, 오늘 제 발표의 주제이기도 합니다. 국제화가 글자 그대로는 주권국가 간의 관계가 밀접해지는 것을 의미하는 데 비해 글로벌화라는 용어에는 주체로서의 국가가 사라졌으며, 국제화와는 다른 세계의 변화나 질서가 상정되어 있다고 생각할 수 있을 것입니다. 조금 더 나아가 이야기하자면 지금까지 어느 정도 조화와 균형을 유지하고 있던 국가와 자본의 관계에 이변이 생겨 자본의 논리가 돌출하기 시작했다고 말할 수 있을지도 모르겠습니다. 그러나 글로벌화라는 것은 현재 진행 중이며, 그 역사적인 변화의 한가운데에 있는 우리로서는 언제나 미지의 부분이 남아 있기 때문에 어느 정도 예측은 가능하다 하더라도 엄밀한 정의나 완전한 판단은 할 수 없습니다. 이제부터 이야기할 제 의견도 몇 가지 가능한 관찰 가운데 하나이며 하나의 가설에 지나지 않습니다.

저는 글로벌리제이션이 다양한 요소가 얽힌 복합적인 변화에 있다고 생각하고 있습니다만, 일단 장기, 중기, 단기에 걸친 3중의 글로벌리제이션의 시간적인 흐름을 상정해서 논의를 진행하고자 합니다.

첫째, 인류사의 시작에서부터 현재에 이르는, 사회생활을 영위하는 인간의 본성(또는 인간의 커뮤니케이션 욕구)에 근거한 인류의 역사에 감추어진 장기적인 글로벌리제이션의 흐름입니다. 이것을 강조하게 된 이유를 들자면, 현재 서구의 팽창과 관련된 글로벌리제이션으로 직접 연결되는 중단기의 글로벌리제이션과는 다른 역사의 흐름이 존재한다는 사실을 인식해 두어야 하기 때문입니다. 그렇게 함으로써 서구 중심적인 역사관에서는 간과하기 쉬운, 서구가 역사에 등장하기 이전부터 존재하고 있었던 것이나 비서구적인 요소가 최근 글로벌리제이션 속에서 담당할 수도 있는 역할을 놓치지 않을 수 있다고 생각합니다.

둘째, 콜럼버스의 아메리카 '발견'(1492)이 상징하는 것과 같이 서구의 팽창과 식민지 지배가 시작되는 대항해시대 이후 현재에 이르기는 중기의 글로벌리제이션으로서, 이것은 식민지주의와 제국주의에 이르는 글로벌리제이션이라고 해도 좋겠지요. '문명화의 사명'이라는 것은 식민지 지배의 구실이었으며 9·11 이후 부시정권의 슬로건이기도 합니다. '문명화의 최종 국면'이라는 것이 글로벌리제이션에 내린 제 정의 중 하나입니다(『증보 국경을 넘는 방법』, 373쪽).

셋째, 요즘 이야기하고 있는 단기 글로벌리제이션으로서, 냉전체제의 종언과 유일한 초강대국인 미국의 패권을 결정한 1989년은 글로벌화에서도 결정적인 해입니다. 글로벌리제이션이라는 용어는 그 무렵부터 급속히 보급되었습니다. 그러나 우리가 현재 직면하고 있는 글로벌화의 전체적인 움직임을 보다 깊이 이해하기 위해서는 그 기점을 오히려 1960년대 후반

에 두는 것이 좋다고 생각합니다. 다국적기업이나 금융위기라는 경제적 글로벌리제이션의 징후가 나타나는 것은 1960년대 후반입니다(이요타니 도시오伊豫谷登士翁, 『글로벌리제이션이란 무엇인가グローバリゼーションとは何か』, 平凡社新書, 2002). 또 베트남전쟁에 대한 반전운동이나 그것과 연동해서 1968년에 절정을 맞은 학생운동을 현재 반글로벌리제이션운동의 선구적인 형태로 볼 수 있다고 생각합니다.

세 번째의 단기 글로벌리제이션에 관한 이와 같은 생각은 세계체제=국가 간 체제의 붕괴에 관한 월러스틴의 생각과도 일치합니다. 월러스틴은, 현재의 세계는 세 가지 측면에서 전환기에 있다고 지적하고 있습니다. 첫째, 자본주의가 한계(이윤율의 저하)에 도달하고 있는 것입니다. 둘째, 자본주의의 제도적인 토대였던 국가의 기능부전(복지국가의 종말)입니다. 셋째, 그러한 체제의 지적 지주였던 지식이나 학문이 필요한 역할을 담당하지 못하게 되었다는 것입니다. 월러스틴은 이 전환기를 '하나의 체제 붕괴기', '새로운 체제의 회임기'라고 부르고 있으며, 이 기점을 1968년에 두고 있습니다(「사회과학 그리고 21세기를 위한 국제관계社會科學, そして21世紀のための國際關係」, 1997년 9월 22일, 立命館大學에서의 강연). 월러스틴 자신은 그 논의에서 글로벌리제이션이라는 용어를 사용하지는 않았지만, 글로벌리제이션을 그러한 '이행기'의 문제로 볼 수 있다고 생각합니다.

2001년의 9·11사건과 그 후의 '아프가니스탄공습', '이라크전쟁'에 이르는 일련의 미국의 반응은 그때까지 숨겨져 있었던 글로벌리제이션에 대한 몇 가지 현실을 들추어냄과 동시에, 글로벌리제이션의 행방에 생각지 못했던 영향을 끼쳤습니다. 공중납치된 여객기 중 최초의 두 대가 뉴욕 세계무역센터빌딩의 북쪽 건물과 남쪽 건물에 각각 돌진해서 결국 두 개의 초고층빌딩이 무너져 내리는 영상을 텔레비전 화면으로 보면서 제 뇌리를 스친 생각 중 하나는, "아, 이것으로 글로벌화의 고리가 불행한 형태로 완결되어버렸다"는 것이었습니다. 이 생각에는 몇 가지 설명이 필요하겠지요. 9·11에 대한 정보 가운데 가장 부족한 것은 동시다발테러의 범인으로 보이는 테러리스트들의 의도와 심정입니다. 그러나 그들의 의도가 무엇이든 영상은 하나의 의미를 가지고 다양한 해석을 가능하게 합니다. 글로벌리제이션이 중핵의 주변 착취를 의미해서 세계의 빈부 격차를 확대시키고 있는 이상 반글로벌리제이션운동, 즉 주변의 중핵에 대한 반격이 일어나는 것은 이론적으로 필연이겠지요. 반격은 드디어 중핵의 중심인 뉴욕에, 그것도 세계무역센터빌딩이라는 글로벌리제이션의 중심적 상징에까지 미쳤다는 것이 영상이 허락하는 한 가지 가능한 해석입니다.

저는 생방송으로 전해지는 텔레비전의 영상을 보면서(그것 자체가 글로벌화의 한 가지 현상입니다만), 요한 갈퉁이 『구조적 폭력과 평화』의 일본어판(다카야나기 사키오 외 옮김, 中央大學出版部, 1991)의 서문에서 쓴 실로 예언적인 문장이 떠올랐습니다.

그럼에도 불구하고 점점 상호의존이 깊어가는 세계에서, 다른 나라에서 행사되는 폭력이, 예를 들면 테러행위라는 형태로 자국에도 발생하는 경향은 강해질 것이다. 그리고 그것은 착취와 억압이라는 구조적 폭력의 두 가지 기본형태에 해당한다. 자연을 착취하면 생태계가 파괴된다. 국민을 착취하면 알코올 중독이나 마약, 범죄, 자살 등의 심각한 사회적 병이 발생한다. 국가 전체를 착취하면 채무 문제나 무역 문제가 일어난다. 그러한 관계에는 숙명적인 것이 있다. "당신이 말하는 것, 행하는 모든 것은 언젠가 자신에게 되돌아온다."

갈퉁의 '구조적 폭력'에 대한 생각은 세계체제론에 호응하고 있습니다.

갈퉁도 역시 중핵(중심부)과 주변(주변부)이라는 용어를 사용하고 있습니다. 중심국의 중심부와 주변국의 중심부에 교두보를 가지고, 중심국의 중심부와 주변국의 중심부가 이익조화적인 관계에 있지만, 중심국의 주변부와 주변국의 주변부는 이익부조화적인 관계에 있다(「제국주의의 구조이론」, 1971)라는, 갈퉁이 30여 년 정도 전에 발표한 명제는 지금도 유효하다고 생각합니다. 제가 이 명제가 옳다는 사실을 실감한 것은 동남아시아의 여러 나라에, 대도시의 중심에 솟아 있는 고층빌딩과 그 주변에 가난한 사람들의 거주지역의 부조화가 마음에 와 닿았을 때이지만, 아프리카와 중남미의 제3세계에서 같은 것을 보았을 때 한층 더 선명하게 인상에 남았습니다. 세계의 고층빌딩들은 첨단기술 장비를 갖추고 이익조화적인 관계로 서로 밀접하게 연결되어 있습니다. 9·11 이후에 제가 이 명제가 옳다는 사실을 몇 가지 다른 형태로 재인식한 것은, 야만에 대한 문명의 싸움을 선언한 부시정권의 적인가 우방인가라는 협박을, 제1·제2세계뿐만 아니라 제3세계의 정부도 받아들였을 때입니다. 이렇게 중핵과 주변의 모순·대립의 관계는 테러에 대한 정의의 싸움으로 바뀌었습니다.

그러나 갈퉁의 이 명제는, 지금 몇 가지 수정이 필요하다고 생각합니다. 첫째, 한쪽에서는 중핵과 주변의 분리·대립이, 다른 한쪽에서는 중핵과 주변의 혼재가 진행되고 있다는 것입니다. 2001년 9월 11일에 붕괴한 세계무역센터빌딩에서는 불법노동자를 포함한 70여 개 이상의 국적을 가진 사람들이 일하고 있었다는 사실이 그 점을 새삼 상기시킵니다. 이러한 형태의 도시를 글로벌시티라고 부르고 있습니다만, 뉴욕뿐만 아니라 세계의 많은 대도시들이 글로벌시티의 형태를 갖추기 시작했으며 그러한 형태에서 이문화의 분리와 공존, 이문화커뮤니케이션의 새로운 형태가 문제시되고 있습니다.

둘째, 이와 같은 글로벌시티 성립의 배후에는 세계적인 인구이동, 이민의 글로벌화가 있습니다(S. Castles and M.J. Miller, *The Age of Migration*, 1993). 간단히 말하자면 그것은 개발도상국에서 선진국으로, 가난한 나라에서 잘사는 나라로, 구식민지에서 구종주국으로, 주변에서 중핵으로라는 글로벌한 자본의 흐름과는 반대의 흐름입니다. 그러나 그러한 흐름은 한쪽 끝에서 다른 한쪽 끝으로 직행하는 흐름만 있는 것이 아니라, 그 사이에 다양한 중계지와 네트워크가 있다는 사실도 주목해야 합니다. 필리핀 여성은 일본이나 타이완에 가지만 말레이시아나 싱가포르, 홍콩이나 중동에도 갑니다. 가는 곳마다 가정부, 엔터테이너나 그 외의 다양한 직종이 기다리고 있습니다. 타이완국립칭화대학臺灣國立淸華大學의 천광싱陳光興 교수는 벌써 7, 8년도 전에 타이완이 준準제국적인 특색을 갖추어가고 있다고 말했지만(「제국의 시선—준제국과 민족국가의 문화적 상상帝國の眼差し—準帝國とネイションーステートの文化的想像」, 『思想』, 1996년 1월호), 한국이나 일본에 대해서도 비슷하게 말할 수 있습니다(일본의 경우에는 나중에 조금 더 자세히 이야기할 예정입니다). 이민의 글로벌화는 일종의 자유의 증거이기도 합니다만, 동시에 전세계적인 차별과 착취의 네트워크 또는 식민지 없는 식민지주의의 존재를 생각하게 하는 것이기도 합니다.

셋째, 9·11이 일어나기 얼마 전부터 이미 시작되었던 세계적인 반글로벌리제이션운동의 움직임입니다. 1999년 12월의 시애틀Seattle, 2001년 7월의 제노바Genova, 같은 해 11월의 도하Doha, 2002년 2월 포르투알레그리Porto Alegre 등은 중심국의 주변과 주변국의 주변의 연대, 이익조화적인 관계의 가능성을 시사하고 있는 것이 아닐까요. 이러한 운동을 하는 다양한 NGO나 사회운동의 네트워크 형성에 인터넷을 통한 정보교환이 중요한 역할을 담당하고 있는 것은 주목할 만한 현상이었습니다. 안토니오 네

그리Antonio Negri와 마이클 하트Michael Hardt는 '제국'에 대항해서 '제국' 붕괴 후의 세계를 이끄는 것으로 '멀티튜드multitude'의 형성을 상정했습니다. 호미 바바Homi K. Bhabha는 9·11 후에, 네그리와 하트의 '멀티튜드'를 염두에 두면서 '종속적 소수자집단subaltern minority의 문화' 형성에 대해 논했습니다(2002년 6월 29일, 立命館大學에서의 강연, 「글로벌리제이션과 소수자집단문화—말할 권리의 부흥을 향하여グローバリゼーションとマイノリティ文化—語る權利の復興に向けて」 및 나의 논평, 「글로벌한 소수자집단문화와 문학적인 말グローバルなマイノリティ文化と文學的な語り」, 『立命館言語文化研究』 15권 4호, 2004년 3월을 참조 바란다). 어느 쪽이든 프롤레타리아 같은 계급개념이 아니라 글로벌화로 인해 억압받고 착취당한 다양한 사람들의 반글로벌리제이션운동 속에서 형성된 글로벌하고 폭넓은 합의와 공통의 문화가 문제시되었다고 생각합니다.

9·11 이후 미국정부와 국민의 반응은 우리의 예상을 크게 뛰어넘는 것이었습니다. 저는 여기서 애국심과 내셔널리즘의 고양에 따른 국민국가의 재생이라고 하는 문제만을 거론하고자 합니다. 이른바 동시다발적인 테러에 대한 부시정권의 순간적인 반응은 군사적·경찰적인 관리체제를 강화하는 한편으로, 국민의 위기감을 선동해 애국심과 국민주의에 호소하는 것이었습니다. 그리고 이 대응은 멋지게 성공해서 9·11 이전의 선거에서 아슬아슬하게 당선되어 대통령의 정당성을 의심받고 분열의 위기에 처해 있었던 미국은 열광적인 국민의 지지하에 이분자異分子나 '비국민非國民'을 배제해서 균질하고 강력한 국민국가로 되살아났습니다.

여기서 두 가지 측면에 주목하고자 합니다. 첫째, 부시 대통령이 국민과 세계를 향해 이야기할 때의 언설과 수사修辭입니다. 대통령은 '모든 불량국가'에 대한 보복전쟁을 선언하고 '야만'에 대한 '문명' 측의 '무한한 정의'를 실현해야 할 '십자군'의 결성을 호소했습니다. 이 '십자군'은 나중에 '악의 축'에 대한 싸움으로 표현을 바꾸지만 이러한 대통령의 발언을 살펴보면 '십자군' 이후 서구의 팽창, 즉 서구의 세계 정복과 지배의 역사(어떤 의미에서는 글로벌리제이션의 역사)를 아주 긍정적으로 이야기하고 있습니다. 제2차 세계대전 이후, 특히 식민지의 해방과 독립이라는 싸움 속에서 비판받고 반성해서 극복해야만 할 '문명' 대 '야만', '우리'와 '그들', '선과 악', '정의와 부정'이라는 이분법적, 이항대립적인 사고의 뻔뻔스러운 재현, 식민지와 제국주의시대로의 회귀가 나타나 있습니다. '이라크전쟁'에 이르러서는 한층 강화되어 최근에는 신자유주의를 대신해서 신보수주의라는 이름으로 불리거나, 그러한 원리주의적인 종교의 배경이 주목받고 있습니다(덧붙이자면 지금까지도 사용하는 이슬람을 겨냥한 원리주의Fundamentalism라는 용어의 어원은 20세기 초 미국 신교운동에도 있었습니다). 이러한 경향은 글로벌화로부터의 일탈인가 또는 글로벌화의 본질이 밝혀진 것인가로 논의가 나눠지만, 어느 쪽이든 우리는 이 현실에 대처해야만 합니다.

둘째, "리멤버 펄 하버(진주만을 잊지 말자)"라는 슬로건에 대해서입니다. 9·11 직후부터 미국에서 "리멤버 펄 하버"라는 목소리가 나온다는 사실은 일본에 있는 우리의 귀에도 전해졌습니다. 이 슬로건이 동시다발적인 테러에 대한 역사인식으로서는 잘못된 것임은 말할 것도 없습니다. 그러나 과거의 다양한 역사와 기억 속에서 이 슬로건을 선택한 이유에 대해서는 충분히 이해할 수 있다고 생각합니다. 실제로 우리도 9·11과 그 이후 보복전쟁이 전개되는 과정에서 12월 8일의 일본 가미카제神風특공대의 자폭이나 도쿄·오사카의 대공습, 오키나와전, 히로시마나 나가사키의 원폭투하가 떠올랐기 때문입니다. 저는 이와 같은 역사인식을 왜곡하는 소리가 점점 작아져서 마침내는 사라지기를 바라고 있었습니다. 그러나 이 슬로건은 오히려 의도적으로 확대되었고 따라서 부시정권의 군사정책과 점령정책의 기본방침이 바뀌었다는 사실을 보여줍니다.

'악의 축'이라는 말에는 이미 제2차 세계대전의 '추축국(일본·독일·이탈리아)'이 암시되어 있습니다만, 아프가니스탄공습이나 이라크전쟁처럼 세계 다수의 지지를 받지 못하는 전쟁을 수행하기 위해서는 반드시 제2차 세계대전을 상기시킬 필요가 있었습니다. 전후 미국은 한국전쟁(1950~1953), 베트남전쟁(1960년대~1973)으로부터 시작되어 그레나다침공(1983), 파나마침공(1989), 걸프전쟁(1991), 소말리아파병(1992~1994), 아이티무력개입(1994) 등에서부터 유고슬라비아 코소보공습(1999), 아프가니스탄전쟁(2001), 이라크전쟁(2003)에 이르기까지 실로 많은 전쟁과 무력개입을 행하고 있습니다만, 그 대부분은 실패로 끝났거나 적어도 미국에 빛나는 명예를 안겨다 준 것은 아닙니다. 생각해보면, 제2차 세계대전이야말로 지금까지도 정의와 문명을 위한 싸움으로 널리 인정되고 있는 유일한 전쟁이며, 그중에서도 일본은 패전과 점령을 통해 회개해서 민주화의 길을 걷게 된 '악의 축'이며 '불량국가'의 전형적인 예입니다. 그리고 미국의 성공과 영광을 보증하는 것은 9·11 이후 실로 충실하게 미국을 계속 지지하고 있는 일본정부의 존재입니다. 미국의 현 정권이 이라크전쟁 후에 일본모델을 생각하고 있었다 해도 이상할 것은 없습니다. 그러나 부시정권과 고이즈미정권의 이와 같은 대응은 일본과 동아시아의 전후에 대한 재고를 강요하고 있는 것이라고 생각합니다. 그것을 종속이라고 해야 할지 협력이라고 해야 할지와는 별도로 글로벌화 속에서 고이즈미정권의 보수화는 부시정권의 보수화(신보수주의)의 뒤를 따르고 있는 것 같습니다.

2. 전후와 식민지 후

9·11을 전후해서 일본에서 주목되어 화제가 된 책으로서 존 다워의 『패배를 끌어안고』(1999)와 네그리와 하트의 『제국*Empire*』(2000)이 있습니다. '제국'이라는 것은 1989년의 냉전체제 붕괴 후에 종종 거론된 주제입니다만 미국의 패권과 국민국가체제의 해체로 인해 예상되는 21세기의 세계질서를 주제로 해서, 이러한 주제를 '중세'의 재현이라 논하는 경우가 많았습니다(예를 들면, 다나카 아키히코田中明彦, 『새로운 '중세'—21세기의 세계체제新しい「中世」—21世紀の世界システム』, 日本經濟新聞社, 1996 ; 장 마리 게노Jean Marie Guéhenno, 『민주주의의 종말*La Fin de la Démocratie*』, 1993). 어떤 논의에서도 9·11 이후의 미국과 같은 제국주의의 돌출은 예상하지 못했고 오히려 통일 속의 다양성을 주목하고 있습니다. 네그리와 하트의 『제국』도 현재의 미국 제국주의의 붕괴를 예언하는 책이라고 생각하는 편이 정확합니다. 존 다워의 책은 일본 전후사에 대한 것이기 때문에 원래의 '제국'론과는 연결되지 않습니다만, 부시정권이 이라크의 전후대책에 일본의 점령모델을 적용하려는 움직임을 보이면서 지금까지와는 다른 방법으로 읽을 수 있게 되었습니다.

존 다워는 이 책에서 남녀노소 모든 계층의 일본인들이 살아가게 된 전후를, 지금까지 일본의 어떤 역사가보다도 훌륭하게 그려냈으며 그것은 제 마음속에서 아직 다 지워지지 않은 내셔널리즘적 잔재에 복잡한 반응을 불러일으킬 정도였습니다. 『패배를 끌어안고』라는 제목이 암시하고 있는 것처럼, 다워에 따르면 일본에서 이루어진 전후개혁은, 살아남은 관료주의든 상징천황제든 전쟁방기의 헌법에서부터 군의 재정비에 이르기까지 모든 과정이 '일미합작'이었습니다. 그러나 '일미합작'이 결국 일본의 종속과 식민지화를 의미하며, 다워는 그것을 인정하고 있습니다. 게다가 다워가 말하는 '전후'는 1989년까지의 오랜 기간이며 점령기만을 한정한 것이 아닙니다. 다워의 전후론에서 또 하나 중요한 것은 이러한 '일미합작'으로 인한 일본 식민지화의 결과로, 일본인은 자신들이 이전의 식민지주의나 식민지에서 저지른 만행을 잊어버릴 수 있었다는 지적입니다.

존 다워를 포함한 20여 명의 일본과 미국의 일본점령연구자들은 2003년 1월 24일부로 이라크 점령에 '일본모델'을 적용하려는 부시정권에 대한 반대성명서를 발표했습니다(「일본점령연구자의 호소日本占領研究者の訴え」, 『世界』, 2003년 4월호). 그 성명서의 요지는, 이라크 점령은 일본 점령과는 역사적 조건이 완전히 다르며 '일본모델'을 적용하려는 것은 역사를 무시한 무모한 계획이라는 것입니다.

24명의 서명자 가운데 존 다워는 9·11 이후 부시정권에 반대해서 가장 열심히 발언을 계속하고 있는 한 사람입니다. 다음은 그의 2003년 4월 8일자 『아사히신문朝日新聞』의 인터뷰기사를 인용한 것입니다.

다워는 일본의 점령이 이라크의 선례가 되지 않는다는 이유로서 다음 여섯 가지를 들고 있습니다. 첫째, 일본 점령에는 법적, 윤리적으로 정당성이 있었지만 이라크 침공에는 그것이 없다는 것. 둘째, 일본과 이라크의 지정학적 차이. 셋째, 일본에서는 보수에서부터 공산당에 이르기까지 다양한 정치세력이 미군을 지지한 것에 비해, 이라크에서는 그러한 사회적 통일이 없다. 넷째, 일본은 자원이 빈한해서 경제적 관심을 끌지 못했지만 이라크의 석유는 각국의 관심을 끌고 있다. 다섯째, 자원과는 별도로, 미국의 민간기업이 부흥으로 인한 거대한 이익을 노리고 끼어들 계획을 하고 있다. 여섯째, 제2차 세계대전 직후의 미국에는 자유, 혁신, 국제주의라는 이상주의적 기풍이 넘치고 있었지만, 현재의 부시정권에는 그러한 기운이 전혀 없으며 '민주화'도 단지 정치적 수사로써 그들의 관심은 부와 힘과 안정에 있다.

이 인터뷰에서 다워가 강조하고 있는 또 한 가지 중요한 지적이 있습니다. 즉 당시 일본에는 두 개의 점령(오키나와와 그 외의 일본)이 있었다는 것입니다.

오키나와에서 미국의 관심은 당초부터 안전보장과 군사에 있었으며 미 군사제국의 부속물로 만들었다. 그 외의 일본 점령에서 보여준 민주화와 비군사화정책이 오키나와에는 없었다. 이는 한국에서도 마찬가지다. 처음부터 전력과 군사적인 면이 우선이었고 오랜 세월 독재체재가 계속되었다. 부시정권은 실제로는 이라크의 민주화 등에 관심이 없다. 그래서 모델이 된다고 하면 오키나와나 한국이 되어야 할 것이다.

다워의 이 말은 전전戰前 일본의 동아시아나 동남아시아에 대한 식민지 지배 역사를 새삼 떠올리게 함과 동시에 전후의 해방이라는 이름 아래 숨겨져왔던 지배-종속이라는 관계를 고찰하도록 우리를 유혹합니다. 패권국 미국을 축으로 해서 지금 아프가니스탄이나 이라크에서 벌어지고 있는 사태는 거꾸로 동아시아나 동남아시아의 전후 진실을 밝혀내는 것이라 할 수 있습니다. 다워의 『패배를 끌어안고』나 9·11과 '이라크전쟁'에 관한 몇 개의 인터뷰 기사를 읽으면서 제 머릿속에서 드디어 전후와 식민지 후라는 두 개의 용어가 연결되는 것을 느꼈습니다. 제2차 세계대전 후를 의미하는 '전후'가 결코 전후가 아니었으며, 거의 언제나 전쟁이 일어나고 있었습니다. 한반도는 여전히 전시체제에 있으며 타이완도 그렇습니다. 일본만이 평화헌법 위에서 언뜻 보면 전쟁을 벗어나 있었습니다만, 그 평화는 전후 일본인의 강한 소원을 나타내면서도 평화가 아닌 현실을 숨기는, 말하자면 허구의 평화였다고 생각합니다. 한편, '식민지 후'는 처음에는 식민지 해방과 독립 이후를 의미하는 말로 사용되었습니다. 그러나 지금은 오히려 식민지 해방 이후에도 잔존하거나 강화된 식민지상황, 형태를 바꾼 식민지주의의 현상과 그것에 대항해서 살아가는 사람들의 생활이나 사고, 감정을 의미하는 말로 사용됩니다. 독립이나 해방은 아직 충분하고 완전한 형태로 실현되지 않았습니다.

존 다워는 놈 촘스키Avram Noam Chomsky나 사이드와 마찬가지로 9·11 이후 부시정권의 정책을 정면으로 계속 비판하고 있는 미국의 많지 않은 용기 있는 지식인이며 존경해야 할 역사가입니다. 그럼에도 불구하고 저는 다워의 발언에 전면적으로 찬성하지는 않으며 위화감을 갖는 부분도 있습니다. 예를 들면 「일본점령연구자의 호소」에는 연합군 최고사령관 더글러스 맥아더 원수를 찬미하는 것 같은 문장이 있어 저는 제 눈을 의심했습니다. 다워의 인터뷰에도 부시정권을 심하게 비판하면서도 그것과는 대조적으로 점령기 지도자들을 높이 평가한 부분이 있습니다. 마치 좋은 전쟁과 나쁜 전쟁, 좋은 점령과 나쁜 점령이 있는 것 같습니다. 얼마 동안 점령하에서 생활했던 사람으로서 맥아더가 일본을 잘 이해하고 있었다는 말 따위는 도저히 믿을 수 없고, 좋고 이상적인 군사점령이 있을 수 있다고도 생각하지 않습니다. 다워의 일본에 대한 실망은 커서, 텔레비전의 어떤 인터뷰에서는 고이즈미 총리를 미국의 '가신家臣' 같다고 비판하고 있습니다. 저도 동감입니다. 그러나 현재 일본의 정치적·사상적·윤리적 퇴폐는 결국 점령과 그 후에 오랫동안 계속된 대미종속 때문이었기에 '합작'의 결과였다고 생각합니다. 그것과 동시에 점령은 점령국 자신의 퇴폐를 불러왔습니다. 그것은 종주국이 식민지를 지배함에 따라 점점 퇴폐해가는 것과 같다고 생각합니다.

다워의 책을 읽고 공감하면서도 어딘가 이해되지 않는 부분이 있습니다. 무언가 커뮤니케이션을 방해하는 것이 있습니다. 이상주의적인 점령정책을 수행한 미군의 젊은 지일파知日派의 시선이라고 하면 될까요? 진주군進駐軍의 지프 주위에 모여 껌과 초콜릿을 달라고 조르는 소년들(그 이미지는 현재의 아프가니스탄이나 이라크 소년들의 이미지와 겹쳐집니다만)의 옆에는, 굴욕과 혐오감으로 몸을 떨고 있는 소년도 있었다는 것에 대한 인식이라고 할까, 그러한 상상력과 감수성을 점령군에게 바라는 것은 역시 무리일지도 모릅니다. 같은 감상을, 식민지하의 조선이나 타이완의 지식인은 일본의 지식인에 대해 갖고 있었던 것은 아닐까요. 그러나 이는 이문화커뮤니케이션의 문제를 생각할 때 매우 중요한 점이라고 생각합니다. 전쟁과 점령은 가장 규모가 크고 가혹한 이문화교류의 현장이며 그 현장에는 세계의 착취와 차별의 구조가 나타나 있습니다. 그러나 우리는 그것에서부터 시작해야만 하는 운명 속에서 살아간다고 생각합니다.

존 다워는 그 후 더욱 논의를 진행해서 9·11로부터 이라크 점령에 이르는 미국의 '제국' 정책과, 이전의 일본제국이 추진한 만주국 건설의 유사성을 강조하고 있습니다(「잊혀져버린 일본의 점령忘れられた日本の占領」, 『世界』, 2003년 9월호, 「특집 : 일본현대사를 어떻게 그릴까日本現代史をどう描くか」). 70년이 지난 지금 이러한 비교가 시대착오적이지 않고 성립한다면 자본과 국가의 논리로 지탱되었던 제국주의(즉 세계체제와 국가 간 체제)가 지금도 여전히 세계를 지배하고 있다는 것을 전제로 해서 인정할 수밖에 없습니다. 다워의 이 지적은 일본의 동아시아 침략과 식민지주의의 현대적 의미를 다시 생각하게 합니다. 그러나 이러한 비교는 다른 한편으로 미국의 일관된 제국주의적 세계정책의 존재를 한순간에 잊게 하는 효과가 있습니다.

2004년은 페리Matthew Calbraith Perry 내항 150주년(아무리 생각해도 강요

된 개항이며 개국이었습니다)으로, 그 기념사업이 벌써 화제가 되고 있습니다. 적어도 그것은 일본교섭사에 한 획을 긋는 사건으로서, '이문화교류' 또는 '이문화커뮤니케이션'의 빛나는 역사적 사건으로서 축하해야겠지요. 오키나와가 주목받고 있는 것은 구로부네黑船가 일본 본토보다도 먼저 오키나와에 먼저 들렀기 때문입니다. 미국은 1945년 9월 2일 항복문서에 조인할 때 미주리Missouri 호에 달았던 페리의 성조기를 2002년에 열린 오키나와 정상회담에도 가져왔습니다. 전쟁과 점령의 상흔이 아직 아물지 않은 오키나와에서 페리 내항 150주년이 어떻게 축하될지는 아주 흥미로운 문제입니다.

지금까지의 제 발언에 강한 반미내셔널리즘을 느낀 분이 있을지 모르겠습니다. 그러나 제 주장은 다른 곳에 있습니다. 우리가 속한 역사적 현실 속에서 어떻게 해서 내셔널리즘을 극복할 수 있을까. 포스트콜로니얼연구 가운데 아마도 가장 큰 영향력을 가진 『문화와 제국주의』(1993 ; 일본어판 1권, 1998, 2권 2001)에서 에드워드 사이드가 일관되게 주목한 것은 식민자와 피식민자, 종주국과 식민지 사이의 일종의 상호의존적 관계와 그러한 관계를 넘어서 형성되는 '새로운 제휴提携관계'의 모색입니다. 『문화와 제국주의』의 제3장 제5절에는 「협력, 독립 그리고 해방」이라는 제목이 붙어 있습니다. '협력'이라는 단어로 그가 말하고자 하는 것은, 제국주의적 지배는 식민지 측의 협력 또는 비협력에 좌우된다는 점입니다. 그리고 이 협력=의존관계 역학의 정점에 있는 것은 사이드에 따르면 내셔널리즘입니다. "그것도 전 세계의 예전 식민지국을 독립국으로 변환하면서 생긴 내셔널리즘입니다"(『문화와 제국주의』 2, 125쪽). 개발독재형의 독립에 대한 사이드의 비판은 통렬합니다. 그 대부분이 식민지에서 국가의 제도와 권위를 백인을 대신해서 유색 엘리트가 계승한 것을 의미하고 있었기 때문에(사이드는 "마운트배튼에서 네루로, 드골에서 FLN으로……"라고 쓰고 있습니다), 그것은 당연히 내부 분열이나 내셔널리스트의 독립운동과는 다른 다양한 형태의 해방운동을 불러일으킵니다. 이렇게 해서 사이드는 프란츠 파농의 마지막 저작 『대지의 저주받은 사람들』을 원용하면서, "문화가 내셔널리즘 독립 투쟁의 영역으로부터 해방을 목표로 하는 이론구축의 영역으로 크게 이행했다" (『문화와 제국주의』 2, 131~132쪽)는 것을 확인하고 있습니다.

그러면 사이드가 해방을 향한 이론의 건너편에서 찾으려 한 것은 무엇일까요. 그것이 기성의 민족, 문화, 아이덴티티라는 개념이 아니라 이종혼성hybrid이나 크레올적인 것에 있다는 점을 쉽게 예상할 수 있습니다. 그럼에도 불구하고 여기서 사이드가 거론하는 것은 마르티니크의 시인이며 정치가인 에메 세제르의 '네그리튀드(흑인성)'라는 정말 민족문화적인 루트root형 아이덴티티 개념입니다. 그것은 그가 세제르의 시(『귀향노트*Cahier d'un retour au pays natal*』, 1939) 속에, 그것만으로는 충족될 수 없는, 스스로 네그리튀드의 개념을 넘어서 나아가야만 하는 요소를 보여주고 있기 때문입니다. 사이드의 이러한 관점은 마르티니크의 후배인 에두아르 글리상Édouard Glissant이나 더 젊은 『크레올 예찬*Éloge de la créolité*』(1989)의 지은이들(장 베르나베Jean Bernabé, 파트릭 샤무아조Patrick Chamoiseau, 라파엘 콩피앙Raphaël Confiant)이 네그리튀드로부터 크레올을 향한 필연성을 설명하는 것이라고 생각합니다. 크레올주의라는 것은 선주민이 추방, 절멸된 후에 아프리카의 각지에서 노예로 끌려온 흑인들(나중에는 인도인이나 중국인도 추가되었다)과 입식자 백인들의 사이에 생겨난, 즉 식민지주의 최악의 극한상태에서 형성된 언어나 문화 속에서 시대를 뛰어넘어 긍정적인 요소를 찾아내려고 하는, 말하자면 역전逆轉의 사상이며 피해자 쪽에서 제시한 화해의 사상이라고 생각합니다. 그것에 이르게 된 고난의 역사를 알지 못하고 크레올주의를 표방해서는 안 됩니다.

3. 글로벌화 속의 언어와 아이덴티티

마지막으로 글로벌리제이션과 언어 문제에 대해서 이야기하고자 합니다. 글로벌화가 세계의 언어생활에 준 영향은 다양하며 때로는 모순되고 상반되는 방향성을 보이고 있지만 지금까지 없었던 새로운 양상이 출현하고 있는 것은 사실입니다. 최근 소수언어의 절멸이나 세계 언어 수의 감소가 보고되고 있으며, 이것을 글로벌화의 한 가지 결과로 볼 수 있겠지요. 다른 한편으로는 지금까지 중앙집권적인 국민국가정책으로 인해 절멸의 위기에 놓여 있었던 국경지역이나 주변부의 소수언어가 지정학적으로 재편되면서 다시 생명력을 얻고 있는 현상도 주목됩니다.

저는 다문화주의를 글로벌화의 1단계라고 생각하고 있지만 다문화주의가 글로벌화의 방향에 힘을 준 것은 확실합니다. 유럽에서는 소수언어보호헌장이 제정되었습니다. 통합(마스트리히트조약Treaty of Maastricht)에 즈음해서, 일부러 '공화국의 언어는 프랑스어이다'라는 조항을 헌법에 삽입했던 프랑스가 소수언어보호헌장에 가입하면서 가차없이 헌법의 개정 내지는 재해석을 당하는 사태가 일어났습니다.

이민이나 난민을 포함해서 인류의 역사상 전례를 볼 수 없는 세계적인 대이동이 일어나고 있는 이상, 사람들의 언어나 아이덴티티가 변동할 수밖에 없습니다. 글로벌화 속의 언어생활에서 두드러진 변화 가운데 하나는 국어가 변질되는 현상입니다. 국어는 문화나 민족과 함께 국민국가를 지탱하는 중심적인 제도이며, 다른 나라와는 다른 단일하며 균질한 문화나 민족을 전제로서 성립되는 규범적인 개념입니다. 그러나 글로벌화된

현실 사회에서는 그러한 제도나 개념은 이제 유지될 수 없습니다. 일본처럼 이민에 대해 또한 이문화커뮤니케이션에 대해 폐쇄적인 나라에서도 이것은 점점 강하게 인식되기 시작했습니다. 일본 최대의 국어사전인 『일본국어대사전日本國語大辭典』(전 20권, 小學館, 1976)의 초대 편집장인 구라시마 나가마사倉島長正가 자신의 책 서문에서 "'국어'와 '국어사전'의 시대는 종언을 받아들이고 있습니다"(『'국어'와 '국어사전'의 시대—그 역사「國語」と「國語辭典」の時代—その歷史』上, 小學館)라고 쓴 것은 1997년, 최초의 본격적인 국어사전인 『언해言海』(1886년 완성)의 간행으로부터 거의 1세기가 지난 후의 일입니다. '국어사전'의 시대가 끝난다는 것은, '국어사전'이 더 이상 그 나라의 언어생활을 반영할 수 없게 되었다는 사실을 의미합니다. 실제로 대중매체를 통해 어떤 종류의 공통어가 지배하는 한편 가타가나(가나문자仮名文字), 즉 영어나 외국어의 남용은 별도로 생각하더라도 길거리나 대학의 캠퍼스에서 외국어로 말하고 있는 것을 들을 기회가 많아졌으며 또 계층이나 지역 또는 세대 간 언어의 차이도 커지고 있습니다. 그러나 그 변화가 심하기 때문에 국어사전에 쓰여 있는 언어나 표현은 이제 그러한 현실생활 전체에 대응할 수 있는 것이 아닙니다.

글로벌화에 따른 영어의 문제도 복잡해서, 일본에서는 정부가 영어 공용어화(제2언어화) 움직임을 보이는 한편, 의무교육에서는 영어학습시간을 감축시키려는 시도가 있었습니다. 즉 영어를 통한 국민의 계층화가 시도되고 있습니다. 그러나 이러한 언어생활에서 영어의 도입이 국어에 끼치는 영향에 대해서는 충분히 고찰되지 않은 채, 같은 정부가 한편으로는 순수한 문화나 전통을 보호하고 지키기 위해 국어를 존중하자고 부르짖고 있습니다. 영어의 범람에는 정말 '영어제국주의'(따라서 미국 추종)의 측면이 있음을 부정할 수 없습니다. 그러나 그러한 현상에는 세계적인 공통어의 필요성이라는 요소도 포함되어 있습니다. 미국에서는 다언어 상황에 무감각한 보수파가 영어를 공용어, 즉 공통어화(즉 주 단위로 국어화)한다는 움직임을 강화했습니다. 이것은 언뜻 보기에 영어를 이용한 세계 지배, 즉 영어제국주의와 궤를 같이합니다. 따라서 어떤 언어가 공통어로서의 자격을 얻는다는 것은 국어의 자격(단일하고 균질한 문화와 민족, 즉 국민)을 잃어버리는 것을 의미합니다. 다민족·다문화를 전제로 하는 제국에서 국어는 모순적인 존재입니다. 지배적인 공통어가 된 언어는 그 언어가 갖고 있다고 생각되는 문화적·민족적 특성을 잃어버리고 그 언어의 도구적 측면이 강조될 수밖에 없습니다.

이러한 글로벌화 속에서 언어교육(국어-외국어)은 다양한 어려움에 직면하고 있습니다. 여기서는 '일본어교육'의 문제에 대해서 간단히 지적해두겠습니다. 첫 번째 문제는 다언어 상황이 진행(국어사전의 불가능성)되는 가운데 규범적인 일본어(국어), 다시 말하면 '이것이 일본어다'라고 말할 수 있는 모델을 보여주기 어려워졌다는 것입니다. 이것은 교육상 매우 어려운 점이고, 원래 규범적인 일본어가 존재한다는 것 자체가 모토오리 노리나가本居宣長* 이래 근대 내셔널리스트의 또는 국민국가의 요청에 응해서 국어를 만들어낸 근대언어학자의 환상으로써, 우리는 현재 언어의 보다 본래적이고 본질적인 상황을 눈으로 보고 있는지도 모릅니다. 현재 우리가 사용하고 있는 일본어는 중국이나 한국으로부터 다양한 요소를 받아들인 것뿐만 아니라 남쪽이나 북쪽으로부터 받아들인 요소 또는 근대에는 구미로부터 받아들인 요소가 있는 혼성언어(존 C. 마허John C. Maher의 「기타큐슈크레올설North Kyushu Creole: a Language-Contact Model for the Origins of

---

* 1730~1801. 에도시대 일본의 국학자, 문헌학자, 의사.

Japanese」 참조)로서, 일본어를 배운다는 것은 일본열도에 남겨진 그러한 이문화교류의 흔적을 더듬는 것이기도 합니다.

'일본어교육'의 두 번째 문제는, 그것이 현실에서는 앞서 말한 착취-피착취, 지배-종속이라는 세계체제=국가 간 체제 속에서, 예를 들면 일본(또는 다른 나라들)의 경제력에 영향을 받고 있다는 것입니다. 이 문제에 관해서는 2년 전에 「식민지주의적이지 않은 일본어교육은 가능한가植民地主義的でない日本語教育は可能か」라는 부제를 단 글(나고야名古屋 YWCA에서 일본어 세미나에서 했던 강연 내용을 보완한 것. 나의 책, 『전쟁의 세기를 넘어서戰爭の世紀を超えて』, 平凡社, 2002)에 쓴 것으로 여기서는 생략합니다만, 지금 '일본어 붐'(경제불황 때문에 조금 쇠퇴한 것 같습니다)이 과거의 식민지주의적 침략이 일어났던 시대에 뒤따르는, 제2의 '일본어 붐'인 것을 저로서는 문제 삼을 수밖에 없습니다.

국어사전이 제 기능을 하지 못하는 언어상황과 관련해 마지막으로 일본에 나타나고 있는 문학현상에 대해서 아주 간단히 이야기하고자 합니다. 근대문학이 자본과 국가(그 제도 가운데 하나인 '국어')와 밀접한 관계에 있다는 점은 벌써 이야기했습니다. 근대문학은 그것이 국어로 쓰이고 국어의 형성에 관계되는 한 국민국가의 문학이며 국민문학이었습니다. 그러나 현재 큰 서점의 문학코너를 보면 금방 알 수 있듯이 문학적 상황은 변하고 있습니다. 한눈에 보아 두드러진 것은 여성 작가와 재일조선·한국인 작가의 활약입니다만 다음과 같은 몇 가지 큰 흐름이 주목됩니다.

첫째, 더 이상 일본문학이라고 부르기보다는 J문학이라고 불러야 할 정도로 젊은 작가의 작품이 줄 서 있습니다(요시모토 바나나吉本ばなな는 벌써 선배 격일까요). 이러한 작품은 과거 문단 중심 일본문학의 전통보다는 오히려 세계 각국의 젊은이들에게 향수享受되는 패션이나 팝뮤직적인 감성으

로 연결되어 있으며 그러한 의미에서 글로벌화하고 있습니다.

둘째, 일본을 미국의 일부로 착각하게 하는 의미에서 글로벌화된 동시에 식민지적인 문학입니다(무라카미 하루키村上春樹는 그 대표 격으로, 레이몬드 카버Raymond Carver, 제롬 데이비드 샐린저Jerome David Salinger 등 미국 현대문학의 번역 소개자이기도 한 무라카미 류村上龍나 야마다 에이미山田詠美도 이에 더할 수 있을지 모르겠습니다).

셋째, 미즈무라 미나에水村美苗나 다와다 요코多和田葉子처럼 외국에 오랫동안 머물면서 일본어와 함께 현지의 언어(미즈무라는 영어, 다와다는 독어)로도 표현활동이 되는, 말하자면 2개국어bilingual 작가입니다. 영어로 쓰는 일본계 작가로는 『남아 있는 나날*The Remains of the Day*』으로 영국의 부커상The Booker Prize을 받은 가즈오 이시구로Kazuo Ishiguro(石黑一雄) 같은 예외도 있습니다. 그러나 그는 다섯 살에 해양학자인 아버지를 따라 영국으로 건너간 장기 체류자이며 일본에서의 기억이 창작에 아주 큰 영향을 준다 하더라도 줄곧 영어로 표현활동을 하는 영국의 작가입니다. 이에 비해 1990년대부터 활동을 시작한 미즈무라나 다와다는 2개국어 작가로서 독자적인 의미를 만들어내는 글로벌화시대의 작가입니다. 예를 들면 미즈무라의 『사소설私小說』(新潮社, 1995)은 미국 유학시절의, 아마도 일기에 근거한 신변잡사가 주요 내용이라는 점에서는 전통적인 '사소설'과 닮아 있습니다. 그러나 이 소설에는 "from left to right"이라는 부제가 붙어 있습니다. 즉 이 소설은 일본어로 쓴 최초의 가로쓰기 사소설이며, 게다가 가로문자 회화, 즉 영어회화가 빈번하게 나오는 전통적인 '사소설'의 개념을 깬 소설입니다. 다와다 요코의 경우에는, 심지어 언어에 대한 의식이 철저해서 그녀의 진짜 관심은 일본어로 쓰는 것도 아니고 독일어로 쓰는 것도 아닌 그러한 언어의 경계에서 쓰는 것으로, 최근에는 그러한 시도를

『모국어의 밖으로 나가는 여행エクソフォニー―母語の外へ出る旅』이라고 이름 붙이고 있습니다(岩波書店, 2003).

넷째, 새로운 현상으로 이안 리비 히데오Ian Levy Hideo(リービ英雄, 미국)나 데이비드 조페티David Zoppetti(스위스) 같은 구미 출신 일본어 작가의 출현을 들 수 있습니다. 리비 히데오는 처녀작 『성조기가 들리지 않는 방星條旗の聞こえない部屋』(講談社, 1992)에 묘사된, 요코하마의 미국영사관에서 가출해서 도쿄의 신주쿠에 숨어 있던 소년의 이야기는 지금 보기에는 리비 히데오가 일본문학에서 차지하는 위치를 매우 상징적으로 보여주고 있는 것처럼 생각됩니다. 리비 히데오의 소설 자체는 실험적·모험적이라기보다는 오히려 전통적이고 사소설적인 인상을 줍니다만, 현재 일본의 문학적, 언어적 상황에 대해 적어도 가장 예리하고 명석하게 인식하는 작가라 할 수 있습니다. 『일본어의 승리日本語の勝利』(講談社, 1992)라는 흥미로운 제목의 에세이가 있습니다. 이 제목은 극히 역설적인 것으로, 물론 일본어의 우월성을 설파하는 것은 아닙니다. 미국인 가출소년을 일본인 사회는 '외인外人'이라며 거부했지만 일본어는 그를 받아들였습니다. 이 에세이에서 리비 히데오는 미군 흑인병사와의 관계를 그린 야마다 에이미의 『베드타임 아이스*Bedtime Eyes*』(河出書房新社, 1985) 속에 나타난 일본적인 인종차별의식을 예리하게 지적하는 한편, 재일한국인 2세 작가인 이양지李良枝의 『유희由熙』(講談社, 1989)에 깊은 공감을 나타내면서 그 에세이를 다음과 같이 마무리하고 있습니다.

연행된 이들의 후예後裔가 일본어의 표현자라는 운명을 짊어지게 된다. 그것은 거꾸로 인종과 문화와 언어를 동일시해온 일본 근대신화의 붕괴를 암시하며 단일민족이데올로기라는 단단한 껍질을 벗어버린 일본어 그 자체의 승리를 의미하고 있는 것은 아닐까.

연행이라는 쇼와의, 근대 이야기의 의외의 결말, 그 뒤에는 도래到來라는 덴표天平* 정도 오래되고 헤이세이平成** 정도 새로운 이야기를 도래인들 자신이 그리려고 하는 것이다.

『일본어의 승리』, 38~39쪽

다섯째, 현재 가장 활력에 넘치는 일군의 문학으로서 재일한국인의 일본문학을 들 수 있다고 생각합니다. 이미 긴 역사를 갖고 있으며 방대하게 축적된 재일문학에 대해서는 짧은 시간에 이야기할 수 없습니다. 김달수金達壽의 사후 '강제연행' 된 제1세대라고 해야만 할 작가들의 작품을 서점에서 찾기에는 어려워졌습니다. 그러나 계속해서 식민지기에 태어나 일본의 식민지 지배하에서 자라고 1960년대에 들어와 활약하기 시작한 세대의 재일 문학자들(김시종金時鐘, 이회성李恢成, 김석범金石範, 양석일梁石日 등)은 지금도 계속해서 정력적으로 활동하면서 일본문학 속에서 독자적인 중요한 위치를 차지하고 팽팽한 존재감이 돋보이고 있다고 생각됩니다. 그들은 작품 활동의 지속 여부에 상관없이 반도와 열도에서 식민지 지배의 붕괴기와 아직도 그 진상眞相의 많은 부분들이 계속 은폐되고 있는 가혹한 전후사戰後史의 살아 있는 증인임과 동시에, 민족적인 긍지와 민족적인 아이덴티티를 추구하면서도 구지배자의 나라에 살면서 일본어라는 구지배자의 언어로 글을 써야 하는 모순에 가장 많이 시달린 세대라고 생각합니다. 이들을 제2세대라고 이름 지어 봅시다. 그들은 체험을 통해 이야기해야 할 것들을 갖고 있는 세대라고 생각합니다. 그러나 젊은 세대는 그들이

* 729~748.
** 1989~현재.

제기하고 있는 많은 문제가 국민국가의 고전적인 문제들에 속한 것이라고 생각하지 않을까요.

저는 글로벌화시대의 재일 작가로서 여기서 1968년이라는, 아마도 시대의 전환을 보여주는 해에 태어난 세 명의 재일한국인 작가에 주목하고자 합니다. 유미리柳美里, 사기사와 메구무鷺澤萠, 가네시로 가즈키金城一紀의 세 작가입니다. 이 중 『가족시네마家族シネマ』(講談社)로 1997년에 아쿠타가와상芥川賞을 받은 유미리를 선두로 해서, 이들의 작품 수도 많습니다. 『가족시네마』는 영화화(한 · 일 합작)되었습니다. '가족'은 재일한국인 작가에게 공통된 주제로서 민족이나 문화적 전통인 주제와도 겹치지만, 같은 가족 붕괴를 그려도 재일한국인의 경우 한편으로는 유교적인 가부장적 전통이 있으며 다른 한편으로는 일본인의 가족 붕괴처럼 일본적 사회와 공동체에 흡수되는 것이 적지 않기 때문에 그 표현은 강렬합니다. 현재 『아사히신문』 석간에 연재 중인 『8월의 저편8月の果て』이 완성되면 아마 큰 논의를 불러일으키겠지요(新潮社, 2004년 8월 15일 출간). 이 소설에는 유미리의 할아버지에 해당하는 마라톤선수의 이야기나, 강제연행 가운데 하나였던 종군위안부들의 위안소를 외면하고 싶어하는 생활도 그려진, 유미리의 작품 중에서는 보기 드문 역사 · 사회소설입니다만, 가나쓰기의 조선어나 의성어, 조선인이 사용하는 독특한 일본어 등이 많은 부분을 차지하고 있어, 정말 국어로서 일본어 파괴가 이루어지고 있는 점에 대해서도 주목할 만한 작품입니다.

유미리는 사기사와 메구무의 『개나리도 꽃 사쿠라도 꽃ケナリも花 サクラも花』이라는, 신초분코新潮文庫(1997)에서 출간된 책의 해설에서 다음과 같이 이야기하고 있습니다. "나는 재일한국인으로 '교포'라고 불리는 존재이다.……그리고 사기사와와는 동성同性으로 같은 세대의 재일한국인 작

가는 나밖에 없다." 사기사와를 유미리에게 접근시키는 이 글쓰기는 오해를 살 여지가 있습니다. 사기사와는 엄밀하게는 재일한국인 작가가 아니라 스무 살을 넘기면서 친할머니가 한국인이었다는 사실을 알았기 때문입니다. 따라서 사기사와 메구무라는 작가를 생각하는 데 중요한 것은 열여덟 살에 등단해서, 흔한 일상생활에서 막연한 아이덴티티의 불안을 주제로 한 젊은 작가가 왜 숨겨져 있던 4분의 1의 핏줄에 얽매여 한국에 유학해서 한글을 배우고 그곳에서 자신의 아이덴티티를 찾는 일을 반복하게 되는가, 나아가 아직 국내의 민족적인 소수자집단에 동화하려 한 작가가 어떻게 많은 젊은 독자에게 지지를 받고 있는가라는 문제입니다. 재일한국인이 되려고 하는 일본인 작가라고 말하면 좋을까요. 이러한 계열에 가장 가까운 사기사와의 작품(에세이)은 때때로 한국 안내 또는 재일한국인 안내라는 인상을 주기도 하고 젊은이들의 한류韓流에 연결되어 있는 것도 부정할 수 없습니다. 그러한 문제를 포함해서 사기사와 메구무라는 존재는 한·일관계나 재일이라는 의미의 변화에 관련된 아주 흥미로운 시대적 현상인 것으로 생각됩니다.

가네시로 가즈키의 『GO』(講談社)는 2000년에 나오키상直木賞을 받고 베스트셀러가 되었으며 곧바로 영화화되어 많은 관객을 동원했습니다. 지금 갖고 있는 『GO』(제13쇄)의 띠지에는 다음과 같은 도발적인 문구가 있어, 이 작품의 수용성을 보여주고 있습니다.

> 제123회 나오키상 수상작
>
> 일본아카데미상 15개 부문 수상
>
> 기네마순보キネマ旬報 베스트셀러 제1위 외, 2000년도의 각종 영화상을 석권!
>
> 4월 12일부터 비디오와 DVD 대여 개시(도에이東映비디오)

이야기의 가능성을 무한히 넓히는 '재일' 팝 노벨의 혁명적 걸작!

이 소설에서는 민족학교 출신의 '재일' 청년과 그 이름도 '사쿠라'인 일본인 소녀와의 러브스토리를 중심으로 재일 젊은이들이나 가족, 그중에서도 원래는 권투선수 출신인 주인공 아버지의 공감을 담아 그려내고 있습니다. 일본의 일반적인 사회에서는 벌써 잃어버리고만 가부장적이고 강한 아버지, 가난한 생활, 우정, 사랑, 폭력과 신체성, 기성의 권위에 대한 반항, 남자다움과 여자다움, 그러한 것에 대한 독자들의 그리움이 이 소설을 베스트셀러로 만든 이유 중 하나라고 생각합니다. 이것은 극히 의도적으로 쓴 엔터테인먼트소설입니다만, 기성의 재일문학에 대한 젊은이의 혼신渾身의 비판이기도 합니다. 재일한인은 어디까지나 이방인이기 때문에 재일문학은 '일본의 지식인 따위에게 그런 식으로 이용당하지 말자'라는 주장(사회학자 오구마 에이지小熊英二와의 대담), 작품 속에서 "국적이라는 것은 맨션의 임대계약서 같은 것이다"라는 발언 또는 아버지에게 "언젠가, 내가 국경선을 없애주겠다"라고 한 말 등을 예로 들 수 있습니다.

재일조선인·한국인은 분명 일본 식민지 지배의 역사적 소산입니다. 그러나 지금은 강제연행의 세대와는 다른 포스트콜로니얼적 상황에 있다는 사실을 각각의 방법으로 제3세대의 재일 작가들은 보여주고 있습니다.

저는 마지막으로 강신자姜信子(교 노부코)의 『기향노트棄郷ノート』(作品社, 2000)를 예로 들고 싶습니다. 그녀는 1961년생이기 때문에 1968년 세대보다 나이로는 조금 위이지만 거의 제3세대에 속한다고 생각해도 좋겠습니다. 1987년에 『아주 평범한 재일한국인ごく普通の在日韓國人』(朝日新聞社)이라는 책을 통해 논픽션 작가로 데뷔한 강신자는 『기향노트』에서 한일병합 시대에 친일 작가로 활약한 이광수의 발자취를 더듬는 한편, 자기 가족의

고향(본적지)을 방문해서 그곳이 현실에는 존재하지 않는다는 사실을 발견합니다. 그 여행의 끝에 강신자는 이해하기 쉬운 말로 다음과 같이 회상하며 쓰고 있습니다.

> '민족'이나 '국민'이라는 관념에 속박되어 있는 한, 필연적으로 나와 같은 존재는 일본에도 한국에도 어디에도 거처를 갖지 못한다. 게다가 그것은 부자연스럽고 불행한 것으로서 부정적으로 받아들여왔다. 한국이나 일본, 어느 쪽인가에 '국민 · 민족'으로 귀의하는 것으로 그 해결책을 찾는 것이 지금까지 주류를 차지해온 발상이었다고 한다면 나는 어디에도 속하지 않는 자기 자신을 내 마음대로 그냥 받아들이려고 생각했다. '민족'이나 '국민국가'에 회수되는 것만이 아닌 인생의 존재, 사람과 사람의 관계를 찾고 싶다. 그것이 지금 여기에 없다면 스스로 만들어보자. 그러한 생각에 내몰리게 되었다.
>
> 그러한 생각을 출발점으로 삼았던 시행착오의 연장선상에 나의 '기향여행'은 있다…….
>
> 『기향노트』, 257쪽

이 책의 제목 '기향노트'를 보고 제가 불현듯 떠올린 것은 에메 세제르가 네그리튀드에 대한 생각을 최초로 읊조린 장편시 「귀향노트」였습니다. 강신자가 세제르를 염두에 두고 있는지는 문장 속에서 읽을 수 없었습니다. 그러나 저는 그 속에, 앞서 기술한 것과 같은 네그리튀드로부터 크레올까지라는 필연적, 역사적 정신의 흐름이 그려져 있다고 생각했습니다. 그러한 역사의 내적 드라마는 지금 세계 각지에서 전개되고 있으며 일본에서는 재일문학 속에 가장 깊이 응축된 형태로 표현된 것은 아닐까요.

협력-독립-해방이라는 사이드의 포스트콜로니얼 도식을 역사적 조건이 다른 동북아시아나 동남아시아에 그대로 적용할 수는 없습니다. 각각의 지역에 맞는 세부적이고 섬세한 분석이 필요하다는 점은 두말할 필요도 없습니다. 그러나 글로벌화 속에서 식민지 후의 세계에 공통된 다양한 문제가 제기되고 그러한 문제점의 유대관계가 보이기 시작한다는 사실은 확실합니다. 언어나 아이덴티티에 관해서도 각 지역의, 각 개인의 '해방'의 눈제에 대해 지금 새로운 형태로 되묻고 있다고 생각합니다.

제4장

마르티니크에서 오키나와로
—독립의 새로운 의미를 중심으로

1. 마르티니크 방문

카리브블루Caribbean Blue라고 불리는 투명한 바다의 푸르름, 사탕수수, 바나나, 파인애플을 재배해서 열대나무가 무성하고 원색의 선명한 꽃으로 장식되어 남북으로 이어지는 섬이 있다. 강한 바람에 갑자기 내리는 많은 비. 기슭에 걸리는 커다란 무지개. 카리브해의 앤틸리스Antilles제도에 위치한 프랑스 해외주 가운데 하나인 마르티니크에 도착해서 가장 처음 생각한 것은 지구 반대편에 있는 오키나와였다. 마르티니크의 면적은 오키나와 본 섬과 거의 같다고 한다. 오키나와처럼 근대전의 전쟁터는 되지 않았지만 대항해시대 이후 가혹한 운명에 놓여 오랜 세월 식민지 지배에 시달린 아름다운 섬.

1502년, 콜럼버스의 네 번째 항해에서 '발견'된 이 섬의 선주민들은 결국 유럽의 침략자나 식민자植民者들에게 살육당하거나 쫓겨나고, 그 후에 아프리카의 여러 지역에서 잡아들인 흑인 노예들을 보냈다. 현재 주민의 대부분은 그 노예들의 자손이거나, 1848년 노예해방 이후에 노예를 대신해서 저임금 노동자로 들어온 인도계와 중국계 이민노동자의 후예 그리고 극히 소수의 베케Bekes라고 불리는 백인 농장경영자 일족과 본토에서 이주한 사람들이다. 시가지나 대학의 캠퍼스를 거닐어도 만나는 사람의 대부분이 흑인이나 혼혈인이다. 새로운 시대를 예고하는 혼성적 문화와 디아스포라Diaspora적 아이덴티티가 하나의 모델이 되는 크레올성의 배경에는 그러한 역사적 과정과 현실이 있다.

줄곧 예전부터 가보고 싶었던 마르티니크에 갈 결심을 하게 된 것은 그곳의 앤틸리스-기아나대학Université des Antilles et de la Guyane에서 강의를 하기 위해 머물고 있었던 미우라 노부타카三浦信孝 씨가 열심히 권했기 때문이었다. 2002년 3월 6일 저녁, 파리를 경유해서 포르드프랑스Fort de France 공항에 도착하자 차로 마중 나온 미우라 씨는 긴 여행(오사카-파리 13시간, 파리-마르티니크 8시간)의 피곤함과 30도에 가까운 섬의 열기 때문에 축 처져 있는 나에게, 내일은 9시 반에 시청사에 가서 에메 세제르를 만나고 오후에는 시의 중심부를 돌아본 후 밤에는 베르나베 씨의 집에 초대 약속이 되어 있다고 그 자리에서 다음 날 일정을 말해주었다.

에메 세제르가 최근에 시장직을 그만두었다는 이야기는 들었지만, 벌써 90세에 가까운 세계적인 대시인과 만난다는 것은 생각지도 못했기 때문에 나는 기쁘기도 하고 한편으로는 당황했다. 흑인의 특성과 문화 '네그리튀드'를 처음으로 과시한 사람, 『귀향노트』와 『식민지주의론*Discours sur le Colonialisme*』의 저자이며, 이전 세네갈 대통령 레오폴 세다르 상고르와 함께, 아마도 가장 세계적인 명성을 얻은 흑인시인이며 정치가인 에메 세제르. 전후에 프랑스문학을 배운 우리 세대는 또 앙드레 브르통André Breton

이나 사르트르Jean Paul Sartre의 열광적인 찬사('위대한 흑인시인' 또는 '흑인 오르페우스Orpheus')를 기억하고 있다. 그럼에도 불구하고 에메 세제르는 동시에 1946년 제2차 세계대전 직후, 프랑스의회에서 '해외주'화 법을 적극적으로 추진한 제안자의 한 사람이며(그 결과 마르티니크 외에 과들루프Guadeloupe, 기아나Guiana, 레위니옹Réunion도 해외주가 되었다), '독립'이 아니라 '동화'를 선택한 마르티니크 수도의 시장을 반세기 이상 동안 역임한 정치가이다. 대중의 지지는 받았지만 독립운동을 하는 사람들에게 세제르는 용서하기 힘든 배신자였다. 포르드프랑스의 루이르그랑고등학교Lycée Louis-le-Grand에서 세제르에게 직접 가르침을 받은 프란츠 파농이나 에두아르 글리상에서부터 크레올성을 주장하는 다음 세대에 이르기까지 비판자는 많다. 『크레올 예찬』(1989)의 지은이들(장 베르나베, 파트릭 샤무아조, 라파엘 콩피앙)은 세제르가 자신들의 정신적인 아버지임을 인정하고 있지만 크레올성을 주장하는 것은 일종의 부친살해를 시도하는 것이다.

2. 에메 세제르와 만나다

성의 요새를 연상시키는 근대적인 새로운 청사 뒤쪽에 멋진 소극장 같은 구시청사 2층에 에메 세제르의 집무실이 남아 있어, 우리는 그 집무실의 큰 책상 주위에 둘러앉아 전 시장의 이야기를 듣게 되었다. 에메 세제르에 대한 첫 인상은, 전설이 된 검은 피부의 정한精悍함은 남아 있지만 '파파 에메'라고 불리기에 어울리는 품위 있고 온후한 작은 체구의 노인이었다. 책상 주위에는 우리 이외에 남미에서 온 방문객들을 포함해서 스무 명 정도의 학생과 교사가 있었으며, 모두 자유롭게 질문을 하고 에메 세제르가 답하는 형태로 대화가 시작되었다. 물론 에메 세제르가 사용하는 언어는 크레올어가 아니다. 앙드레 브르통이 "오늘날 단 한 사람의 백인도 할 수 없을 것 같은 방법으로 프랑스어를 쓴다"고 감탄해마지 않던, "새록새록 솟아나는 산소처럼 아름답다"고 절찬한 저 격조 높은 프랑스어다.

재미있다고 생각한 것은 세제르의 옆에 세제르를 부축하는 것처럼 앉아 있던 베르나베의 역할이다. 크레올어의 철자와 문법을 확정해서 문학부에 크레올언어문화학과를 창설한 이 언어학자는(베르나베 등의 노력으로 크레올어는 최근 프랑스 브르타뉴Bretagne 지방어나 코르시카Corsica어 등에 이어 중등교원자격증Certificat d'Aptitude au Professorat de l'Enseignement du Second Degré; CAPES 시험의 과목으로 인정받았다), 『크레올 예찬』의 지은이 중 한 사람이며 1999년 10월에 일본에 왔을 때 리쓰메이칸대학에서 「네그리튀드로부터 크레올성으로—에메 세제르를 중심으로」라는 제목으로 강연을 했다(『立命館言語文化研究』, 2000년 11월, 제12권 3호에 수록). 그는 젊은이들이 질문을 하면 에메 세제르의 옆에서 에메 세제르의 답을, 때로는 설명을 덧붙여서 알기 쉽게 전하고 있다. 마치 세대 간의 통역을 자기 스스로 하고 있는 것 같았다. 물론 이것도 감복할 정도로 훌륭한 프랑스어다.

또 한 가지 인상 깊었던 것은 『마르티니크의 소년Enfant, dans sa Martinique natale』(1983)이라는 영화의 여성 감독 유잔 펠시Euzhan Palcy가 그 자리에 갑자기 나타나 우리의 대화를 중단시키고(당연히 그럴 수 있다는 듯이) 에메 세제르를 조금 떨어진 곳으로 불러내 이야기를 시작한 것이다. 몇 년 전에 세제르를 주인공으로 한 다큐멘터리를 찍었던 이 여성 감독은 다음 기획과 관련해 상담을 했는지도 모른다. 선글라스를 쓰고 있었기 때문에 눈에 나타난 표정은 알 수 없었지만 『마르티니크의 소년』이 거의 20여 년 전의 작품임을 생각하면 그녀의 젊음은 놀라웠다.

『마르티니크의 소년』은 당시 거의 알려지지 않았던 섬의 존재, 섬의 역

구시청사 2층 집무실에서 만난 에메 세제르와 방문자들. 정면으로 보이는 사람(왼쪽)이 에메 세제르이며 그 옆이 베르나베이다.

에메 세제르와 니시카와 나가오

사와 주민의 생활을 세계에 알린 명화이다. 그중에서도 조제프 조벨Joseph Zobel의 자전적인 소설 『흑인 오두막의 거리*La Rue Cases-Nègres*』(1974)를 소재로 한 이 영화에서는 두 가지 측면이 눈에 띈다. 하나는 노예에서 해방된 흑인들의 어려운 생활과 독자적인 문화, 진정으로 네그리튀드와 통하는 것. 또 하나는 식민지 지배하의 학교에서 우등생이 되고 장학금을 받아 그러한 힘든 생활에서 벗어나는 가난한 흑인 소년의 출세 이야기. 그것은 본토의 문화에 동화되는 이야기이기도 하다. 프랑스공화국의 교육제도는 이렇게 식민지나 지방의 가난한 어린이들 중에서 우수한 학생을 선발해 파리에서 엘리트교육을 시키고 공화국의 지도적인 계층을 만들어내는 것이다. 그것은 공화국의 자유와 평등 이념을 실현하는 것이면서 동시에 식민지 지배와 국민통합을 위한 교묘한 방책이기도 하다. 『마르티니크의 소년』은 1930년대를 배경으로 하고 있지만 동시에 상고르나 세제르의 이야기이기도 하며 파농이나 글리상, 마리즈 콩데Maryse Condé나 베르나베, 콩피앙이나 그 밖에 구식민지의 지식인과 문학자들의 이야기이기도 할 것이다.

에메 세제르는 두 시간 가까이나 질문에 답하며 이야기를 했으며, 그 후에도 사인해달라는 소녀와 젊은이들의 요청에 끈기 있게 응했다. 회견에서 보니 목소리는 어느 정도 약해져 있었지만 명석한 논리와 말하는 힘에서는 늙음을 찾아볼 수 없었다. 이야기 속에서 인상에 남았던 것을 몇 가지 써두고 싶지만 여기서는 나의 애매한 기억에 기대기보다는 2001년 9월 13일호 『렉스프레스*L'Express*』 지에 실린 인터뷰기사(알랭 루이요Alain Louyot와 피에르 간츠Pierre Ganz의 기사)를 토대로 정리하겠다. 나는 세제르와 만난 뒤에 미우라 씨에게서 이 기사의 복사본을 받았지만, 그 내용은 많은 부분이 겹쳐 있다. 그 기사를 읽으면서 나는 문득 에메 세제르는 이렇게 오랫동안 거듭해서 같은 질문을 받고 같은 대답을 해온 것이 아닌가라고 생각했다. 20세기의 대부분을 살았고 게다가 시장을 50년이나 재임한 것은 너무 길지 않은가.

에메 세제르의 이야기 중에서 기억에 남는 것은 첫째, 그가 더 이상 '네그리튀드'라는 말은 쓰지 않지만 지금도 존재하고 있는 인종차별과, 특히 아프리카의 현재 상황에 강한 관심을 갖고 있으며 슬픔과 분노를 품고 있다는 점이었다. 세제르는 말한다. "아프리카에서 노예매매나 식민지 지배의 후유증은 지금이 더욱 심각하다. 나는 사죄나 배상을 원하는 것은 아니지만(그것은 배상될 수 있는 것이 아니기 때문에) 그 역사적 현실을 잊을 수는 없을 것이며, 잊어서는 안 된다……." 『렉스프레스』 지의 인터뷰에서 에메 세제르는 인종차별이라는 말을 엄밀하게 사용하기를 원해서, 팔레스타인 사람에 대한 이스라엘의 태도는 인종차별이라기보다는 오히려 내셔널리즘이라고 보아야 하며, 최근 유럽에서 눈에 띄는 외국인 혐오는 경멸(즉 다른 사람에 대한 공포)이라고 말하고 있다.

둘째, 문화의 다양성과 크레올성에 대해 다음과 같이 말한 점이다. "나는 복수複數의 문화를 몸에 지닌 인간이며 아프리카문화처럼 유럽문화를 믿고 존경한다. 중국문화나 인도문화에 대해서도 마찬가지다. 마르티니크에는 흑인의 크레올과 백인의 크레올이 존재하고 따라서 크레올성은 복수사회인 마르티니크의 현실이다. 그러나 크레올성을 주장하는 것이 조상의 땅인 아프리카로부터 거리를 두고자 하는 구실이라면 찬성할 수 없다." 이 말에는 에메 세제르의 크레올성에 대한 복잡한 입장이 나타나 있다. 나는 그 이야기를 들으면서 장 베르나르가 교토에서 한 말이 떠올랐다.

세제르의 최대 역설은 우리가 말하는 '크레올리티'의 의미를 이해하려고 하지 않는 것이 아닐까 하고 생각합니다. 그는 크레올의 언어와 문화를 이해하려고 하지 않았습니다. 백인의 지배로 인한 흑인과 노예 자손들의 정신적 소외를 가장 잘 분석한 것은 세제르의 제자였던 프란츠 파농의 『검은 피부, 하얀 가면*Peau Noire, Masques Blancs*』입니다만, 이 소외alienation에 대해서 세제르는 항의와 반역의 목소리를 높인 사람입니다. 그는 아이덴티티의 근거로서 아프리카의 기원으로 회귀할 것을 무의식적으로 찾았습니다. 그가 크레올리티의 '사생아성私生兒性'을 싫어하는 것이 크레올리티를 부정하는 한 가지 설명이 될 수 있다고 생각합니다. 크레올리티는 아프리카가 유럽의 백인문명에게 패배했다는 고백이 아닌가 하고 세제르는 보고 있습니다. 세제르는 조상의 땅 아프리카에 대한 신앙이 있습니다. 계보에 대한 지향이 매우 강합니다.

미우라 노부타카 옮김, 『立命館言語文化研究』, 제12권 3호, 6~7쪽
(이 글에는 장 베르나베 강연의 프랑스어 원문도 실려 있다.)

셋째, 해외주법과 마르티니크의 장래에 대한 이야기. 에메 세제르에게 식민지제도는 지배자와 피지배자 모두에게 '무책임한 제도'이며, 마르티니크인이 그것으로부터 해방되기 위해서는 자신들의 운명에 책임을 져야 한다. 해방을 향한 긴 여정의 제1단계가 1848년의 노예해방(에메 세제르는 유럽의 노예폐지론자들과 힘을 합쳐 노예 자신들이 반란에서 큰 역할을 담당한 것을 강조한다)이었다고 한다면 에메 세제르 자신이 커다란 역할을 담당했던 해외주법이 제2단계라 할 수 있다. 즉 '자유'를 얻고 난 뒤 필요해진 '평등'(프랑스의 프랑스인과 똑같은 사회적 권리, 동등한 수준의 임금 등)을 획득하기 위한 수단이 해외주법이었다. 조상의 땅인 아프리카나 흑인의 아이덴티티 문제를 생각하면 해외주화하는 문제에 대해 많이 주저했을 것은 확실하지만 무엇보다 중요한 것은 주민의 생활이다. 그러나 '평등'의 또 다른 측면은 '동화'이다. 이렇게 해서 '네그리튀드'의 시인은 정치가로서는 공화국

과의 '동화'를 추진하게 된다. 그리고 이 역설은 평등이 진행되면 진행될수록 흑인으로서 아이덴티티의 위기가 깊어지는 또 다른 역설을 끌어내게 될 것이다.

나는 에메 세제르의 입에서 아이덴티티라는 말이 반복해서 나오는 것을 듣고 복잡한 감회에 사로잡혔다. "우리는 지금 아이덴티티 각성의 시대에 직면하고 있다"라고 말하면서, 에메 세제르는 코르시카, 브르타뉴, 바스크Basque 등의 지방을 예로 들었다. 그러나 흑인과 크레올의 나라 마르티니크에서 아이덴티티 문제는 다른 지역과는 다른 특별한 의미를 갖고 있을 것이다. 아이덴티티에 관련된 또 다른 문제로서 '독립'과 '자치'가 떠오른다. 해외주화를 택한 이상 에메 세제르는 '독립'이 아닌 '자치'를 고집할 수밖에 없다. 포르드프랑스의 서점에는 에메 세제르의 뒤를 이어 시장이 된 마르티니크 진보당Parti progressite Martiniquais; PPM의 젊은 지도자 세르지 레치미Serge Letchimy의 『자치론*Discours sur l'autonomie*』이 쌓여 있었다(이 책의 서문과 결론에는 크레올어 번역문이 수록되어 있다).

넷째, 정치와 시의 관계에 대한 이야기. 이것도 몇 번이 아니라 계속 반복된 질문일 것이다. 에메 세제르는 "시정市政과 시작詩作은 모순되지 않는다. 양쪽 모두 창조적인 행위이며 나를 움직이는 것은 창조의 의욕이기 때문"이라고 답하고 있다. 나는 다시 "나는 프랑스어를 쓰고 있지만 프랑스어를 섬기지는 않는다"라는 명언을 들은 것 같은 느낌이었지만 정말 그렇게 단정할 수 있을까. 프랑스어와 프랑스공화국에 대한 세제르의 애착은 나의 상상을 훨씬 뛰어넘는 것이 아닐까 하는 생각이 든다. 그것은 프랑스어를 사용하는 시인으로서는 당연한 것이리라. 그러나 이 당연한 애착은 동시에 정치적인 의미를 지니게 된다. 에메 세제르 당신은 프랑스어의 미래에 대해서 불안감을 느끼지 않는가라는 『렉스프레스』 지 기자의 질문에 대해 다음과 같이 답하고 있다.

새로운 말을 만들어낼 필요가 있다. 이름을 붙여야 하는 새로운 현실이 존재하고 있기 때문이다. 우리의 언어를 옹호하기 위해 싸워야만 한다. 같은 프랑스어를 쓴다는 것이 그 나라들을 묶는 하나의 끈, 하나의 요인일 수 있다. 우리는 프랑스어를 쓰는 나라들 사이에 하나의 이익공동체가 형성되는 것에 관심이 있다. 세세한 배려가 필요하지만. 우리는 무엇인가 공통적인 것, 하나의 문화, 하나의 역사를 가지고 있다.……당신은 내가 프랑수아 라블레François Rabelais를 읽는 것에 무관심하다고 생각하는가. 물론 아닐 것이다. 마찬가지로 간혹 우리의 이상이기도 한 다양한 이상이라는 이름 아래에서 우리 마르티니크인이 공유해온 불행과 승리에 대해 나는 무감각하게 있을 수는 없다.

이것은 나로서는 내 눈을 의심케 하는 말이었다. 만약 오키나와의 문학자나 재일한국인 문학자에게 일본어의 미래에 대해 같은 질문을 하면 어떤 대답이 나올지 상상하면서 에메 세제르라는 존재에 대해 다시 생각할 수밖에 없었다.

마지막으로, 마르티니크의 젊은이들에게 하는 조언. 에메 세제르는 우리에게도 『렉스프레스』 지의 인터뷰에서 이야기했던 것과 같은 에피소드를 말하고 있다. 여기서 칸트Immanuel Kant의 이름이 나온 것도 나에게는 가벼운 놀라움이었다.

루이르그랑고등학교의 한 철학 교수가 생각납니다. 그는 우리에게 칸트의 근본적인 질문 세 개를 제시했습니다. 나는 누구인가. 나는 무엇을 해야 하는가. 나는 무엇을 바랄 수 있을까. 이것은 지금 더욱 유효한 물음이라고 생각합니다. 나의 대답은 다음과 같습니다. 나는 누구인가. 마르티니크의 흑인 중 한 명이다. 무엇을 해야 하는가. 그 이름에 어울리는 인간으로서 행동해야 한다. 무엇을 바랄 수 있을까. 인간의 발전, 인류와의 연대. 그리고 혹 미래에 마르티니크 사람들이 무언가 나에 대해 기억을 해준다면, 나는 그것이 그들을 사랑한 그리고 무엇보다도 그들과 공동체의 일원이라고 느끼고 있었던 한 인간에 대한 기억이기를 바랍니다.

3. 『식민지주의론』과 『오키나와노트』

그 후 1주일 동안 미우라 씨는 차를 운전해서 섬의 이곳저곳을 안내해주었다. 안내라기보다는 현지조사field work를 겸한 꽤 힘든 집중강의라고 하는 편이 적당하리라. 마르티니크에서 가장 쾌적한 계절이라는 3월이다. 습기는 적고 기온은 25도에서 30도, 상쾌한 바람을 맞으며 야외에서 맛있는 식사도 하고 때로는 짙푸른 바다에 몸을 담그는 쾌락을 누릴 수 있는 집중강의였다. 쉘셰르Schœlcher도서관, 앤틸리스-기아나대학, 해안의 에코뮤제Écomusée(민족박물관), 시장이나 슈퍼마켓, 고갱미술관, 사탕수수밭과 럼주양조장, 바나나농장과 파인애플밭, 지금은 고급호텔이 된 구플랜테이션과 노예오두막, 지금은 폐허가 된 나폴레옹의 황후 조세핀의 생가(작은 박물관이 있다. 포르드프랑스 시내의 사반나공원에 있는 조세핀의 석상은 의연히 목이 떨어진 채 붉은 페인트가 칠해져 있었다). 심한 비로 중도에 그만둔 북부의 산속 드라이브, 플레Pelée 산의 분화噴火로 파괴된 옛 수도 생피에르Saint-Pierre(2002년은 그 100주년이다), 칸톤스위스라고 불리는 아름다운 계곡의 풍경, 남쪽 포앵트뒤부Pointe du Bout에서부터 르디아망Le Diamant으로 이어지는 길, 산호초 속을 헤엄치는 물고기떼, 카리브해와는 달리 파도가 거친 대서양 등. 운전을 못하는 내가 아마 1년 있어도 볼 수 없는 것들을 1주

식민지시대 사탕수수플랜테이션의 유적. 지금은 럼주를 만들고 있다.

일만에 보여주었기 때문에 미우라 씨에게 정말 감사하지만 나의 체력소모도 만만치 않았다(마르티니크에 대한 미우라 씨의 정열과 지식에 대해서는 『국민국가와 다문화사회』 시리즈의 한 권인 니시카와 나가오 · 하라 다케히코原毅彦 엮음, 『라틴아메리카로부터의 물음ラテンアメリカからの問いかけ』, 人文書院에 게재되어 있는 「마르티니크 기행—크레올로의 여행マルチニック紀行—クレオールへの旅」과, 니시카와 나가오 · 강상중 · 니시 마사히코西成彦 엮음, 『20세기를 어떻게 넘을 것인가20世紀をいかに越えるか』, 平凡社에 게재되어 있는 「일본은 크레올성이 0도인가日本はクレオール性の零度か—新しい精神の三角貿易のために」를 참조 바란다).

마르티니크 섬의 전모를 조금씩 알게 되면서 나는 오키나와에 대해 더 많은 생각을 하게 되었다. 생각해보니 언제나 두 개의 섬을 함께 생각하고 있었다. 물론 역사적 조건도 지정학적 위치도 다른 두 개의 섬을 단순히 비교하는 것은 무의미할 것이다. 그러나 내가 마르티니크를 이해하기 위해서는 오키나와가 필요하고 또 오키나와를 다시 생각하기기 위해서는 마

오키나와를 떠올리는 파인애플밭

르티니크로부터 알아낼 수 있는 것이 있지 않을까 하는 숨겨진 기대가 있었다.

그러나 마르티니크에 도착해서 첫날 아침에 에메 세제르를 만난 충격은 역시 컸다. 마르티니크의 어디를 가더라도 누구를 만나더라도 내 귓속에는 에메 세제르의 낮은 목소리가 울리고 있었다. 독립이냐 자치냐, 아프리카를 잊을 수 없는 것, 흑인의 아이덴티티인가 크레올성인가, 자유 · 평등 그리고 '나는 프랑스어권이라는 공동체의 일원이다'라는 말 등. 카리브제도의 식민지주의로부터 회복과 자립을 꾀하는 형태는 실로 다양하다. 오키나와처럼 미군기지 때문에 괴로워하면서도 미국의 주 가운데 하나가 되려고 하는 섬 또는 미국의 코앞에서 사회주의적인 독립을 과시하고 있는 섬도 있다. 프랑스혁명시대에 독립을 달성해서 세계 최초의 흑인공화국을 세운 아이티Haïti는 오랫동안 빈곤과 독재자의 압정에 시달려왔다. 그에 대해 과들루프나 기아나처럼 프랑스의 해외주가 된 마르티니크의 주민은 본토와 같은 사회보장과 최저임금제를 획득해서 아마도 카리브해의 섬들 중에서 가장 높은 생활수준을 누리고 있으며 문자해독률도 문화적 수준도 높다. 그리고 그 결과 아이덴티티의 위기를 맞게 되었다.

섬에서 만난 몇몇 노인의 이야기가 떠오른다. 그 이야기에는 몇 가지 공통점이 있었다. 그중 한 가지는 군대에 끌려가 베트남Vietnam이나 알제리Algérie에서 전쟁을 치르고 제대한 뒤, 우체국이나 역무원 등 공무원이 되거나 경찰관이 되었다가 정년을 맞고 지금은 유유자적하게 연금을 받아 생활하고 있다는 이야기였다. 그들이 자랑하는 내용은 아들이나 딸에 관한 것이지만 그 대부분이 섬에서 학교를 마침과 동시에 군인이 되거나 본토의 대학에 들어가고, 본토에서 관청이나 기업에 취직하고 섬에는 돌아오지 않는 경우가 많은 것 같다. 순조롭게 공무원 생활을 끝낼 수 있었던 사람은 적당한 집을 짓고 집주인이 되어 관광객이나 단기 체류자에게 빌려주고 그 임대료를 수입원으로 삼고 있다. 내가 빌린 시내 별장의 집주인은 원래 경찰이었다고는 상상하기 어려운, 사람 좋아 보이는 온화한 표정의 소유자였다. 평소 그가 생활하는 방에는 젊은 딸의 사진과 그 딸이 퇴직하는 아버지에게 보낸 감사장이 걸려 있었다. 오랜 세월에 걸친 경찰관이라는 직업생활의 고생을 위로하기보다는 오히려 정열을 가지고 새로운 미래를 계획해서 좀더 큰 삶의 즐거움을 실현하기를 바라는 내용이었다. 나는 감동해서 생각지도 않게 눈물을 흘렸다.

그러나 이 행복한 가족의 모습에 속아서는 안 된다고 생각한다. 그들의 동료나 가까운 친척 중에 많은 사람들이 베트남이나 알제리 또는 그 밖의 전장에서 전사하거나 부상병으로서 귀향했을 것이다. 그들은 운좋게 살아남은 이들이지만 하나의 식민지에서 소집된 병사들이 독립을 원하는 다른 식민지에서 싸우는 비참함을 그들은 어떻게 생각하고 있을까. 지금 마르

제1차 세계대전 당시 마르티니크 군인 사상자를 위한 기념비의 정면(왼쪽)과 뒷면

티니크에는 오키나와 같은 다른 나라의 군사기지는 없다. 해외주법에 따라 그들은 그 나라의 국민이 되어 스스로 군인이 되었기 때문에. 그러나 그것이 그들에게 행복의 조건이 될 수 있을까.

새삼 이렇게 생각하게 된 것은 섬의 중앙 부근에 있는 생조제프Saint-Joseph 마을에서 제1차 세계대전의 사상자에게 바친 기념비를 보았을 때였다. 이 기념비에는 다음과 같이 새겨져 있었다.

1914~1918년의 대전에 마르티니크의 빛나는 참가

(공식적인 통계에 따른 숫자)

소집병 : 14904

전투원 : 8788

중상자와 행방불명자 : 1453

표창자 : 289

지원병 : 481

베르사유의 평화

1919년 6월 18일

그리고 그 뒷면에는 전사자 69명의 이름이 새겨져 있었다. 제2차 세계대전이나 식민지전쟁에서 사망한 사람의 이름은 어디에 새겨져 있을까. 미국의 일본인계 부대가 '충성심'에 불타 더욱 용감했던 것(따라서 더욱 많은 전사자가 나왔다)과 마찬가지로 마르티니크의 병사도 '충성심'에 불타 용감했을까.

돌아오는 비행기에서 나는 오에 겐자부로大江健三郎의 『오키나와노트沖縄ノート』(1970)를 읽기 시작했지만 도중에 역겨워 끝까지 읽지 못했다. 비행기가 난기류에 휩쓸린 탓도 있지만 오에가 집요하게 계속 고발하고 있는 오키나와의 비참함과 추한 일본인의 모습을 참을 수 없었던 탓도 있었으리라. 오에가 고발하는 일본의 정치가나 지식인의 감성이나 사고방식 그리고 그것을 고발하는 오에 자신의 감성과 사고방식. 그중에 어느 정도는 나도 공유하고 있음을 인정할 수밖에 없다. 그러나 그렇다고 하더라도 같은 식민지주의를 비판하는 데 『식민지주의론』과 『오키나와노트』의 어조에는 어떤 차이가 있을까.

최근 몇 년 동안 에메 세제르의 『식민지주의론』은 나의 국민국가론이나 파시즘론 또는 오키나와 문제나 새로운 식민지주의, 그 밖의 문제에 대해서 내 현재의 사고를 지탱하며 용기를 주는 비밀스런 참고문헌이었으며 항상 곁에 두는 책이었다. 9월 11일 이후 미국의 반응을 알았을 때 가장 먼저 떠오른 것도 『식민지주의론』 서두의 문장이었다.

> 스스로 만들어낸 모든 문제를 해결할 능력을 잃은 문명은 쇠퇴하는 문명이다.
>
> 자신이 맡아야 하는 가장 핵심적인 모든 문제에 슬그머니 눈을 감아버리는 문명 역시 병에 걸린 문명이다.
>
> 스스로를 지탱하는 기본적인 원칙을 기만하는 문명은 물론 빈사瀕死의 문명이다.
>
> 스나노 유키토시砂野幸稔 옮김, 『귀향노트 · 식민지주의론』, 平凡社, 1997

명문名文이라는 것은 이와 같은 문장을 말하는 것이리라. 뿐만 아니라 스나노 유키토시의 번역문은 정말 멋있고 훌륭해서 내 마음대로 조금 더 인용하는 것에 대해 양해를 구한다.

> 식민지화가 어떻게 식민지 지배자들을 비문명화시켰고 어리석게 만들었으며 동시에 비인간화했는지, 인간의 품성을 타락시켜 여러 가지 감추어진 본능을, 탐욕을, 폭력을, 인종적 증오를, 윤리적 양면성을 일깨우는지, 먼저 그것부터 검토해야 할 것이다. 그리고 베트남에서 누군가의 머리가 잘려나가고, 눈이 뽑히는데도 프랑스에서 그것이 용인될 때마다, 한 소녀가 강간을 당해도 프랑스에서 그것이 용인될 때마다, 어떤 마다가스카르인이 고문을 당하고 프랑스에서 그것이 용인될 때마다 스스로의 무게 때문에 가라앉는 문명에 점점 죽음의 무게가 더해져 전반적인 퇴화가 진행되고, 괴저壞疽가 시작되어 장기瘴氣가 퍼져가고 있는 것을 보여주어야 할 것이다…….
>
> 그렇다. 히틀러와 나치즘의 방법은 임상적으로 더욱 상세하게 연구할 필요가 있다. 그러고 나서 우아하고 인도주의적인 데다 신앙이 깊은 20세기의 부르주아에게 가르쳐

주는 것이다. 그들 속에는 아직 스스로의 본성을 알아차리지 못한 히틀러가 있다. 그들에게는 히틀러가 잠자고 있다.……따라서 그들이 히틀러를 매도하는 것은 도리에 맞지 않는다. 결국 그들이 용서할 수 없는 것은 히틀러가 범한 죄 그 자체, 즉 인간에 대한 죄, 인간에 대한 굴욕 그 자체가 아니라 백인에 대한 죄, 백인에 대한 굴욕이며, 그때까지 알제리의 아랍인, 인도의 쿨리coolie, 아프리카의 니그로에게만 사용했던 식민지주의적인 방법을 유럽에 적용한 것이다…….

좀더 앞으로 나아가자. 나는 현재 서유럽의 야만이 믿을 수 없을 정도로 거대한 것이 되어버렸다는 생각을 감출 수 없다. 그러나 정말 그것을 훨씬 능가하는 것이 하나 있다. 미국의 야만이다…….

예전에 부르주아가 만들어낸 가치 중 하나는 인간과 휴머니즘이라는 가치이며—그것이 어떻게 되었는지 우리는 보았다—또 하나는 국민이라는 가치이다.

이것은 하나의 사실이다. 국민과 부르주아적 현상이다…….

정말 그것이다. 인간으로부터 모든 국민에게로 눈을 돌리면 나는 여기에 또 다른 거대한 재화災禍가 있음을 확인한다…….

『식민지주의론』이 쓰여진 1950년 에메 세제르는 세계가 잘 보이는 장소에 있었다고 생각했다. 우리도 다시 한번 당시 에메 세제르가 있던 장소로 되돌아가 세계를 다시 볼 필요가 있지 않을까. 그때 오키나와는 에메 세제르가 말하는 의미로서 식민지라는 특색을 한층 확실히 보여주었음에 틀림이 없다. 그것도 이중의 식민지, 미국의 식민지이며, 미국의 식민지인 일본의 식민지이기도 한 오키나와.

『식민지주의론』과 『오키나와노트』에 나타난 어조의 차이는 사죄나 보상을 거부하는 고발자와 무한히 뉘우치려고 하는 자의 차이이기도 하다. 『오키나와노트』에는 "일본인으로서"라는 말이 몇 십 번도 아니고 계속 되풀이된다. 또 특히 「일본이 오키나와에 속한다」라는 제목의 제1장에는 "일본인은 무엇인가, 이와 같은 일본인이 아닌 곳의 일본인으로 자신을 바꿀 수는 없는가"라는 문장이 실로 열 번 정도 반복된다.

그 후에도 때때로 모습을 나타내는 이러한 문장은 결국 『오키나와노트』 전체의 유도동기Leitmotiv라고도 할 수 있는데, 오에 겐자부로는 이 책의 마지막 페이지를 같은 문장으로 끝맺고 있다. "당신은 무엇 때문에 오키나와에 오는가"라는 되풀이되는 거부의 말에 질리면서도, 더욱 오키나와를 찾고 오키나와의 모든 운동에 참가하며 오키나와를 통해서 자기 안의 일본인을 바꾸려고 하는 오에 겐자부로의 집념과 용기에 감복한다. 그러나 오에 겐자부로가 몇 번이나 뉘우치고 몇 번이나 자기비판을 되풀이해도 되돌아오는 곳은 결국 '일본인'인 것이다. "일본이 오키나와에 속한다"라고 말하면서 "이런 일본인이 아닌 일본인이 되고 싶다"고 되풀이하는 것은 결국 오키나와인에게 일본인임을 강요하는 것이 된다. 그 점에 대해 오에는 어느 정도 의식했을까. 일본회귀로 가는 전후민주주의. 나는 『오키나와노트』가 반反일본인론의 형태를 빌린 울트라일본인론인 것을 깨닫고는 아연실색했다.

4. 독립의 새로운 의미

『오키나와노트』를 다시 읽으면서 나는 오랫동안 품고 있었던 오키나와에 관한 보수파와 혁신파 양쪽의 다양한 언설에 대한 위화감이 다시금 생겨났다. '오키나와의 마음'이라든가 '오키나와의 영혼'을 발견했다고 하는 것 같은 인류학적·일본문화론적 발언. 오키나와의 본토화, 본토의 오키나와화라는 말의 배후에 있는, 자각되지 않는 식민지주의. 저렇게 멸시하

고 잔인하게 처벌한 뒤에 섬의 주민에게 조국복귀를 부르짖고, 그렇게 당했음에도 불구하고 히노마루日の丸를 내세워 일본복귀를 축하하는 부조리. 구식민지 오키나와를 반전反戰의 성지로서(마치 미국이 구식민지 진주만을 조국방위의 성지로 만들어 세운 것처럼), 성지순례를 하는 진보적 지식인의 자기만족과 알리바이 만들기.

9·11 이후 미국의 슬로건은 "리멤버 펄 하버"였다. 그리고 텔레비전에서는 오키나와전을 연상시키는 아프가니스탄전쟁의 영상이 흐르고 있었다. 중장비를 갖춘 미군 병사가 동굴에 숨어 있는 아프간병사를 화염방사기를 이용해 밖으로 끌어내거나 불태워 죽인다. 오키나와의 동굴에는 일본병사뿐만 아니라 여자나 어린이들도 있었다. 오키나와 사람들은 그렇게 해서 미군의 포로가 되었지만 그 전에 일본군에게서 당한 수모는 더욱 더 비인도적이었다. 어느 쪽도 오키나와인을 정당한 인간으로 보지 않았다는 이야기는 사실일 것이다. 흑인이 인간으로 간주되지 않았던 것처럼.

마르티니크에서 파리까지의 거리는 멀다. 나는 여전히 역겨움에 시달리면서도 다시, 에메 세제르가 인간의 존엄이라는 것이 무엇인지를 가르치는 것 같은 저 검은 얼굴을 떠올린다. 내가 만난 에메 세제르는 이제 『식민지주의론』의 에메 세제르가 아니었다. 그러나 그의 존재가 지금 더욱 마르티니크인들의 존엄성을 지지하고 있다는 점은 확실할 것이다. 그리고 나는 장 베르나베와 그날 밤 모였던, 크레올어에 대한 애착으로 맺어진 사람들의 얼굴을 떠올린다. 베르나베는 앞에 인용한 문장에 이어서 다음과 같이 말하고 있다.

세제르의 시에서 고뇌는 아프리카라는 기원으로부터 단절된 앤틸리스인의 고뇌를 표현하고 있습니다. 아프리카의 말을 잃어버린 인간들의 고뇌입니다. 그것을, 아프리카의 말은 사용할 수 없기 때문에 프랑스어로 표현합니다. 물론 표준적인 프랑스어에 폭력을 더함으로써. 초현실주의적 기법과 혁신적인 언어를 가지고 프랑스어로 표현했습니다. 앙드레 브르통은 세제르를 '초현실주의 최고의 시인'이라고 말했습니다만, 제가 보기에 그는 초현실주의자는 아닙니다. 그는 하얀 유럽의 보편적인 문명을 부정하고 아프리카를 상기하며 괴로운 시적詩的 변혁을 일으키려 했습니다.

세제르에게 크레올어는 사생아적인 존재이며, 확실한 표현수단이 없어 사용할 수밖에 없었던 단순한 대용물로서의 의미밖에 없었으므로 적극적으로 평가하지 않았습니다. 그러나 저는 크레올어가 우리와 우리가 잊어버린 아프리카를 연결하는 중요한 고리라고 생각합니다. 크레올어 속에는 아프리카만 있는 것이 아닙니다. 인도, 중국이 있으며, 아메리카인디언의 기억이 우리의 상상 속에 남아 있습니다. 식민자, 지배자였던 유럽도 크레올 안에는 들어 있습니다. 이것을 식민지주의라는 이름 아래 무시할 수는 없습니다. 지울 수는 없습니다. 우리는 그것을 받아들여야 합니다. 모두가 의지할 수 있는 기원을 동시에 받아들여야 한다고 생각합니다.[1]

크레올성이라는 것이 무엇인가를 극히 명쾌하게 이야기한 이 문장은 마음으로부터 우러나온 존경이 깊은 이해로 연결되고 깊은 이해가 근저에 대한 비판을 만들어내는 한 가지 사례이다. 피부색이나 혼혈이라는 사실을 지울 수 없듯이, 구식민지의 주민은 식민지의 후유증을 모두 받아들이고 그것에서부터 다시 시작해야 한다. 베르나베의 이 이야기는 현재의 오키나와에서야말로 더욱 깊이 이해되지 않을까. 나는 여기서 베르나베, 샤무아조, 콩피앙의 '크레올성' 선언을 인용하고 싶은 유혹을 이길 수 없다. 쓰네카와 구니오恒川邦夫* 씨의 해설에 따르면 이 글은 1988년 센생드니

* 『크레올 예찬』의 일본어판 번역자.

Seine-Saint-Denis 주에서 이주 노동자들이 조직한 카리브해 페스티벌에서 읽혔다고 한다.

우리는 우리가 크레올이라는 것을 선언한다. 우리는 '크레올성' 이야말로 우리 문화의 묶음이며 우리 앤틸리스성의 기초를 형성할 만할 것이라고 선언한다. '크레올성' 이라는 것은 카리브, 유럽, 아프리카, 아시아, 레반트Levant* 등 '역사' 의 멍에가 같은 지역에 모여 제각각의 문화적 요소가 서로 교감되고 서로 흡수된 집합체다. 3세기 동안 이러한 현상의 영향을 받았던 섬들과 대륙의 일부는 새로운 인간성을 만들어내는 그야말로 대장간이었다. 그곳에서는 언어도 민족도 종교도 관습도, 세계에서 모여든 사람들이 살아가는 방식도 갑자기 탈영토화되어 새로운 삶을 모색할 수밖에 없는 환경에 이식되었던 것이다. 우리의 크레올성은 따라서 이 터무니없는 혼성에서 생겨난 것이다. 사람들이 그것을 언어적 측면이나 하나의 구성요소에 한정하는 것은 너무 성급하다. 우리의 문화적 인격은 이 세계에 낙인이 찍히면서 동시에 그것을 부정해온 몇 개의 증언을 몸에 지니고 있다. 우리는 용인과 거절 속에서, 즉 더 이상 있을 수 없는 복잡한 양의성과 친하게 지내면서 일체의 환원, 순수함, 빈곤화의 밖에서, 부단한 문제제기 속에서 단련되어온 것이다. 우리의 '역사' 는 복잡한 역사적 실로 만들어진 매듭이다. 우리는 모든 언어, 모든 말을 맛보며 살아왔다. 이 기분 나쁜 마그마를 두려워한 나머지 우리는 그것을 신화적인 피안彼岸(바깥의 시선, 아프리카, 유럽, 게다가 오늘날에는 인도, 미국)으로 고착시켜, 역사적 대문화의 닫힌 규범성 속으로 도망가려는 무익한 노력을 해온 것이다. 우리야말로 모든 문화의 접촉을 예고하며, 출현하고 있는 가까운 미래 세계를 앞질러 왔다는 것도 모른 채…….

쓰네카와 구니오 옮김, 『크레올 예찬』, 平凡社, 1997

* 동지중해 연안의 역사적인 명칭. 넓게는 그리스, 터키, 시리아, 키프로스, 레바논, 이스라엘, 이집트 등을 포함한 지역.

『크레올 예찬』은 매우 문학적인 프랑스어로 쓰여진 크레올문학의 선언문이지만, 프랑스 본토에서 혁신정권이 탄생한 1981년에 되어 마르티니크의 독립이 최종적으로 방기되었던(에메 세제르의 두 번째 배신?) 것에 대한 반응이라는 역사적 배경을 가지고 있으며, 극히 정치적인 문장이라고 말해도 좋을 것이다. 크레올어와 크레올문학의 이념을 정치적으로 해독하면 그 글에는 프랑스혁명 이래 프랑스공화정의 중앙집권적 전통에 대항해온 아나키즘적 전통이 떠오르는 것처럼 생각되지만, 연명連名한 세 지은이가 그것을 어느 정도 의식하고 있는가에 대해 나는 알지 못한다. 마르크스·엥겔스의 『공산당선언』이 자본주의사회의 저변에 있는 프롤레타리아의 입장에서 투쟁과 해방을 선언한 것이라고 한다면, '크레올성' 선언은 식민지 지배 최대의 희생자인 흑인 노예의 후예가 세계 주변으로부터 투쟁과 해방을 선언한 것이라고 해도 좋을 것이다.

혼성에 대한 주장은 열린 문화와 열린 정치형태에 호응한다. 에두아르 글리상의 말을 빌리면, 그것은 지배와 정복으로 연결되는 단일 루트형 아이덴티티가 아니라 공생과 해방으로 연결되는 관계성의 복합적 아이덴티티를 의미하는 것이리라. '독립'의 바람을 담은 '크레올성' 주장은 '독립'의 개념을 바꾼다. 그것은 더 이상 루트형의 아이덴티티를 가진 중앙집권적인 또 하나의 국민국가 형성에서는 있을 수 없기 때문이다.

오키나와에 크레올주의에 호응하는 것이 존재하는가, 또 존재한다면 그것이 어떠한 형태를 보이는가에 대해 나는 충분한 지식을 갖고 있지 않으며 그것을 논할 자격도 없다. 오키나와에 사는 누군가 충분한 지식을 가진 이가 이 문제에 대해 설득력 있는 글을 써 준다면 얼마나 기쁠까. 나는 또 오키나와에서 독립론이 확산되는 것과 그 동향에 대해서는 분석적으로 논할 능력도 자격도 없다. 여기서는 단지 가와미쓰 신이치川滿信一의 『류큐

공화사회헌법 C사(시)안琉球共和社會憲法C私(試)案』을 인용해서 이 문장을 맺고자 한다. 물론 내가 이 『사(시)안』의 모든 내용에 찬성한다는 뜻은 아니다. 예를 들면 류큐공화사회의 상징 깃발을 '순백 바탕에 흰 백합 한 송이로 디자인한다'는 것에는, '백합'의 상징이 일본근대사회에서 담당해온 압도적인 역할을 생각해서 반대한다. 되풀이되는 '자비'라는 말에 마음이 끌리지만 위화감을 씻을 수는 없다. 또 많은 조문이 '……안 된다'라는 금지와 명령의 형태로 끝나고 있는 것도 마음에 걸린다. 그중에서도 국가폐기선언을 국가의 기본법인 헌법의 형태를 빌려서 표명하는 것은 근본적으로 모순일 것이다. 그러나 나는 이 헌법 『사(시)안』을 최초로 읽었을 때의 놀라움과 감동을 잊을 수 없다. 어두운 하늘 한 구석에 갑자기 밝고 푸른 하늘이 열린 느낌이었다.

이 헌법의 「전문前文」 뒷부분에는 다음과 같은 구절이 있다. 호전적인 일본 국민에게 정나미가 떨어진 모양이다.

> 구사일생으로 폐허에 섰을 때 우리는 전쟁이 국내 백성을 살육하는 계략임을 알게 되었다. 그러나 미군은 그 폐허에 다시 거대한 군사기지를 만들었다. 우리는 비무장으로 저항을 계속해서 그리고 심각하게 국민적으로 반성하며 '전쟁 방기放棄', '비전非戰', '비군비非軍備'를 내세운 『일본국헌법』과 그것을 받들어 지키는 국민과의 연대를 원하며 마지막으로 기대를 했다. 결과는 무참한 배신으로 되돌아왔다. 일본 국민의 반성은 너무나도 얕고 엷어서 박설薄雪이 되어 사라졌다. 우리는 이제 완전히 정나미가 떨어졌다. 호전국 일본이여, 호전적 일본 국민과 권력자들이여, 바라는 대로 길을 가는 것이 좋다. 우리는 인류멸망에 이르는 죽음의 길동무는 더 이상 함께할 수 없다.

또 「기본이념」을 기술한 제1조와 제2조에서 국가의 폐절廢絶과 국가장치의 철폐를 소리 높여 외치고 있다.

제1장 기본이념

제1조 우리 류큐공화사회 인민은 역사적 반성과 비원悲願의 위에 서서 인류발생사 이래 권력집중기능으로 인한 일절의 악업惡業의 근거를 지양하며, 여기서 국가를 폐절할 것을 소리 높여 선언한다.

이 헌법은 공화사회 인민을 보장하며, 확정하는 것은 만물에 대한 자비비원의 원리에 따라 호혜호조互惠互助의 제도를 부단히 창조하는 행위뿐이다.

자비의 원리를 넘어, 일탈하는 인민 및 조정기관調整機關과 그 당직자 등의 어떠한 권리도 보장하지 않는다.

제2조 이 헌법은 법률을 일절 폐기하기 위한 유일한 법이다. 따라서 군대, 경찰, 고정된 국가적 관리기관, 관료체제, 사법기관 등 권력이 집중되는 조직체제는 철폐하고 만들지 않는다. 공화사회 인민은 개인의 마음속에 있는 권력의 싹을 없애고, 그 뿌리는 주의 깊게 뽑아버려야 한다.

그 밖에 이 헌법에는 빈곤의 극복, 철저한 직접민주주의의 철폐, 부전不戰과 핵의 금지, 망명자의 수용 등이 기술되어 있지만, 지면이 한정되어 있기 때문에 모든 내용을 인용할 수는 없다. 마지막으로 공화사회 인민의 자격에 관한 조문을 인용해둔다. 헌법의 이념에 찬동하는 자는 인종, 민족, 성별, 국적을 묻지 않고 누구라도 자격을 얻을 수 있다.

공화사회 인민의 자격

제11조 류큐공화사회의 인민은 정해진 센터영역 내의 거주자에 한하지 않으며, 이 헌법의 기본이념에 찬동해서 준수遵守할 의지가 있는 이는 인종, 민족, 성별, 국적의

여하를 묻지 않고 그 소재지에서 자격을 인정받는다. 단, 류큐공화사회헌법을 승인하는 것을 센터영역 내의 연락조정기관에 보고해서 서명지를 송부해야 한다.

「오키나와 독립의 가능성을 둘러싼 격론회
沖縄獨立の可能性をめぐる激論會」, 實行委員會 엮음,
『격론 · 오키나와 '독립'의 가능성 激論 · 沖縄「獨立」の可能性』, 紫翠會出版, 1997

미국의 9월 11일 사건과 그 후에 계속되는 사태는 오랫동안 지속되어온 '전후'라는 시대가 끝났으며 그 전후라는 시대가 결국 무엇이었는가를 우리에게 가르쳐주었다고 생각한다. 전후라는 시대의 틀 속에서 형성된 오키나와의 반전운동이나 일상생활은 글로벌화라고 불리는 새로운 식민지주의 속에서, 그 근저에서부터 새롭게 바꾸어야 할 것이다. 무책임한 발언이라는 것을 알면서도 무리해서 이야기하자면 나는 오키나와의 독립을 지지하고 싶다. 그러나 그 독립은 더 이상 인종이나 민족이나 국가의 독립이 아니다. 에메 세제르의 고뇌를 이어받아 공유하면서도 거부하며, 그것을 '크레올성' 선언으로 표현할 수밖에 없었던 마르티니크인들의 괴로움. 그러나 희망이 가득 찬 선택을 먼 나라 이야기로 듣고 흘려버리기에는 지구가 너무나도 좁아져버렸다.

미주

1 나는 오히려 이 내용에 이어 다음 문장을 인용했어야 하지 않았을까.

"세제르가 그것을 이은 세대에게 끼친 영향은 결정적으로 중요한 의미를 가지고 있습니다. 저는 열네 살 때 세제르의 『귀향노트』를 처음 읽었습니다. 제 숙부는 학교의 교사로 세제르의 제자였습니다. 열네 살이라는 사춘기의 중요한 시기에 숙부의 권유로 그 시를 읽고 정말로 놀랐습니다. 존재의 깊은 곳에서부터 흔들리는 듯한 경험이었습니다. 1960년 프랑스에 가서도 자기 자신의 인간으로서, 존엄의 토대로서 세제르의 시를 언제나 가슴에 두고 되풀이해서 읽은 기억이 있습니다. 세제르를 읽지 않았던 친구들이 끌어안은 인종상의 문제를 저는 해결했습니다. 인종적인 차별로 인한 억압, 그것에서 비롯된 고뇌로부터 내면의 갈등을 어떻게 뛰어넘을까라는 드라마가 세제르의 시에는 멋있게 그려져 있다고 생각합니다. 그러나 우리에게 중요한 것은 세제르가 핵심문제의 하나로 거론한 인종문제뿐만이 아닙니다. 즉 인종적인 발상은 결국 사회의 편성원리를 선조로부터 전해진 직선적인 혈통을 기둥으로 해서 구성된다는 '아타비스틱Atavistic' 원리, 선조로부터의 계승을 중심으로 하는 사고가 되는 '필리에이션Filiation'(친자관계, 유래, 계통, 혈통—옮긴이 주)입니다. (에두아르 글리상이 가장 강하게 비판하는 사고입니다만) 세제르는 '아타비즘Atavism'(격세유전, 몇 대를 거른 뒤 조상의 형질이 재현되는 것—옮긴이 주)의 사고로부터 벗어나 있지 않았던 것은 아닐까요. 크레올은 선조로부터 면면히 전해온 피의 계승이라는 필리에이션의 원리를 확실히 부정한 사회입니다."

Ⅱ

제5장

다문화주의와 〈신〉식민지주의

1. 다문화주의론의 전제

다문화주의의 발상지라고 해야 할 캐나다 출신으로서, 일본에 와서 2년 전에 신설된 리쓰메이칸대학의 선단종합학술연구과에서 강의를 맡고 계신 폴 두무셸Paul Dumouchel 교수의 주도로 다문화주의에 관한 국제심포지엄이 열린 것에 대해, 긴 세월 이 주제에 관심을 가져온 같은 과의 동료로서 또 두무셸 교수가 전에 있던 몬트리올대학에서 객원교수로서 캐나다의 학생들과 만날 수 있는 행운을 가진 사람으로서(벌써 20년 전의 일이지만 그때의 체험은 다문화주의에 대해서 생각할 수 있는 기회가 되었습니다) 기쁜 마음으로 먼저 두무셸 교수에게 감사의 뜻을 전하고자 합니다.

리쓰메이칸대학 다문화주의연구는 선단적이라고까지는 못할지라도 상당히 두각을 나타내고 있다고 생각합니다. 특히 1989년에 국제언어문화연구소가 설립된 이래 다문화주의연구는 이 연구소의 주요 주제 가운데 하나가 되어, 다양한 공동연구 외에도 매년 이 주제와 관련된 심포지엄이나 연속강좌가 개최되고 있으며 그 관심의 범위도 캐나다나 오스트레일리아를 시작으로 유럽, 아시아, 아프리카, 라틴아메리카 등에 미치고 있습니다. 이에 대해서는 연구소에서 1년에 4회 발행하고 있는 학술지 『리쓰메이칸언어문화연구立命館言語文化研究』의 내용과 연구소의 성과를 묶어서 출간된 몇 권의 책을 보면 납득하실 것으로 생각됩니다.[1]

지금부터 제가 이야기하는 내용은 물론 제 자신의 의견이며 제가 책임져야할 것입니다만, 그 대부분이 연구소에서 공동작업을 진행하면서 생각했던 내용을 요약한 것이며, 또한 공동연구의 성과로 얻은 것임을 먼저 밝혀두고 싶습니다. 오늘은 여러분의 다양한 의견과 비판을 통해 다문화주의에 관한 상당히 독단적인 제 견해가 수정되어 새롭게 시야를 넓힐 수 있기를 바랍니다.

본론에 들어가기 전에 다문화주의에 관한 논의를 진행하는 데 필요하다고 생각되는 세 가지 전제를 제시하고자 합니다.

첫째, 다문화주의는 아직까지 형성 과정에 있는 역사적 개념이며 다양한 변화나 발전의 가능성을 포함하고 있기 때문에 현시점에서 엄밀하게 정의할 수 없습니다. 일시적으로 엄밀한 정의를 내리더라도 그것은 아마 역사에게 버림받을 것입니다.

둘째, 영어사전에 있는 다문화주의multiculturalism의 이중적인 의미(① 어떤 집단이나 공동체에 복수의 문화가 공존하고 있는 상태, ② 그와 같은 다문화 공존의 상태를 바람직하다고 생각해서 적극적으로 그 공존을 추진하는 정책이나 사상적 입장)는 현재 우리가 다문화주의에 대해 생각할 경우 매우 시사적입니다. 저는 여기서 다문화주의 의미 ②의 '이념' 이전에 다문화 공존이라는 ①의 '현상'이 존재하고 있다(아마도 인류역사가 시작된 이래)는 것을 강조하려고 합니다. '이념' 이나 정책은 어느 특별한 역사적 상황 속에서 만들어지는 것이지만(그렇다면 당연히 그 역사적 조건은 무엇인가라는 질문이 나올 것입니다), 주민의 생활 속에서 부분적이지만 실현되고 있는 다문화 공존의 '현상' 이 '이념' 이나 정책과 반드시 일치하는 것은 아닙니다. 우리가 '현실' 에 대해 이야기할 때 이 차이를 잊어서는 안 되며, '이념' 이 앞서 달리는 것에 주의해서 오히려 '현상' 속에서 가능성을 이끌어내는 것과 같은 마음가짐이 필요하다고 생각합니다. 일본에서는 multiculturallism이 다문화주의로 번역된 결과, '이념' 만이 강조되는 경향이 있기 때문에 주의할 필요가 있습니다.

셋째, 다문화주의의 의미나 이미지는 그것을 보는 입장에 따라 크게, 때로는 근본적으로 다르게 보일 것입니다. 예를 들면 일본과 미국 또는 일본과 캐나다나 오스트레일리아에서는 매우 다르며 동아시아나 동남아시아, 아프리카, 라틴아메리카에서도 다릅니다. 유럽과 영어권, 심지어는 이슬람어권이 동일할 수는 없습니다. 같은 나라 안에서도 계층이나 출신, 민족적인 다수파와 소수파에 따라서도 다를 것입니다. 이것은 다문화주의의 미래와 가능성과 밀접하게 관련되어 있으며 오늘 우리의 공통 주제인 '다문화주의와 아시아의 민족주의' 와 저 자신의 주제인 '다문화주의와 〈신〉식민지주의' 와도 깊은 관계가 있습니다.

다문화주의에 관한 논의는 지금까지 그 수출국인 영어권(미국, 영국, 캐나다, 오스트레일리아)에서 시작된 것이 압도적으로 많고 수입국들의 논의는 많지 않습니다. 일본의 경우 영어권(또는 적어도 유럽)의 논의를 소개하거나 그것을 기초로 한 논의가 대부분입니다. 그러나 수입국 또는 그것을 강요당한 쪽에서 논의를 시작하면 다문화주의의 양상은 완전히 바뀌지 않을까요. 저는 언제나 아시아의 관점에서 다문화주의를 논해야 한다는 필요성을 강조해왔습니다(예를 들면 「다언어 · 다문화주의를 아시아로부터 묻는다 多言

語・多文化主義をアジアから問う」, 『20세기를 어떻게 넘을 것인가』에 수록). 오늘 이와 같은 주제가 거론된 것에 대해 다시 한번 감사합니다.

2. 다문화주의의 건국신화에 숨겨진 역사적 사실—식민지

다문화주의라는 용어는 1965년에 출현했다고 할 수 있으므로 그 역사는 길지 않습니다. 제가 아직 학생일 때는 아직 이 말이 존재하지 않았기 때문에 다문화주의에 관한 논문이나 보고서를 쓰는 일은 있을 수 없었습니다. 1970년대가 되어 이 용어와 그것에 관한 언설이 일본에도 알려지기 시작했을 때 다문화주의는 일반적으로 시대를 앞서 가는 새로운 역사적인 실험으로 주목되어 환영받은 것이 아닌가 하고 생각합니다.

다문화주의의 탄생을 둘러싼 감동적인 이야기, 다문화주의의 건국신화가 존재합니다. 예를 들면 캐나다 총리 트뤼도Pierre Elliott Trudeau가 1971년 10월 8일 의회에서 다문화주의선언을 한 연설이 있습니다. 트뤼도는 그 연설에서 이중언어주의의 틀 속에서 다문화주의정책이 캐나다인의 문화적 자유를 보장하는 가장 적절한 방법이라는 것을 인정하고, 그러한 각 개인의 다양한 아이덴티티에 근거한 '국가적 통합'이 모든 사람에게 공정한 사회를 건설하는 토대가 되어야 한다고 말하고 있습니다. 여기서 주역은 캐나다 '건국의 두 민족'이라고 불리는 영국계와 프랑스계 주민들입니다. 그러나 이 연설은 한 민족, 한 언어, 한 문화를 원칙으로 하는 구래舊來의 국민국가와는 다른 국민통합의 원칙에 근거한 새로운 국가 탄생의 선언이었습니다.

1973년, 트뤼도의 연설로부터 약 2년 후에 에드워드 고프 휘틀럼Edward Gough Whitlam정권에서 다문화주의를 선언한 오스트레일리아의 경우는 언뜻 보면 사정이 다릅니다. 그 선언은 극단적인 인종차별이 있었던 백호주의白濠主義로부터 다문화주의로 급전환하는 것이었으며 뿐만 아니라 '아시아화'라는 새로운 방향을 제시하고 있었습니다. 그러나 이념으로서 또는 정책으로서 제시된 다문화주의의 방향은 기본적으로 같았던 것으로 생각됩니다. 즉 오스트레일리아가 다문화사회임을 전제로 사회적인 정의와 공정성을 추구해서, 다양성이 만들어내는 활력과 독자적인 아이덴티티를 바탕으로 한 새로운 형태의 국가를 만들어내려고 하는 것이었습니다(「다문화국가 오스트레일리아를 위한 전국계획」,* 1989).

그러나 이러한 감동적인 다문화주의의 건국 이야기는 많은 건국신화가 그렇듯이 어떤 면에서는 건국의 역사적 사실을 오히려 은폐하는 것이 아닐까요. 적어도 1970년대 초라는 시기에 다문화주의선언이 이루어진 진정한 이유를 찾을 수 없으며 또 그것의 역사적(세계사적) 의미가 무엇인지도 알 수 없습니다. 다문화주의의 건국신화에 숨겨진 역사적 사실을 찾기 위한 가장 중요한 용어는 '식민지' 또는 '식민지주의'라고 생각합니다.

이는 어떤 은폐가 없다면 아마 누구에게도 명확한 사실일 것입니다. 실제로 다문화주의에 관한 언설의 3대 수출국인 미국(다문화주의를 국시國是로 하지는 않지만 다문화주의의 최선진국입니다), 캐나다, 오스트레일리아는 모두 대영제국의 구식민지이며, 다양한 지역으로부터 이루어지는 이민 중에서도 앵글로-색슨Anglo-Saxon(또는 앵글로-켈트Anglo-Celt, 앵글로-유럽Anglo-Europe)계의 이민이 최대 다수로서 지배권을 갖고 있던 지역입니다. 다문화주의를 국시로 한다는 것은 뒤에 이야기하겠지만, 그것이 탈식민지주의

* 「다문화국가 오스트레일리아를 위한 전국계획」은 1989년 7월에 노동당의 호크Robert James Lee Hawke 총리가 발표한 오스트레일리아정부의 다문화정책에 관한 기본방침과 그것을 실행하는 계획이다. 1987년 4월에 설립된 다문화문제자문위원회와 총리부 다문화문제국이 작성했다.

인가 아닌가의 문제입니다만, 그러한 백인 지배의 종언을 고하는 것은 아니라 해도 적어도 재편성의 의미는 있습니다.

식민지라는 관점은 선주민 문제를 새롭게 조명하게 됩니다. 선주민에 대한 식민지 문제는 아직 끝나지 않았기 때문입니다. 우리가 『다문화주의 · 다언어주의의 현재—캐나다 · 오스트레일리아 그리고 일본多文化主義 · 多言語主義の現在—カナダ · オーストラリア · そして日本』(人文書院, 1997)이라는 책을 편집했을 때, 우리는 선주민 문제에 많은 페이지를 할애했습니다. 그때까지의 다문화주의 언설에는 그 부분이 빠져 있다고 생각했기 때문입니다. 다문화주의정책이 선주민을 무시하는 것은 아닙니다. 그러나 다문화주의정책이 선주민을 바람직한 위치에서, 즉 선주민의 입장에서 선주민 문제에 대해 다루는 것은 아니라고 생각합니다. 다문화주의는 선주민을 다른 이민移民들과 같은 민족집단으로 취급하려고 합니다. 그러나 선주민의 입장에서 보면 이민들은 그들의 토지를 점거하고 있는 침략자들로, '다문화 공존을 통한 국민통합' 은 침략자에게 유리한 기만적인 슬로건에 지나지 않습니다. 확실히 캐나다의 연방정부는 선주민에 대해서 공식적으로 사죄했고, 오스트레일리아정부는 선주민에게 토지의 일부를 반환했습니다. 그 침략자들은 심지어 지금까지도 우리의 토지에 여전히 머물러 있는 것은 도대체 무슨 권리 때문인가라는 선주민의 물음에 답을 하지 않은 상태입니다. 다문화주의는 지배적인 이민 측의 논리이지, 선주민 측의 논리는 아닙니다.

다문화주의 언설은 일반적으로 미래를 이야기함으로써 과거의 중요한 측면을 은폐하려는 경향이 있습니다. 정책으로써 다문화주의를 제창한 진정한 이유는, 그들이 그 선언에 담겨 있는 민족 간의 평등이나 정의나 인도주의적인 이상을 갑작스럽게 깨우쳤기 때문이 아니라 종래의 국가체제가 기능하지 않게 되었기 때문입니다. 이 과정에서 이민국가에 내적인 모순이 있었다는 사실은 말할 필요도 없습니다만, 국제적인 상황 변화를 무시할 수는 없습니다.

저는 여기서 1960년 아시아 · 아프리카 16개국이 국제연합에 가입했을 때 국제연합 총회에서 채택된 「식민지독립부여선언」(아시아 · 아프리카 43개국 공동 제안)을 새삼 주목하고 싶습니다. 이것은 독립한 구식민지에서 독립 후에도 끈질기게 잔존하는 식민지주의를 비판하며 민족의 자결과 진정한 독립을 주장한 것이며, 현재 포스트콜로니얼이라는 말로 거론되고 있는 용어에 대해 최초로 제시된 말이었습니다. 캐나다나 오스트레일리아 다문화주의선언의 배경에는 그 후에도 이러한 국제여론이 고조되었다는 상황이 있습니다. 남아프리카의 아파르트헤이트Apartheid체제가 유지될 수 없었던 것처럼 오스트레일리아의 백호주의도 계속될 수는 없었습니다. 캐나다의 영국계 지배도 마찬가지입니다.

3. 세계의 재구조화와 다문화주의의 변용

다문화주의정책의 등장은, 15세기 이래 식민지주의적 서구의 팽창이 일정한 한계에 이르렀다는 것을 그리고 서구 중심적이지 않은 새로운 세계사의 상을 바라고 있다는 것을 의미합니다. 다문화주의 언설은 이러한 사태에 어떻게 대처하고 있을까요.

저는 2004년 1학기에 선단연구의 응용강독연습 시간에 열 몇 명의 수강생과 함께 다문화주의에 관한 책을 읽었습니다. 에이미 굿만Amy Gutmann이 엮은 『멀티컬추럴리즘*Multiculturalism*』을 텍스트로 해서(이 책에는 찰스 테일러Charles Taylor를 시작으로 마이클 왈처Michael Walzer와 위르겐 하버마스Jürgen

Habermas 등의 논문이 일곱 편 들어 있습니다), 그 외에 윌 킴리카Will Kymlicka의 『다문화시대의 시민권*Multicultural Citizenshio*』이나 아마르티아 쿠마르 센Amartya Kumar Sen의 『아이덴티티에 선행하는 이성*Reason before Identity*』 등 20편 가까운 글을 연속해서 읽어가면 어느덧 하나의 경향이 나타납니다. 논의를 통해 무엇이 밝혀지고 무엇이 감춰지는 것일까요?

먼저 ① 밝혀진 것—중심적인 과제 가운데 하나는 서구에, 전통적인 '인권' 중심의 민주주의개념에 대한 소수자집단 측의 문화, 즉 민족적 가치를 어떻게 세울 것인가 또는 어떻게 양립시킬까 하는 문제. 또 한 가지 중요한 것은 국민국가적인 아이덴티티에 대한 다문화주의적인 아이덴티티 형성의 문제. 이것은 당연히 글로벌화의 문제와 관련되어 있습니다.

② 은폐된 것의 대표적인 예로는 식민지나 선주민의 문제가 있습니다. 다문화주의적 언설이 미래에 대해서는 웅변하지만 과거에 대해서는 입을 다무는 경향이 있다는 점은 벌써 지적했습니다. 그중에서도 찰스 테일러는 「승인을 둘러싼 정치the Politics of Recognition」에서 많은 분량을 과거를 기술하는 데 할애하고 있지만, 그것은 루소, 칸트, 헤겔 등이라는 서구철학사의 과거이며 서구의 식민지 지배에 대한 과거는 아닙니다. 또 가끔 언급되면서 그 본질이 오히려 감추어진 문제로서 여성차별이나 젠더의 문제가 있습니다. 이 점에 관해서는 수전 울프Susan Wolf가 여성의 아이덴티티에 바람직한 '문화적 전통' 같은 것은 존재하지 않고, 문제는 이 아이덴티티가 억압이나 착취를 위해 이용되고 있는 것이라며 여성의 입장에서 통렬하게 비판하고 있습니다.

다문화주의는 소수자집단의 권리를 문제 삼는다는 점에서 자유주의 중에서도 급진적인 측면을 대표하고 있습니다. 그러나 이러한 언설을 주의 깊게 읽어보면 그들의 언설이 갑자기 입을 다문 채 그 이상은 발을 내딛지 않으려는 지점이 있음을 알게 됩니다. 예를 들면 킴리카는 국민국가 형성은 언제나 민족적인 다수파를 중심으로 일어나며 그것은 반드시 소수파의 '대항적competing 국민 형성'을 불러일으킨다(따라서 국민국가에서 민족분쟁은 불가피하다)고 주장합니다만, 그렇다면 국민국가의 존재를 어떻게 생각할까라는 점까지는 논의를 발전시키지 않고 그 지점에서 되돌아가버립니다. 또 하나의 터부taboo는 경제적인 '착취', 즉 자본주의의 문제입니다. 그들은 일반적으로 공정公正이나 사회적 정의를 주창하지만, 소수자집단의 빈곤을 만들어내는 경제적 조건이나 점점 더 확대되는 국내적 또는 국제적 격차를 만들어내는 구조가 문제가 되는 지점에서 입을 다물어버립니다. 그러한 행태 때문에 자유주의의 틀 속에 무언가 들어 있는 것 같은 인상을 받았습니다.

시간적인 거리를 두고 보면 명확해지는 것이 있습니다. 현재 저는 다문화주의가 글로벌화에 대한 초기 대응이 아니었나 생각하고 있습니다. 글로벌리제이션의 정의는 다양하지만 저는 장기, 중기, 단기에 걸친 3중의 복합적 글로벌화의 흐름을 생각하고 있습니다. 첫째, 인류사의 시작에서부터 현재에 이르는 장기 글로벌화. 둘째, 콜럼버스의 아메리카 '발견'(1492)으로 상징되는 서구의 팽창과 식민지 지배가 시작되는 대항해시대 이후의 중기 글로벌화. 셋째, 현재 우리가 직면하고 있는 글로벌리제이션으로, 저는 그 기점을 1960년대로 생각하고 있습니다. 다국적기업이나 금융위기 등 경제적인 글로벌화의 징후가 나타나는 것이 1960년대이지만, 저는 동시에 베트남반전운동이나 그것과 연동한 1968년의 세계적인 학생운동에 주목하려고 합니다. 프랑스에 이어 미국의 식민지주의에 대한 베트남 인민의 저항과 승리는 그때까지 이어져오던 식민지주의의 종언과 함께 식민지주의의 변용[2](제2의 식민지주의)을 불러일으켰던 것입니다.

글로벌화는 필연적으로 반글로벌화운동을 동반합니다. 상반되는 움직임을 내포하는 글로벌리제이션은 따라서 두 가지 뜻으로 해석할 수 있습니다. 같은 경향은 다문화주의에서도 나타납니다. 다문화주의는 오늘날 다국적기업의 이데올로기라는 색채를 강하게 띠고 있습니다. 그러나 다문화주의는 동시에 소수자집단의 해방이나 국민국가를 넘어서는 새로운 세계시민주의이론과도 연결됩니다. 인권보다 민족, 즉 문화를 우월시하는 이념으로서 다문화주의는 민족의 독립과 민족 수만큼의 국민국가를 요구하기 때문에 내셔널리즘과 민족분쟁으로 연결될 수 있겠지요. 그러나 사람들의 현실 생활은 점점 다문화 공존의 경향을 강하게 보이게 되어 다문화주의가 민족이나 문화개념을 붕괴시킬 가능성도 있습니다. 우리는 그러한 양의성兩義性 속에서 자신의 위치를 정해야 합니다.

오늘 제 발표의 제목이 「다문화주의와 신식민지주의」입니다. 제 원고에는 이 신식민지주의의 신에 괄호가 붙어 있습니다. 그것을 붙인 이유 중 하나는 앞서 말한 1960년 아시아 · 아프리카 16개국 선언에 나타난 '신식민지주의'와 혼동하지 않기 위해서입니다만, 또 다른 이유는 '신'이라고 하지만 '구'와 단절되었던 것은 아니며 연속성을 강조하기 위해 '신'을 붙이고 싶지는 않다고 생각했기 때문입니다. 그러나 식민지의 형태가 근본적으로 변화하고 있다는 사실은 인정할 수밖에 없습니다. 여기서 식민지주의에 대한 정의를 내리기를 바라는 목소리가 들려오는 것 같은 느낌이 듭니다. 식민지주의에도 다양한 정의가 있을 수 있지만 저는 먼저 신, 구 식민지주의와 통하는 것으로써 '선진 열강이 후발 제국을 착취하는 한 가지 형태'라고만 답해두겠습니다.

신식민지주의의 새로운 형태로 눈에 띄는 특색 가운데 하나는, 그것이 이제는 식민지를 필요로 하지 않는다는 점입니다(식민지 없는 식민지주의).

이는 글로벌화의 결과입니다. 정보가 한순간에 세계의 구석구석으로 전해지고 노동력의 이동이 일상적으로 이루어지는 지금, 식민지는 세계의 어느 곳에나, 구종주국의 내부에도 형성됩니다. 새로운 식민지의 경계는 이제 국경이나 영토가 아니라 정치적, 경제적 구조 속에 자리 잡고 있습니다.

그러한 식민지의 새로운 형태로 전형적인 것이 글로벌시티라고 불리는 도시겠지요. 합법, 비합법을 묻지 않고 70개 국이 넘는 국적의 노동자가 일하고 있던 뉴욕의 세계무역센터빌딩은 그러한 의미에서 새로운 식민지주의의 상징이었을지 모릅니다. 우리는 예전의 식민지가 지구 면적의 80퍼센트를 차지하고 있었다는 사실을 잊어가고 있습니다만, 지구상에서 식민지가 사라진 지금 지구상의 모든 땅이 새로운 식민지주의의 대상이 될 수 있는 시대를 맞이하고 있습니다.

그러한 식민지주의의 새로운 형태에서는 종주국과 식민지국의 구별도 명확하지 않아집니다. 그것에 대신해서 이민을 보내는 지역과 이민을 받아들이는 지역이라는 구별이 유효할지 모르겠습니다. 그러나 그러한 노동력 이동의 관점에서 바라볼 때 수많은 네트워크로 연결된 세계의 모습이 떠오릅니다. 같은 아시아에서도 또는 같은 구식민지국 사이에서도 착취-피착취의 관계가 복잡하게 얽혀 있습니다. 특히 그중에서도 개인들 사이에서, 한 국가 안에서 또는 세계 지역 간의 경제적 격차를 점점 더 확대시키는 구조가 존재하며 기능하고 있다는 사실은 부정할 수 없습니다.

다문화주의는 이러한 세계의 재구조화 움직임 속에서 그 의미와 역할을 바꿔야만 합니다. 제가 처음에 다문화주의는 형성 과정에 있다고 말한 것은 그러한 의미입니다. 저는 이전에 '다문화주의는 21세기의 인권선언이다'라는 의미로 글을 쓴 적이 있습니다(『다문화주의 · 다언어주의의 현재』의 서문). 그러나 그 글에 담긴 모순은 그다지 이해되지 못한 것 같습니다. 제가 말하고 싶었던 것은, 초기에는 인권선언이 소수 특권자의 해방을 의미하는 기만적인 것이었다는 사실입니다. 하지만 처음에 인권으로부터 배제되었던 하층 노동자나 농민, 여자나 어린이, 외국인 등은 '인권'이라는 방패를 가지고 인권개념을 확대함으로써 스스로의 해방을 꾀할 수 있었습니다. 마찬가지로 다문화주의도 초기에는 기만적인 것이었다 하더라도 우리가 그것을 21세기 인간형을 정하는 기본 원리로 발전시킬 수 있지 않을까 하는 것입니다. 인권선언은 결국 식민지를 해방시킬 수 없었습니다. 다문화주의는 어떻게 될까요. 다문화주의가 식민지주의와 등을 맞댄 사상이며 현실이라는 사실을 잊어서는 안 됩니다. 그러나 역사 속에서 우리의 투쟁은 언제나 그러한 양의성 속에서 이루어질 것이라고 생각합니다.

미주

1 리쓰메이칸대학 국제언어문화연구소의 다문화주의에 관해 출간된 책으로는 다음과 같은 것이 있다.

니시카와 나가오·미야지마 다카시宮島喬 엮음, 『유럽통합과 문화·민족문제—탈국민국가 시대의 가능성을 묻는다ヨーロッパ統合と文化·民族問題—ポスト國民國家時代の可能性を問う』, 人文書院, 1995.

니시카와 나가오·와타나베 고조·개번 매코맥Gavan McCormack 엮음, 『다문화주의·다언어주의의 현재—캐나다·오스트레일리아 그리고 일본多文化主義·多言語主義の現在—カナダ·オーストラリア·そして日本』, 人文書院 1997.

니시카와 나가오·야마구치 고지山口幸二·와타나베 고조 엮음, 『아시아의 다문화사회와 국민국가アジアの多文化社會と國民國家』, 人文書院, 1998.

니시카와 나가오·하라 다케히코 엮음, 『라틴아메리카로부터의 물음—라스카사스, 식민지 지배에서부터 글로벌리제이션까지』, 人文書院, 2000.

니시카와 나가오·강상중·니시 나루히코 엮음, 『20세기를 어떻게 넘을 것인가—다언어·다문화주의를 계기로』, 平凡社, 2000.

니시 나루히코·하라 다케히코 엮음, 『복수의 오키나와—디아스포라에서 희망으로複數の沖繩—ディアスポラから希望へ』, 人文書院, 2003.

2 이 점에 관해서는 나의 글, 「글로벌화 속에서 생각한다グローバル化のなかで考える」, 니시카와 나가오·오조라 히로시·히메오카 도시코·가 고 엮음, 『글로벌화를 읽는 88개의 키워드』, 平凡社, 2003과 이 책 제8장, 나의 책, 『증보 국경을 넘는 방법—국민국가론서설』, 平凡社, 2001의 「보론補論」 부분을 참고 바란다.

제6장

다문화주의로 본 공공성 문제

—공공성의 재정의를 위하여

1. 공공성 문제는 무엇인가—공·사 이데올로기가 은폐하고 있는 것에 대해서

공공성에 대한 문제를 그 근본에서부터 다시 생각하기 위해 공공성은 무엇인가, 바람직한 공공성이란 어떠한 것인가를 묻기 전에, 우리는 왜 지금 이와 같은 형태로 공공성 문제를 생각하려고 하는가, 공공성 문제를 생각한다는 것은 무슨 의미인지 생각해보자. 공공성은 고대 그리스의 도시국가로부터 현대의 국민국가에 이르기까지 언제나 정치의 중심 과제였다고 말해도 좋을 것이다. 그러면 최근 30년 특히 지난 10년 동안 공공성에 관한 논의가 성행해서 공공성론의 유행화 현상이 일어나고 있는 이유는 무엇일까.

이 물음에 대한 답은 단순하면서도 동시에 복잡하다. 먼저 그때까지 국가의 독점적인 영역으로서 자명했던 공공성개념이 의심받는 사태가 계속해서 발생했다. 1960년대 후반에 고도성장의 대가로 나타난 것은 공해나 환경오염 문제였다. 공해를 방치하고 그 문제에 대처하려 하지 않는 국가에 대해 시민운동이 형성된다. 1990년대에 들어 글로벌리제이션이라는 말이 사용되자 과학기술이나 커뮤니케이션 형태의 변화, 복지제도의 후퇴와 개호介護 문제, 가족과 주거형태, 도시 기능의 변화 등과, 나아가 소수민족이나 이민·외국인 노동자의 문제 등 여러 가지 형태로 공공성개념과 공·사 영역의 변화나 이동을 보여주는 사회적인 현상이 두드러졌다. 이 변화를 글로벌리제이션의 관점에서 요약하면, 글로벌화가 진행됨에 따라 자본과 국가의 모순 또는 국가가 은폐해온 모순이 일제히 드러나면서 공·사를 둘러싼 다양한 영역의 해체와 재편으로 이어지고 있다고 말할 수 있다. 또는 국가의 시점에서 보면 국민국가의 급격한 변용으로 인해 공·사의 경계가 이동하면서 공·사의 개념 그 자체가 변화하고 있다고 말할 수 있을 것이다.

현재 이루어지고 있는 공공성론이 많은 모순이나 애매함을 안고 있는 이유는 그러한 변화의 모든 윤곽이 잡혀져 있지 않고, 또 공공성이라는 용어가 갖는 억압과 해방의 양의성이 이해되지 않은 채로 때로는 억압적인 측면이, 때로는 미래의 유토피아가 같은 용어로 논의되기 때문일 것이다. 그러나 여기서 잊지 말아야 할 또 한 가지 더욱 본질적인 문제는, 공공성론의 거의 모든 것이(하버마스나 아렌트Hannah Arendt로부터 사이토 준이치齊藤純一의 『공공성公共性—思考のフロンティア』, 岩波書店, 2000이나 사사키 다케시佐佐木毅·김태창金泰昌 엮음, 『공공철학公共哲學』, 전 10권, 東京大學出版會, 2001~2002에 이르기까지) 공·사의 틀(공·사의 이데올로기라고 말해도 좋을 것이다)에 사로잡혀서 그러한 틀 속에서, 즉 기성의 문제 설정 속에서 문제를 해결하려는 것이다. 그러한 문제 설정 속에서 이루어지는 논의는 공과 사 중 한쪽에

중점을 두거나, 사의 공에 대한 침해를 비판하거나, 반대로 사적 영역이나 친밀권親密圈의 가능성에 기대를 걸거나 또는 공과 사의 사이에 공共(시민사회)처럼 또 하나의 영역을 두는 것 같은 한계에 갇혀버린다.

따라서 공공성의 보다 근본적인 문제는 공공성론의 전제가 되는 공·사의 틀 그 자체를 의심하고 문제를 도마 위에 올리는 것이다. 내 생각에 이러한 공·사의 구분은 근대적인 국민국가의 법적 의제擬制이며 국민국가의 이데올로기이다. 내가 이렇게 생각할 수 있도록 시사한 것은 알튀세르Louis Althusser의 '국가이데올로기의 모든 장치'에 관한 논의였다. 알튀세르는 그 대부분이 공적인 자격이 없는 사적인 모든 제도(교회, 정당, 조합, 가족, 학교, 신문이나 미디어, 문학, 미술, 스포츠 등)가 어떠한 권리를 통해 국가의 이데올로기 장치로 간주되는가라는 질문에 대해 그람시Antonio Gramci를 원용하면서 다음과 같이 답하고 있다.

그람시는 자각적인 마르크스주의자로서, 벌써 이 반론을 예측하고 간단히 답하고 있다. 공사의 구별이란 부르주아법의 내부적 구별이며, 부르주아법이 그 '권능'을 발휘하는 영역(종속적인)에 유효한 구별이다. 그러나 국가의 영역은 이 구별에서 벗어나 있다. 왜냐하면 국가는 '법'의 저편에 있다. 즉 지배계급의 국가로서의 국가는 공적인 것도 사적인 것도 아니며, 역으로 공사를 구별하는 기준인 것이다. 시선을 돌려 이번에는 우리의 '국가이데올로기의 모든 장치'에 대해 이야기한다고 해도 똑같이 말할 수 있지 않을까. '국가이데올로기의 모든 장치'를 현실화하는 모든 제도가 '공적'인가 '사적'인가는 어느 쪽이든 상관없다. 중요한 것은 이 모든 제도가 기능하는 방법이다. 사적인 제도는 '국가이데올로기의 모든 장치'로써 완전하게 '기능'할 수 있다. 이것을 증명하기 위해서는 AIE(국가이데올로기의 모든 장치) 속에서 어느 것 하나를 끄집어내어 어느 정도 면밀하게 분석해서 보면 충분할 것이다.

루이 알튀세르 지음, 『재생산에 대하여*Sur la reproduction*』,

니시카와 나가오 외 옮김, 平凡社, 2005, 337쪽

이 글은 1970년에 발표된 것으로, 마르크스주의 국가론에 일대 전기轉機를 가져오게 된다. 그러나 국가의 이데올로기 장치라는 개념 제기가 국민국가의 공·사 이데올로기를 근저에서 비판하는 것이었다는 사실을 깨닫고, 이 점에 유의해서 공·사의 문제를 다시 생각하려고 한 이는 거의 없었다. 그러면 공·사의 구별은 국민국가에서 어떠한 의미가 있었을까. 왜 공·사의 구별이 필요했을까. 프랑스혁명을 통한 국민국가 형성 과정이 이 문제에 대한 몇 가지 답을 암시해준다. 혁명정부가 봉건제와 관련된 모든 중간집단을 배제하려고 의도한 것(예를 들면 1791년의 길드guild 폐지에 관한 「알라르드선언Allarde Decree」이나 「르샤플리에법Loi de Le Chapelier」)은 알려져 있다. 혁명세력은 중앙집권적인 제도를 확립함으로써 정부와 국민이 직접 연결되는 체제를 원했다. 게다가 혁명세력의 입장에서 보면 왕정은 완전히 사적인 것이며, 공적인 것은 혁명정부와 그들이 만들어내려는 근대국가였다. 공은 국민국가만이 독점할 수 있는 것이었다.

그러나 성립된 국민국가에서 공·사의 구별은 어떠한 역할을 담당해왔을까. 공·사의 구별이라는 이데올로기가 무엇을 은폐해왔는가를 묻는 것은 국민국가의 역사적인 역할과 본질이 무엇인가를 묻는 것이다. 공·사 이데올로기는 자본이나 재산을 사적인 영역에 몰아주고(사유재산), 자본의 자유로운 활동(착취)을 허락했다(사회주의의 고발과 노동자의 대항운동). 공·사 이데올로기는 선거권을 제한함으로써 유권자를 공으로, 비유권자를 사의 영역으로 몰아 일부 특권자의 권력 독점을 꾀했다(이는 참정권운동을 불러일으킨다). 공·사 이데올로기는 여성과 가족을 사적 영역으로 몰아냄으로

써 여성에게 무상노동을 강요하고 가정 내 폭력을 은폐한다(가부장제-가정이라는 국민의 재생산장치에서 가장은 노동을 통해 임금을 얻고, 주부는 무상으로 가사노동을 하는 분업. 페미니즘의 대항운동). 공·사의 이데올로기는 문학이나 예술을 공적인 영역으로부터 추방해서 사적인 일로 떨어뜨리는 한편, 자본의 지배에 맡겨버린다(사소설私小說이라 이름 붙인 것은 그 사정을 아주 잘 말해주고 있다. 다른 한편으로 베스트셀러의 탄생).

공·사의 영역이나 역할은 세계대전 시기의 총력전이나 복지국가의 형성 또는 사회주의국가의 성립 등을 통해 표층적으로는 다양하게 변화해왔지만 공·사의 구별을 만들어내는 기본적인 구조는 변하지 않았으며 그것이 문제가 되는 일도 드물었다. 공·사의 이데올로기는 국민국가가 목표로 하는 것을 보여줌과 동시에 국민국가의 어두운 면을 은폐하고 있는 것이다. 우리가 공공성론에 종종 수상쩍음을 느끼는 이유가 이 때문이 아닐까. 지금 만약 공공성의 재정의가 필요하다고 한다면 그것은 국민국가의 이데올로기인 공·사의 틀을 해체하는 작업을 동반하는 것이며, 공·사의 틀이라는 기반에 대해 묻는다는 것은 국민국가의 기반에 의문을 갖는 것이 된다. 그러한 작업을 수반하지 않은 공공성론은 다양한 형태로 국가로의 회귀라는, 옛 시절을 그리는 노래를 되풀이하는 일이 될 것이다. 공·사의 구별은 국민국가의 존립 조건이다. 공공성 문제에서 진정으로 문제가 되는 것은 국민국가의 존립 그 자체라는 사실을 깨달아야 한다.

2. 다문화주의를 둘러싼 논점 1—자유주의의 두 가지 유형(찰스 테일러)

여기에서는 다문화주의의 관점에서 공공성 문제를 조명해서 새로운 공공성의 개발 가능성에 대해 논의하려 한다. 그러나 다문화주의를 핵심용어로 논할 경우 먼저 알아두어야 할 몇 가지 전제가 있다.

첫째, 다문화주의는 아직 형성 과정에 있는 유동적인 개념이며, 기존의 제도나 이론을 가지고 고정적으로 논할 수는 없다는 것. 둘째, 원어와 번역어 사이에는 미묘한 의미의 차이가 있다는 것. 다문화주의는 1960년대에 만들어진 새로운 용어로(영어의 multiculturalism이 처음 등장한 것은 1965년, 프랑스어는 1971년으로 되어 있다), 그 정의에는 ① 어떤 집단이나 공동체에서 여러 개의 문화가 공존하고 있는 상태를 나타냄과 동시에, ② 그러한 다문화 공존을 바람직한 것으로 여겨 적극적으로 그 공존을 꾀하려는 정책이나 사상적 입장을 나타낸다는 두 가지 의미가 포함되어 있다. '~이즘'으로 끝나는 용어를 번역할 때 종종 볼 수 있는 현상이지만, 번역된 다문화주의는 ②의 의미가 강조되기 쉽다. 먼저 시작은 ①에서 다문화주의의 공존이라는 현실이 있고, 그 다음에 ②의 정책이나 사상이 나온다는 것을 잊어서는 안 될 것이다. 따라서 셋째, 다문화주의를 논할 경우에는 ① 국시 또는 정책으로서의 다문화주의, ② 그러한 국시나 정책의 배경이 되는 현실생활에서 실천되고 있는 다문화주의, ③ 사상이나 이론으로서의 다문화주의라는, 적어도 세 단계의 문제가 있음을 새겨둘 필요가 있다.

국시 또는 정책 따라서 정치적 차원의 다문화주의는 최초의 다문화주의 선언이라고 할 수 있는 1971년 연방의회에서 캐나다 총리 트뤼도가 했던 연설과, 오스트레일리아의 「다문화국가 오스트레일리아를 위한 전국계획」(1989)에 명기되어 있는 것처럼 광대한 이민국가(구대영제국의 식민지) 주민(국민)의 아이덴티티(내셔널아이덴티티)의 안정과 활성화를 꾀하며, 위기에 빠진 국민통합의 강화를 목표로 한다. 따라서 오랜 역사를 지닌 여러 국가의 통합을 목표로 하는 유럽에서 다문화주의라는 것은, 나중에 이야기할 글로벌화나 이민 문제 등 공통되는 문제들은 있지만 상당히 위상이

다르기 때문에 같은 다문화주의라는 용어로 이야기해도 차이가 있다. 또 같은 유럽이라도 독일, 프랑스, 스페인, 네덜란드, 스웨덴 등에서 다문화주의가 의미하는 것은 다르다. 그러나 다양한 차이는 있을지언정 그것이 같은 다문화주의라는 용어로 이야기되는 필연성이 있다는 사실도 인정해야 한다. 적어도 그것은 기성의 정치적 공동체(국민국가)가 변용을 강요당하고 있으며, 그 문제와 해결책이 있는 공통의 방향성을 갖고 있음을 보여준다.

여기서 다문화주의가 갖고 있는 한 가지 역설에 주목하고 싶다. 다문화주의정책을 펴는 나라나 지역이라고 해서 문화적 · 언어적으로 다양하고 풍부한 것은 아니다(이것은 다문화주의정책의 담당자나 다문화주의의 논자論者가 그러한 나라나 지역의 문화적 다양성을 강조하면, 우리도 그것을 믿는 경향이 있기 때문에 주의해야 한다). 캐나다나 오스트레일리아의 문화적 다양성은 동남아시아나 아프리카 등에 비교하면 오히려 그 수준이 훨씬 낮다. 다문화주의정책은 그것이 필요해진 나라나 지역에서 받아들인 것이다. 그리고 그 사실을 깨닫고 나면 문화적 다양성의 수준이 훨씬 높은, 또 다문화주의가 일상생활에서 고대부터 실천되고 있는 아시아나 아프리카 다문화주의가 거론되지 않는가라는 의문이 당연히 생길 것이다.[1]

"모든 사회가 점점 다문화적으로 변하고 있으며 또 동시에 상호간의 침투성이 커지고 있다"[2]라고 테일러는 기술하고 있다. 그것은 전 세계적인 경향이지만 동시에 그 경향이 나타나는 방식도 다양하다. 현실 생활에서 나타나는 다문화주의도 역시 지역이나 집단에 따라(또는 개인에 따라) 다양하며, 때로는 상반되고 모순되는 움직임도 나타난다. 예를 들면 캐나다와 오스트레일리아 또는 유럽에 간 여행자나 이주자의 대다수는(그중에서도 일본이나 한국처럼 아직도 단일민족의 환상이 뿌리 깊은 지역 출신인 경우), 다문화주의가 정책과는 달리 또는 정책 이상으로 현실 생활이나 주민의 감각에 깊게 침투해 있다는 것을, 또 현실 생활 자체가 원래 다문화적이라는 것을 강하게 느낄지도 모른다. 그러나 일국당One Nation Party이나 네오나치Neo-Nazi 또는 국민전선Front National과 같은 뿌리 깊은 인종차별의 모습을 드러내는 것도 역시 다문화주의가 거론되는 지역의 현실 생활이다.

또 다문화주의의 대상이며 다문화주의의 입장에서 가장 신경 쓰이는 존재인 선주민족은 다문화주의에 대해 가장 비판적인 시각을 갖고 있다. 실제로 자신들의 땅을 침략하고 생명을 빼앗고 생활을 파괴해온 이민들이, 그 죄를 물으려고 하는 이때 다문화주의와 공생을 부르짖으며 자신들의 존재를 정당화하고 있는 것이다. 선주민족의 자율과 독자적인 문화는 지켜져야만 한다. 그러나 캐나다나 오스트레일리아에서 그림에서 본 것 같은 선주민을 만나 이야기를 나눌 기회는 거의 없을 것이다. 선주민의 도회지에 살며, 전통복장이 아닌 일상적인 복장으로 평범하게 생활하고 있다. '상호 침투성'의 영향을 강하게 받은 것은 선주민족일지 모른다.

이론은 이와 같은 현실과 정책에 어떻게 관련되어 있는 것일까. 캐나다의 정치철학자 찰스 테일러는 「승인을 둘러싼 정치」에서 다음과 같이 쓰고 있다.

현대 정치 가운데 많은 요소는 승인recognition의 필요성, 때로는 그러한 요소를 둘러싸고 전개되고 있다. 승인의 필요성이라는 것은 정치에서 내셔널리즘운동의 배후 추진력 가운데 하나라고도 말할 수 있다. 그리하여 승인에 대한 요구는 오늘날 페미니즘이나 '다문화주의' 정치라고 불리는 것 등 몇 가지 형태로, 소수파 내지는 '종속적' 집단을 옹호하기 위해 몇 가지 방식으로 정치의 전면에 등장하고 있다.

「승인을 둘러싼 정치」, 『멀티컬추럴리즘』, 37쪽

이 처음 몇 줄에 테일러 논의의 특색이 잘 나타나 있다. 테일러는 페미니즘과 다문화주의를 같은 성질의 것으로 분류하고 있다. 단지 항상 '페미니즘과 다문화주의'라며 페미니즘을 앞세우는 것은 역사적 순서에 따르거나 전략적으로 배려한 것이라기보다는 페미니즘의 요구나 이론의 재촉을 받아 '승인'이나 '다문화주의'이론이 전개되고 있기 때문일 것이다. 페미니즘과 다문화주의를 나란히 논할 수 있는 이유는 소수자집단에게 공통되는 '승인'의 요구를 인정할 수 있기 때문이다. 그러나 '승인'이라는 것은 무엇인가. 다음 문장이 보여주고 있는 것처럼 테일러는 '승인'을 바로 아이덴티티로 연결시킨다. 「승인을 둘러싼 정치」의 근간은 아이덴티티론이라고 해도 좋을 것이다. 조금 길지만 인용하겠다.

후자(페미니즘이나 다문화주의)의 모든 사례에서 승인의 요구는 승인과 아이덴티티 사이의 관련성을 생각해볼 때 긴급성을 띤다. 여기서 아이덴티티라는 것은 그 사람이 누구인가에 대한 이해, 즉 그들이 인간으로서 가진 근본적이고 명시적인 성격 전체에 대한 이해를 의미한다. 여기에는 다음과 같은 전제조건이 있다. 즉 우리의 아이덴티티는 부분적으로 다른 사람의 승인 또는 그 부재 게다가 종종 왜곡된 승인misrecognition으로 인해 만들어진 것이며, 개인이나 집단은 그들을 둘러싼 사람들이나 사회가 그들에 대해서 불충분하거나 불명예스러운, 경멸해야 할 대상으로 투영한다면 현실적으로 피해를 입거나 왜곡당하게 된다는 것이다. 승인하지 않거나 왜곡된 승인은 피해를 주고 억압하는 한 형태가 될 수 있는 것이며 그것은 그 사람을 거짓의, 왜곡되어 잘린 존재의 형태 속에 가두는 것이다.

앞의 글, 37~38쪽

그러면 그러한 왜곡된 승인의 대상(희생자)으로서 테일러가 염두에 둔 것은 어떤 집단인가. 이어지는 문장에서 테일러가 꼽고 있는 것은 가부장제적 사회의 '여성', 백인사회의 '흑인' 그리고 마지막으로 "유사한 지적은 최근 선주민 또는 식민지 지배를 받은 사람들indigenous and colonized people에 대한 것이었다"(앞의 글, 39쪽)라는 지적이 나온다. 이 글에서 선주민은 다시 한번 "이 모든 권리의 일람표와 프랑스어계 캐나다인 중에서도 퀘벡인의 또는 모든 선주민aboriginal people의 독자성에 대한 주장을 어떻게 관련시킬까"(앞의 글, 72쪽)라는 문장에 나타나지만 여기서도 선주민은 부수적이며 중요한 위치를 차지하지 못한다. 테일러의 논의는 이후에 바로 인간의 '진정함'과 '존엄'을 둘러싼 철학사적인 논의로 향한다(헤겔, 루소, 헤르더Johan Gottfried von Herder, 칸트 등). 뒤이어 퀘벡 문제를 둘러싼 두 개의 자유주의(「자유주의사회에서 두 개의 상반되는 견해」)에 관한 논쟁적인 기술로 전개되기 때문이다.

테일러가 여기서 문제 삼고 있는 자유주의의 두 가지 유형 중 하나는 '형식적인' 자유주의라고 불리는, 「인권헌장」에 열거된 개인의 모든 권리가 언제나 제1순위에 놓여 집단적인 목표에 대해 우선해야 한다는, 미국을 중심으로 서구사회에 널리 퍼져 있는 생각(테일러는 그 이론적 대표자로서 존 롤스John Rawls, 로널드 드워킨Ronald Dworkin, 브루스 애커먼Bruce Ackerman 등을 들고 있다)인 것이다. 이 경우 국가는 문화와 종교 등 집단적 가치에 대해서는 중립적인 입장을 가진다.

이에 비해 제2의 '비형식적인' 또는 '실질적인' 자유주의라고 불리는 유형은, 집단적 가치 추구가 때로는 개인적인 모든 권리보다 우선할 수 있다는 것을 인정한다. 이 자유주의는 프랑스어나 선조의 문화에 계속해서 충실할 것을 원하는 퀘벡의 프랑스계 주민이나 선주민의 주장 또는 이슬람적인 정교일치의 주장에 대응하려는 다문화주의적 자유주의이다. 이 제

2자유주의의 입장에서 보면, 제1의 자유주의에서 자유와 국가의 중립성은 다수의 자유이며 소수민족에 대한 억압을 동반하고 있다. 예를 들면 퀘벡주에서 프랑스어 사용의 의무화는 제1자유주의 원칙에는 위반되지만 제2자유주의에서는 용인된다. 퀘벡주 주민 다수에게 그것은 긴 세월 동안 이어졌던 영어의 지배와 억압으로부터 해방되는 것을 의미하기 때문이다.

2언어다문화주의라는 모순된 형태가 사건의 발단이었다고 할 수 있을지도 모른다. 강력한 소수파가 존재하지 않는 미국이나 오스트레일리아(1언어다문화주의)와 다르며, 앵글로-색슨계에 대항할 수 있는 다수의 프랑스계 주민(건국의 두 민족)이 존재했던 캐나다에서는 소수파의 문제를 다수파 자신의 문제로 생각하게 되는 계기가 있었다. 테일러가 제시한 자유주의의 두 모델에는 어느 정도 애매한 부분이 있지만(예를 들면 두 모델이 서로 어떻게 관련되고 어떻게 배제하는가를 충분하고 명확하게 설명했다고 말하기 어려우며, 그것이 뒤에 살펴보는 것처럼 마이클 왈처의 미묘한 표현과 위르겐 하버마스의 반론을 불러온다), 그러한 애매함이야말로 다문화주의를 둘러싼 중요한 논점이 될 수 있다. 제2자유주의 제안은 자유주의의 모든 나라에서 지금까지 지배적이었던 인권과 국가의 중립성이라는 신화를 그 근저에서부터 흔드는 것이기 때문이다.

마이클 왈처는 테일러가 제시한 2개의 자유주의를 요약해서 다음과 같이 이야기하고 있다.

① 제1종 자유주의('자유주의I')는 생각할 수 있는 가장 강력한 방법으로 개인적인 권리를 지지하는 것이다. 그리고 거의 이것으로부터 시작된 것처럼 엄격하게 중립적인 국가, 즉 문화적·종교적인 의도가 없는 국가 또는 개인의 자유나 시민의 신체적인 보증을 넘어서는 어떠한 집합적 목표도 없는 국가를 지지하는 것이다. ② 제2종 자유

주의('자유주의II')는 다른 귀속의식을 가진 시민의 또는 그러한 귀속의식이 전혀 없는 시민의 기본적인 권리가 지켜지는 한, 특정 민족, 문화, 종교 또는 (한정된) 일련의 민족, 문화, 종교의 존속이나 번영을 지지하는 국가를 허용하는 것이다.[3]

「두 개의 자유주의」, 『멀티컬추럴리즘』, 146쪽

왈치가 이 글에서 엄밀하게 우선순위를 지키려고 한 것은 아니지만 테일러의 의도는 제2자유주의가 우선이다. 그러나 왈처는 이러한 제2자유주의는 자유로운 판단의 여지를 인정하기 때문에 단정적인 것은 아니며, 자유주의II의 선택지選擇肢 가운데 하나에는 자유주의I도 있다고 생각한다. 왈처 자신의 결론은 "테일러가 시사한 대로", 자유주의II의 내부로부터 평등한 권리와 문화의 존속을 비교 고량考量하면서 자유주의I을 선택한다는 것이다. 나로서는 이 결론이 반드시 테일러의 의도를 따른 것이었다고 생각하지 않지만, 자유주의II가 '단정적인 것은 아니다'라는 지적은 중요할 것이다.

테일러는 이 글의 마지막 장에서, 가다머Hans-Georg Gadamer의 '지평융합Horizontverschmelzung'이라는 개념을 원용해서 스스로를 '타자를 학습하는 자on the study of the other'로 자리매김한다. 타자를 학습하는 것은 스스로가 변하는 것이며 타자에 대한 가치판단을 유보하는 것이다. 가치판단은, 예를 들어 그것이 호의적인 것이라 해도 자신의 기준(테일러의 경우 북대서양문명적 기준)을 타자에게 강요해 동화시키는 것이 된다. 이러한 테일러의 「승인을 둘러싼 정치」는 "인류의 이야기 전체는 우리의 위치에 한계가 있다는 감각", "(지평의) 융합을 일으켜서, 필연적으로 우리의 지평을 움직이는 것에 대한 비교문화연구를 장려"(앞의 글, 101쪽)해야 한다는 극히 논리적인 결론을 이끌어낸다. 다문화주의에서 모든 문화 간 가치의 우열을 문제 삼는 것은 금하고 있기 때문이다.

3. 다문화주의를 둘러싼 논점 2—소수자집단의 권리(윌 킴리카)

테일러보다 한 세대 젊은 또 한 명의 캐나다 정치철학자 윌 킴리카의 다문화주의론은 일관되게 소수자집단의 권리라는 시각에서 이루어지고 있다. 킴리카는 『다문화시대의 시민권』(1995)에서 "소수자집단의 모든 권리에 대해 자유주의적으로 접근하기 위한 초석을 명시하는 것"[4](2쪽)이며, "전통적인 인권 원리를 소수자집단의 권리에 관한 이론으로 보완할 필요성"(7쪽)을 설명하고 있다. 이것은 테일러의 표현을 빌리면 제1자유주의를 제2자유주의로 보완하는 것이라고 바꾸어 말해도 좋을 것이다. 킴리카는 테일러가 서양철학사의 문맥에서 시도한 것을 자유주의적인 정치이론의 문맥에서 설명하려고 한다. "서양의 정치적 전통은 이러한 모든 문제에 대해서 놀라울 정도로 침묵을 지켜왔다"(2쪽)는 것이다. 민족자결이 문제가 된 19세기에서부터 두 번의 세계대전을 거치면서 주목받은 소수자집단의 권리 문제에 대한 관심도 제2차 세계대전 후 미국적 자유주의가 주류가 되면서 급속하게 사라지고, '소수자집단의 권리'가 '인권' 문제 속으로 없어져버리는(그 상징적인 사건으로, 국제연합의 「세계인권선언」에서 소수민족이나 민족적 소수자집단의 권리에 대한 언급이 모두 삭제된 것을 들 수 있을 것이다). 따라서 현재, 소수자집단의 권리에 관한 이론을 구축하는 것은 서양 정치이론의 오랜 침묵에 대해 소리 높여 항의하는 것이며, 자유주의에서 지배적인 인권이론이 빠뜨린 내용과 기만을 폭로하는 것이다.

킴리카는 이론구성에서 먼저 다문화적multicultural이라는 용어의 애매함으로 인한 혼란을 피하기 위해서 문화적 다원성多元性의 여러 가지 형태를 몇 가지 유형으로 나누어 고찰한다. 그중 하나가 '다민족국가multination state'와 '다수에스닉국가polyethnic state'의 구별이다. '다민족국가'는 둘 이상의 민족이 국가를 이룰 때 상대적으로 소수인 민족문화가 민족적 소수자집단을 형성한다. 캐나다 선주민과 퀘벡의 프랑스계 주민 등을 예로 들 수 있다. 이에 비해 '다수에스닉국가'라는 것은 그 문화적 다양성이 개인 또는 가족 단위의 이민에게 생겨나는 것인데, 여기에는 '민족적 소수자집단'이 아닌 '에스닉집단'의 문제가 있다. 미국에도 '민족적 소수자집단'이 존재하지만, 다수에스닉국가에서 에스닉집단이 어느 지역을 점하고 있다 해도 바로 그곳에 그들의 민족문화가 유지되는 것은 아니다.

킴리카는 나아가 '집단별 권리group-differentiated right'라는 개념을 도입해서 그것을 세 가지 유형으로 나누고 있다. 첫째는 '자치권'인데 민족적 소수자집단의 경우가 이에 해당한다. 둘째, '에스닉문화권'은 다수에스닉국가에서 주장되지만, 이민들은 각각 자신의 문화를 가져왔고 그것을 국가 전체의 기본적인 원칙에 위반되지 않는 한 지켜가려고 한다. 셋째, '특별대표권'은 선주민이 의회에서 자리를 차지하는 것, 민족적 소수자집단이 대표권을 가지는 것을 의미한다.

'집단적 권리collective right'는 어떻게 인정할 것인가에 대한 문제는 킴리카의 중심과제 중 하나인데, 여기에서 '대외적 방어external protections'와 '대내적 제약internal restrictions'이라는 두 가지 구분이 필요해진다. '대내적 제약'은 민족문화집단의 내부 정의나 자유에 대한 문제로서, 예를 들면 퀘벡에서는 프랑스어의 사용이 의무화되어 있고 또 다른 집단에서는 지켜야 할 종교적 의례가 있는 상황에서 '자유주의I'이 어느 정도 어떻게 지켜질 것인지가 관건이다. '대외적 방어'라는 것은 민족문화집단 간의 관계에서 어떻게 정의와 공정성이 지켜질 수 있을지에 대한 문제이다. 킴리카의 논리에 따르면 이 두 가지가 구별이 되지 않는 것이 다문화주의를 둘러싼 논의에 혼란을 일으키는 원인 중 하나이다.

킴리카의 또 다른 이론구성에서 중요한 것은 '사회구성적 문화societal culture'의 개념이다. 다문화주의는 단순하게 문화의 다양성을 주장하는 것에 그치지 않고, 정치와 생활에서 문화가 차지하는 중요성 나아가 문화의 재정의에 대한 필요성을 주장하고 있다. 특히 킴리카의 첫 번째 저작 『자유주의, 공동체, 문화*Liberalism, Community, and Culture*』(1989)에서는 이 용어를 아직 사용하지 않고 로널드 드워킨의 '문화구조cultural structure'라는 용어를 차용하고 있다. '사회구성적 문화'가 킴리카의 이론구성에서 중요한 이유는 자유주의의 근본원칙인 '선택의 자유'와 '개인의 자율'이 그것에 의존하고 있기 때문이다. 선주민이나 퀘벡의 프랑스계 주민이 유지해온 문화를 '사회구성적 문화'라고 부른다면 그들의 '선택의 자유'와 '개인의 자율'은 그 속에서 성장하는 것으로, 자유주의I에 대한 자유주의II의 역할은 '사회구성적 문화'로 설명할 수 있다. 사회구성적 문화의 정의는 『다문화시대의 시민권』에서 다음과 같이 기술하고 있다.

> 사회구성적 문화라는 것은 공적 영역과 사적 영역 모두를 포함하는 인간 활동의 모든 범위—여기에는 사회생활, 교육, 종교, 여가, 경제생활이 포함된다—에 걸쳐서 모든 의미 있는 삶을 그 구성원에게 제공하는 문화이다. 이 문화는 일정한 지역에 모여서 존재하는 경향이 있으며, 공유된 언어를 기반으로 하는 경향이 있다.[5]
>
> 113쪽

왜 '문화'가 아니라 '사회구성적 문화'인가. 킴리카는 이 정의에 이어서 다음과 같이 설명하고 있다.

> 내가 이것을 '사회구성적 문화'라고 부른 것은 그것이 공유된 기억이나 가치뿐만 아니라 모든 공통의 제도와 관행도 포함하고 있다는 점을 강조하기 위해서다.
>
> 113쪽

문화의 탈신비화, 탈가치화를 시도해서 문제의 중심을 추상적인 문화로부터 구체적인 생활과 제도(사회)로 이동시키려는 의도를 읽을 수 있다. 그 구체적인 생활의 중심에 언어가 있고, 우리는 이를 캐나다 다문화주의의 발단이 된 퀘벡 문제와 연관시킬 수 있다. 그러나 왜 종교나 생활양식이 아니라 언어인 것일까. '사회구성적 문화'가 킴리카의 이론에서 차지하는 중요성과 킴리카의 의도는 어느 정도 이해할 수 있지만 충분히 설득력 있는 설명은 아니라고 생각한다.

'사회구성적 문화'가 아직 불명확한 인상을 주는 이유 중 하나는 아마도 그 기초를 이루는 '사회'와 '문화'의 개념에 대한 애매함 때문일 것이다. 킴리카가 별도로 '사회구성적 제도'라는 용어를 쓰고 있으며 이 문장에 붙인 주(제5장의 주 1, 314쪽)에 따르면 '사회'에 독자적인 의미를 부여하려 한다는 것은 미루어 짐작할 수 있지만 설명이 충분하지는 않다. 또 '문화'에 대해서는 다른 항에서 '문명'이 근대생활의 보편성, 즉 공통성을 의미하는 것에 대해 '문화'는 '민족적인 차이와 에스닉한 차이'를 강조하며 기술하고 있다(26~27쪽). 그러나 이것만으로도 거의 '민족'과 같은 의미가 될 것이다.

『다문화시대의 시민권』이라는 책의 제목을 보면 누구든 시민권론이 중심을 이루고 있다고 생각하지만, 그렇지 않은 지점에 다문화주의의 입장이 있다고 생각한다. 그러면 그 사회의 안정·통합은 어떻게 지켜질까. 다문화주의가 시민권을 해체·파괴하는 것은 아닐까라는 논의에 대한 해답이 이 책의 제9장 「다문화를 잇는 유대The Tied that Bind」에 나와 있다.

지금까지의 논의에서는 시민의 모든 권리를 보호하고 민주주의의 가치관을 공유함으로써 사회적 유대를 얻을 수 있었지만, 그것만으로는 충분하지 않고 더 중요한 것은 '아이덴티티'를 공유하는 것이라고 킴리카는 주장한다. 마찬가지로 같은 시민권을 공유하고 있다 해도 사람들은 같은 국민이라고 느끼지 않는다. 더욱 본질적인 것은 아이덴티티를 공유하는 것이다라는 식으로, 테일러의 「승인을 둘러싼 정치」에서와 마찬가지로 여기서도 아이덴티티론이 거론되고 있다. '사회구성적 문화'에서 형성되는 아이덴티티를 통해 누구와 연대하고 누구에 대해서 일체감을 갖는지가 확실해진다. '집단별 시민권group-differentiated citizenship'은 그와 같은 맥락으로 이해할 수 있다.

따라서 킴리카는 민주주의적인 다민족국가에서 통일성의 근원은 '아이덴티티의 공유'라고 주장한다. 그러나 논의를 이와 같은 방향으로 진행시키면 그것은 내셔널리즘과 거의 같아질 위험이 있을 것이다. '아이덴티티'의 공유를 가능하게 하는 것은 국민국가의 경우 역사나 신화 등(내셔널 아이덴티티)이지만, 역사가 짧은 다민족국가의 경우에는 무엇일까. 다양한 민족적 아이덴티티를 포섭해서 그 다양성을 억압하지 않고 더욱 훌륭하게 육성할 수 있는 터전과 여건이 필요하지만, 그것이 어떠한 것인지는 아직 충분히 설명되어 있지 않다. 그것을 충분히 밝히고 나서 '아이덴티티의 공유'를 주장하지 않으면 다문화주의는 최초에 자신이 부정하려고 한 것으로 되돌아올 수밖에 없다. 이 문제를 정확하게 지적한 이노우에 다쓰오井上達夫의 글이 있기에 인용하고자 한다.

내셔널리즘에 대한 이와 같은 '탈구축'은 다문화주의의 근거로도 원용된다. 그 경우 국민문화에 통합된 하위문화로서의 에스니시티는 '상상의 공동체'가 아닌 실재적 기반을 갖고 있다는 것이 전제가 된다. 에스니시티는 자연적 또는 역사적 실체라는 양자의 구별에서 후자를 존중할 것을 정당화한다. 그러나 내셔널리티에 대한 '탈구축'은 어떻게 하면 에스니시티의 바로 앞에서 멈출 수 있을까. 에스닉집단이나 민족적 소수자집단의 문화적 아이덴티티가 되는 것도 역시 내부의 차이를 은폐하고 억압하는 동화 권력의 산물이 아닐까.[6]

「다문화주의의 정치철학多文化主義の政治哲學」,

『다문화주의의 미국多文化主義のアメリカ』, 96쪽

운동 또는 역사적 과정으로서 다문화주의는 유동적, 가변적이기 때문에 고정적인 것으로 보아서는 안 될 것이다. 킴리카의 이론에 대해서도 마찬가지로 말할 수 있다. 그 이론에 대해 다시 생각하게 한 것은 1998년 12월 킴리카가 일본에 왔을 때 「국민국가의 미래The future of the Nation-state」라는 주제로 도쿄과 고베에서 했던 두 연설*이다.[7] 그중에서도 첫 번째 강연인 「다문화주의—다양성을 포섭하는 과정에서의 다양성」에서는 국민국가론을 새롭게 도입해서 소수자집단의 권리와 다문화주의론을 더욱 전개시키려 시도하고 있다. 이 글에 쓰여진 국민국가에 관한 일련의 핵심용어, 국민국가 형성nation-building, 국민화nationalizing, 국민 형성 국가nation-building state, 대항적 국민 형성competing nation-building 등은 지금까지 킴리카의 저작에는 없는 용어다. 여기서 새롭게 전개되고 있는 국민국가론과 관련된 부분을 요약하면 다음과 같다.

---

* 이 두 강연은 ARSP(Archiv für Rechats-und Sozialphilosophie)에서 별책으로 간행되었다. Morigiwa Yasutomo · Ishiyama Fumihiko · Sakurai Tetsu, eds, *Universal Minority Rights?: A Transational Approach*, Proceedings of the Fifth Kobe Lectures Tokyo and Kyoto December 1998, Franz Steiner Verlag, 2004.

근대의 모든 국가는 국민국가이다. 국민국가는 국민 형성을 통해 형성되지만, 그것은 다수파 민족이 소수파 민족을 억압하고 지배하는 형태이다. 이에 대해 소수민족 중에서 대항적인 국민 형성이 일어나 소수자집단의 내셔널리즘이 분출된다. 따라서 국가는 중립적이라는 자유주의이론의 전제는 틀렸으며, 모든 국가에서 다수파의 소수파 억압이 일어나고 있다. 그렇기 때문에 상호성과 공정이라는 원칙을 확립해서 소수자집단의 권리 옹호와 보호가 필요하다. 민족 문제는 국민 형성의 과정에서 나타나는 필연적인 폐해이며, 현실문제로서 소수민족의 문화와 소수자집단의 권리를 인정하지 않으면 국민국가 자체의 유지가 어려워진다.

그러면 현재의 상황에서 구체적인 대책을 어떻게 세워야 할 것인가. 킴리카는 여기서 다시 민족집단을 세 가지 유형으로 분류하고 있다. 첫째, '민족적 소수자집단national minorities', 이것은 국가가 없는 민족이며, 이미 언급한 선주민족이나 퀘벡주의 프랑스계 주민처럼 대항적 국민 형성이 가능한 집단이다. 둘째, '이민immigrants', 이들은 시민이 될 권리는 갖고 있지만 대항적 국민 형성은 불가능한 합법적 이민이다. 셋째, '외국인거주자metics', 이것은 장기적으로 체재하고 있지만 시민이 될 수 있는 권리는 없는 이민이다.

두 번째인 이민에 관해 킴리카는, 그들은 자유의지로 조국을 떠나 새로운 나라에 동화하려는 사람이라고 전제한다(같은 전제는 테일러에게도 왈처에게도 심지어는 하버마스에게도 인정받고 있지만, 뒤에 살펴보는 것과 같이 내게는 이 전제가 틀린 것일 뿐만 아니라 이민을 받아들이는 측의 오만과 편견을 드러내고 있는 것처럼 생각된다). 또 세 번째인 이민(외국인거주자), 그중에서도 불법이민과 관련해 킴리카는 즉시 되돌려 보내는 것은 반대하고 있지만 상당히 냉정하다. 나는 적어도 세 번째의 이민 문제에서 멈춘 채 다문화주의의 한계와 가능성을 찾아내려는 태도는 인정할 수 없다. 이렇게 세 가지 유형으로 나눈 결과 킴리카의 이론이 주로 첫 번째인 민족적 소수자집단을 대상으로 하고 있다는 점이 명확해진다. 최종적인 해결책으로 제안되는 것은 '다민족연방제'이지만, 이는 기본적으로 현재의 캐나다나 오스트레일리아의 다문화주의정책을 긍정하는 것이다.

국민국가론을 도입해서 국민국가 고유의 구조적 결함을 지적함으로써 킴리카의 소수자집단 권리 옹호 이론은 더욱 견고한 기반을 갖추고 한층 명쾌해졌지만, 국민국가 비판을 그 이상으로 진행시키려 했다면 소수자집단 보호라는 대증요법對症療法에 그치지 말고 그러한 폐해를 만들어내는 구조 자체를 근저에서부터 바꾸어야만 하지 않을까라는 논리적으로 당연한 물음에 킴리카는 답하려고 하지 않는다.

킴리카의 일본강연은 "국민국가와 민족적 소수자집단 간의 관계에 대해 다시 생각해보는 것은 아시아와 서양 양쪽 모두에게 현실적으로 필요한 것이며, 나아가 긴급히 필요한 것이기도 합니다"라는 말로 끝맺고 있지만, 소수자집단의 권리 요구가 국민국가의 기반을 흔들어 다문화주의가 아시아와 서양의 관계를 근저에서부터 바꾸는 것이 된다(현재 오스트레일리아의 다문화주의는 오스트레일리아의 '아시아화'를 의미한다)는 발상은 킴리카의 입론立論에서는 인정할 수 없다. 자유주의자로서 국민국가의 틀 속에서 사고하고 아시아와 서양을 나누는 세계질서 속에서 살아가는 것을 의미하는 것일까. 일본에서의 두 번째 강연의 마지막 장인 「결론—미래를 향하여」에서 내가 받은 인상은, 킴리카에게는 넘어설 수 없는 선이 있으며 킴리카는 이론적인 탐구를 통해 위험한 영역에 들어왔지만 이 지점에서 되돌아갔다는 것이다. 그것을 국민국가로의 회귀라고 불러도 좋을 것이다.

4. 다문화주의의 저편에 있는 것—인권의 저편에(아렌트의 아감벤적 해석)

찰스 테일러의 「승인을 둘러싼 정치」에 대한 위르겐 하버마스의 반론[8]인 「민주적 입헌국가에서 승인을 위한 투쟁Struggles for Recognition in the Democratic Constitutional state」은 자유주의자 측에서 제기한 다문화주의 비판의 전형적인 한 가지 예이며, 다문화주의가 어떤 지점에서 기성의 민주적 입헌국가를 비판할 수 있고, 또 하버마스의 공공성론이 결국 무엇을 목표로 하고 있는가를 스스로 이야기하고 있다는 점에서도 매우 흥미롭다. 하버마스의 비판은, 자유주의I에 대해 자유주의II를 제기하는 테일러의 이론은 '근대적 자유개념의 개인주의적 핵심'에 대한 몰이해에서 유래하고 있으며, '권리의 이론(자유주의I)은 결코 문화적 차이(자유주의II)를 무시하는 것은 아니다'라는 말로 요약할 수 있을 것이다. 그 이유를 하버마스는 다음과 같이 설명하고 있다.

이러한 민주주의와 입헌국가의 내적인 관련성이 중시된다면, 그 모든 권리체계가 불평등한 사회적 조건이나 문화적 차이를 무시하는 것이 아니라는 사실이 밝혀질 것이다. 개인적 권리 담당자가 상호 주관적으로 창조된 아이덴티티를 가진다고 상정한다면 (테일러의) 일방적인 해석의 색맹성色盲性은 소멸될 것이다. 인격과 마찬가지로 법적 인격도 사회화 과정을 통해서만 개인화될 것이다. 올바르게 이해된 권리의 이론은 아이덴티티가 형성된 살아 있는 컨텍스트에서 개인을 만전을 기해 보호하는 것 같은, 승인을 둘러싼 정치를 요구하고 있다. 그것은 모든 권리체계의 개인주의적 설계도를 규범적인 견해에 따라 수정하는 것과 같은 대체적인 모델을 필요로 하지 않는다. 필요한 것은 모든 권리체계의 일관된 실현일 뿐이다. 물론 사회운동이나 정치투쟁이 없다면 그러한 전망은 없을 것이다. 그것은 강력한 저항에 직면하면서도 법적, 정치적 목표를 실현하는 시도를 되풀이해야만 했던 페미니즘의 역사에서 볼 수 있다.

「민주적 입헌국가에서 승인을 위한 투쟁」, 『멀티컬추럴리즘』, 163~164쪽

이 글을 끝까지 읽은 독자는, 테일러에 대한 하버마스의 비판은 동시에 동·서독일이 통합된 이후 독일에서 '독일 특유의 전통'으로 회귀하기를 바라는 자민족중심(혈통주의)적 반동에 대한 위구危懼와 비판을 포함하고 있으며, 그러한 관점에서 다문화주의와 테일러의 이론(자유주의II)이 어떻게 보일지 어느 정도 이해할 수 있을 것이다. 그러나 다문화주의 측에서 보면 이 글에 제시된 하버마스의 민주주의와 입헌국가의 이미지는 프랑스 혁명 이후 '유일 불가분의 공화국'으로 구현된 것 같은 동화주의同化主義적인 공화국 상像이며 아주 시대착오적인 것으로 비칠 것이다. 다문화주의는 그러한 공화국이 현실적으로 불가능하고 또 그러한 공화주의적 통합이 얼마나 많은 억압을 불러일으켰는지에 대한 현실인식에서 출발하고 있기 때문이다. 하버마스가 그 점을 알지 못하고 거의 무관심한 것이 오히려 놀라운 일이 아닐까. 아마 그 부분에 하버마스의 맹점이 있을 것이다. 이는 하버마스가 시대의 변화에 무관심하기 때문이 아니다. 『공공성의 구조전환*Strukturwandel der Öffentlichkeit; Untersuchungen zu einer Kategorie der bürgerlichen Gesellschaft*』의 신판(1990) 서문에서 볼 수 있는 것처럼 또는 최근의 유럽통합이나 글로벌리제이션에 대한 발언에서 볼 수 있는 것처럼 하버마스는 시대의 변화에 민감하며, 시대의 움직임에 따라 자신의 이론을 수정해서 전개해가는 유연성과 성실함을 갖춘 사상가이다. 그러나 하버마스의 일관된 '공공성' 탐구의 저편에는 이상적인 공화국의 이념이 있으며, 그 공화국의 광채가 하버마스의 맹점을 만들어낸다. 하버마스의 이 글은 프랑스공화국 내에서도 다문화주의가 완강하게 거부된 이유로 설

명되기도 한다. 자유주의II에서 표명된 것과 같은 다문화주의는 자유주의 진영에서 자기편에 들이댄 단도와 같은 것이리라.

구성원 모두가 자유롭고 평등한 빛나는 공화국의 이념(서구적 민주주의의 도달점)에서는 차별도 소수자집단도 존재하지 않고 따라서 차별철폐조처 affirmative action도 있을 수 없다. 그러한 이념을 가장 확실하게 보여주고 있는 것이 공화국의 이민정책이다. 받아들인 이민은 모든 평등과 자유의 권리를 누릴 수 있다. 그러나 그 이민을 받아들일 것인가 아닌가를 결정하는 것은 받아들이는 나라(대부분 구종주국)이지 이민(대부분 구식민지 출신) 측이 아니다. 게다가 이민은 받아들이는 나라에 동화되기를 바라면서 자발적으로 찾아오는 것을 전제로 한다. 현재 이민이라는 세계적 현상이 지금 구식민지의 흔적과 깊은 관계가 있으며 글로벌리제이션이라는 이름으로 불리는 세계의 정치적, 경제적 구조변화(제2의 식민지주의)의 결과라는 사실을 이민정책에서는 거의 고려하지 않고 있다.[9]

하버마스의 이민에 대한 생각은 언뜻 보면 자유주의적이다. 그가 이민에게 바라는 것은 '헌법의 모든 원리를 지킬 것에 동의하고', '받아들이는 사회에서 국민의 자율성이 제도화되는 방법과 그 사회에서 "이성의 공적 사용"이 실천되는 수단에 동화하는 것'(「민주적 입헌국가에서 승인을 위한 투쟁」, 『멀티컬추럴리즘』, 194쪽)이며, 문화를 변용하고자 하는 '심도 있는 차원의 의욕'이 아니다. 즉 '출신 문화의 삶의 형식을 방기할 필요는 없다'(앞의 글, 145~146쪽)는 것이다. 그러면 '출신 문화의 삶의 형식'이라는 주장이 그 공동체에서 살아남기 위해서는 어떠한 과정과 형식을 거쳐야 하는가. 이민에 대해서 '헌법 중심의 애국심a constitutional patriotism'을 찾아서, '이민에 대해 자신의 아이덴티티를 옹호하는 국민의 권리'(앞의 글, 194쪽)를 인정하는 하버마스는, 다른 한편으로 "정당하게 주장된 정치공동체의 아이덴티티는 장기적으로 보면 결국 이민의 물결 앞에서 변질될 수밖에 없을 것이다"(앞의 글, 196쪽)라고 기술하고 있다. 그것이 50년 후가 될지 100년 후가 될지는 모르지만, 이민은 "활동하는 시민의 민족 구성 변화는, 국가 전체의 윤리관과 정치적인 자기이해가 준거가 되어 컨텍스트를 변화시킨다"(앞의 글, 196쪽)는 것이다. 이것은 전형적인 공화주의적 동화론이며 국민수의이론이라 할 수 있다.

지금도 새로운 공공성의 문제에 대해(나는 하버마스의 『공공성의 구조전환』이라는 제목을 차용하고 싶은 유혹을 느끼지만) 이야기할 때 그 중심이 되는 용어는 '이민'일 것이다(나는 이 단어를 합법·비합법에 상관없이 난민을 포함하는 넓은 의미로 쓰고 싶다). 나는 공공성론자인 해나 아렌트Hannah Arendt가 공·사의 이데올로기에 얽매여 있다고 생각한다. 그러나 그녀의 난민과 소수민족에 관한 논의에는 공·사의 틀을 그리고 국민국가의 틀을 근저에서부터 되묻는 시각이 있다. 이 문제에 관해서 종종 인용되는 아렌트의 『전체주의의 기원*The Origins of Totalitarianism*』의 제2부 「제국주의Imperialism」의 마지막 장(제9장 「국민국가의 몰락과 인권의 종말The Decline of the Nation-State and the End of the Rights of Man」[10])은, 아렌트의 문장 자체도 다의적이기 때문에 두 가지 상반되는 방향으로 해석할 수 있다. 그 하나는 인권보다 한층 강화된, 이민이나 난민이 누릴 수 있도록 공공권公共圈이 충실해지고 확대되는 것이다. 하버마스의 다문화주의에 대한 반론은 이 측면에서 대표적인 것이다. 또 하나는 국민국가와 인권 그 자체에 대한 회의懷疑이다. 내가 알고 있는 한 이 방향에서 가장 급진적이고 진보적인 논객은 조르조 아감벤Giorgio Agamben이다.

『인권의 저편에*Mezzi senza fine: Note sulla politica*』라는 제목을 붙인 글에서 아감벤은 처음으로 아렌트가 1943년에 발표한 에세이 「우리 난민We

Refugees」에서 "유럽에서 이루어진 유대인 추방에 이어 곧바로 다른 유럽 인민 다수에 대한 추방이 이루어졌다는 사실을 난민들은 알고 있다. 나라에서 나라로 추방된 난민들은 그러한 인민의 맨 앞에 세워진 본보기다"라고 끝나는 한 구절을 인용한 후에, 난민이라는 관점으로 현대의 정치철학을 재구축해야 한다는 주장을 다음과 같이 쓰고 있다.

> 이 분석은 거의 50년이 지난 오늘날에도 전혀 시사성을 잃지 않았다. 이 문제는 오늘날 유럽 안팎에서 똑같은 시급성을 가지고 뿐만 아니라, 그 이후 멈추지 않고 진행된 국민국가의 몰락과 전통적인 법적, 정치적 여러 범주의 붕괴에 대해, 난민은 적어도 현대 인민의 형상으로서 사고할 수 있는 유일한 존재이며, 이 난민이라는 범주에서 처음으로 마주한 정치적 공동성의 모든 형식과 한계를 우리는 엿볼 수 있다.[11]
>
> 『인권의 저편에』, 24쪽

아감벤은 다음으로 제1차 세계대전 후 유럽에서 일어난 '대중현상으로서 난민'의 발생상황에 대해 개관한 후에 국가나 국제조직이 문제를 해결하는 데 무력했던 이유를 묻고 있다. 그것은 단지 관료기구의 파벌주의나 무능력 때문이 아니라, 좀더 본질적으로는 국민국가 법적 질서의 배후에 있는 국민이나 인권이라는 모든 관념 때문이라는 것이 아감벤의 견해이다. 아감벤은 여기서 다시 아렌트를 인용한다. "인권이라는 구상은 인간 그 자체가 실존한다는 것을 기초로 하고 있지만, 이 구상은 인권을 잃어버린 인간을 처음으로 만나는 순간 와해된다"(『전체주의의 기원』 2, みすず書房, 286쪽). 아감벤은 이 제2부 제9장의 제목 「국민국가의 몰락과 인권의 종말」을 문자 그대로 받아들일 것을 원하고 있다(참고로 제9장 각 절의 제목은, 제1절 「'소수민족국가'와 국적 없는 민족」, 제2절 「인권의 난제들」이다). 권리도 국

적도 없는 대량 난민의 출현은 인간과 시민은 동일하다는 국민국가의 주권에 관련된 원초적인 허구를 폭로한다. "난민이라는 이 명백한 주변적인 형상은 국가-국민-영토라고 하는 오래된 삼위일체를 파괴하는 것 이상으로 우리 정치사의 중심적 형상으로서 고찰할 가치가 있다"(『인권의 저편에』, 30쪽). 그중에서도 인권선언(「인간과 시민의 모든 권리선언」)에는 "태어남과 동시에 국민이 된다", "권리가 인간에게 주는 것은 인간이 시민의 등장과 더불어 그 자리에서 소멸하는 것을 전제로 하고 있다(인간은 인간으로서는 결코 세상에 나오면 안 된다)"라는 역설을 포함하고 있지만, 난민의 존재는 이 근원적인 모순을 일거에 백일하에 드러내고 있는 것이다.

물론 아감벤이 실제로 겨냥한 것은 제1차 세계대전 후라는 과거가 아니라, 현재 유럽공동체의 '이른바 비합법의 이민현상'에 대한 것이다. 토머스 해머Thomas Hammer가 영주시민denizens(거류민)이라고 부른(킴리카가 말하는 '외국인거주자metics'가 여기에 해당된다) 시민이 아닌 정주민이 된 대중의 존재[12]를, 아감벤은 킴리카처럼 초대받지 않은 손님 또는 시민의 예비군으로는 생각하지 않는다. 오히려 그러한 현상에서 오래된 시민이나 시민사회 개념의 붕괴와, 그것을 대신하는 새로운 인간존재와 사회관계의 징조를 예견하고 있다.

이 '거류민denizens'이라는 용어를 사용하는 것은 시민citizen이라는 개념이 현대국가의 정치적, 사회적 현실을 서술하는 데 부적절해졌다는 것을 의미한다는 이점이 있다. 다른 한편으로, 산업선진 제국諸國(미국이나 유럽)의 시민은 코드화된 정치 참가의 심급審級으로부터 이탈하려 해서 스스로를 거류민으로, 즉 시민이 아닌 정주민으로 변용시키는 성향이 뚜렷하게 나타난다. 이것은 시민과 거류민이 적어도 각 사회계층에서 어떤 하나의 잠재적인 불분명한 구역에 속해 있기 때문이다. 이와 더불어 형식상의 모든 차이를 가진 채 이루어지는 실질적인 동화가 증오와 불관용不寬容 등을 일으킨다는 주지의 원칙대로, 다른 사람을 증오하는 반응이나 자위自衛를 위한 동원이 늘어나고 있다.

『인권의 저편에』, 31~32쪽

우리는 이 글에서 다문화주의와 공공성론에 대한 가장 근본적인 반응 한 가지를 발견할 수 있다. 난민이나 이민을 시민화하고 국민화하는 것이 아니라, 시민이나 국민을 난민화하고 이민화하는 정치학은 논리적으로 당연하게 국민국가의 탈영토화를 생각하게 한다. 여기서 아감벤에게 한 가지 시사해줄 수 있는 것은 '예루살렘이 영토분할을 하지 않은 채 동시에 다른 두 국가조직의 수도가 된다'라는, 예전에 예루살렘 문제의 해결책으로 나온 제안이다. 불안정한 경계로 분단된 대립하는 두 개의 국민국가 대신에 동일한 지역에 있는 두 개의 정치적 공동성共同性의 가능성을 생각하는 상상력. 그러나 그러한 관계는 두 국가 간에 한정되지는 않을 것이다. 아감벤은 유럽에서 그 가능성을 생각한다. "이 새로운 공간에서 유럽의 모든 도시는 상호 간에 외영토外領土적 관계를 맺고 세계도시라는 예전의 사명을 또다시 발견할 수 있다"(앞의 책, 33쪽). 아감벤이 유럽에서 생각한 것을 우리는 동아시아나 그 밖의 지역에서 생각할 수 있을 것이다.[13]

다문화주의, 다문화주의와 깊이 관련되어 있는 아이덴티티론 또는 그 두 가지와 밀접하게 연결되어 있는 페미니즘, 나아가 최근의 공공성론이나 글로벌화에 관한 일련의 논의를 거듭 생각하며 읽다 보면 몇 가지 공통점을 찾을 수 있다. 이러한 논의는 어떤 것이든 20세기에서부터 21세기에 걸친, 아마도 근대 역사상 최대의 전환기에 각 영역에서 각 시점으로 모색하는 방법을 보여주고 있다고 생각할 수 있다. 내가 특히 흥미를 느끼는 것은 그러한 논의가 언제나 양의성을 띠고 기성 질서 파괴의 충동과 질서 회복으로의 움직임을 동시에 인정한다는 점이다.

다문화주의는 국민국가의 원리에 중대한 변경요인을 포함하고 있지만, 그것에는 국민국가 유지에 대한 강한 바람과 동시에 국민국가와는 다른 정치형태로의 모색이 숨겨져 있다. 다문화주의는 국민에게 배제당한 소수자집단 문제에서 출발해서 더욱 그 문제에 빠져든다. 다문화주의는 선주민을 배제한 서양 중심의 역사관을 바꿀 것을 강요하고 대항해시대 이후의 서양 지배에 이의異議가 있다고 외친다. 다문화주의는 백인이 무슨 권리로 선주민에게서 빼앗은 토지에 계속 살 수 있는가라는 근본적인 물음을 은폐하고 있다. 다문화주의는 문화의 경계를 민족으로 저지하려는 의도와 함께, 문화의 다원성과 다양성은 한계가 없다는 것에 대한 예감을 보여주고 있다.

다문화주의는 그 이론적 토대를 당시 급속하게 보급되고 있던 아이덴티티개념에서 찾으려고 하고 있지만, 아이덴티티론이 성행하게 된 배경에는 분명히 아이덴티티의 위기가 있었으며, 아이덴티티의 위기라는 것은 결국 내셔널아이덴티티의 위기였다. 그 후 아이덴티티론이 찾아 헤맨 것은 한편으로는 내셔널아이덴티티 회복에 대한 요구였고, 다른 한편으로는 내셔널한 것으로부터 아이덴티티의 해방이었다. 루트형의 아이덴티티로부터 리좀rhizome형의 아이덴티티로, 다원적 · 유동적 아이덴티티 추구는 주체개념이나 아이덴티티개념 자체에 대한 회의를 깊게 한다.[14] '소수자집단'의 권리 요구나 「승인을 둘러싼 정치」(일종의 아이덴티티론이다)로 인해 다문화주의의 선행자로 보이는 페미니즘은 처음에는 남녀의 동등한 권리나 평등을 부르짖어 국민국가의 한 모퉁이라도 차지하려고 했다. 자신들의 국민화와 국민국가 그 자체를 의심의 눈초리로 바라보며, 내셔널리즘에 대항하는 논리를 얻었을 때 페미니즘은 새로운 전기를 맞았다. 또 젠더론으로 전환하는 것(그 과정에는 다문화주의와의 호응이 인정된다)은, 페미니즘이 혁명적으로 심화되는 것이지만 동시에 페미니즘이라는 용어의 정당성을 의심받게 될 것이다. 젠더론이 도달하는 지점의 앞에서는 세계의 질서를 형성한 성의 구별이 흔들려, 여성의 아이덴티티가 새삼 문제시되기 때문이다.

이러한 일련의 움직임 속에서 어떤 경우에도 결국 문제가 되는 것은 국민적 질서이며 지구적 질서라고 하는 공통점이다. 그러나 이러한 논의의 대다수가 좌파도 우파도, 자유주의자도 공동체주의자도 자신들이 걷기 시작한 논리를 끝까지 추구하지 않으며, 심지어 넘으려고 하지 않는 선이 설정되어 있고 되돌아오는 지점이 있는 것 같다. 그 이유를 이해하지 못하는 것도 아니다. 그러한 지점부터는 미지의 심연이 펼쳐져 있기 때문에 그것을 넘으면 자신의 발밑은커녕 자신의 존재가 위험해지기 때문이다.

1960년대 말경부터 현저해진 이러한 움직임은 1990년대에 들어서 글로벌리제이션이라는 이름으로 급속하게 보급된다. 그렇지만 무슨 역사의 장난이 있었는가. 글로벌리제이션이라는 이름으로 나타난 것은 이전의 코스모폴리탄이나 세계연방주의자가 꿈에 그리던 차별이 없는 자유로운 세계가 아니라, 강대한 패권국의 일극一極 지배적인 독선적이고 잔인한 권력이었으며, 국가의 제어로부터 해방된 자본이 드러낸 욕망이었다. 게다가 이 글로벌리제이션은 다문화주의적인 현실에 빈-부, 선-악이라는 마니교摩尼教적 경계를 새롭게 세웠을 뿐만 아니라, 지금까지 이루어진 국경을 넘는 다양한 시도를 선취해서 다른 형태로 이념화하고 상품화해서 현실화한다(다국적기업, 글로벌거버넌스global governance, 디즈니월드, 월드뮤직, 패션, 에스닉푸드 등).

현재 공공성론은 글로벌화시대의 이러한 일련의 움직임과 관련해서 형성되고 있다. 공공성론의 근본적인 약점은 고대그리스 이래의 전통적인 정치적 공동체와 통치자의 관점을 스스로 받아들이고 만다는 점일 것이다. 공공성론은 아직도 페미니즘이나 아이덴티티론의 선단先端 부분을 자기 것으로 만들 수 없다. 다문화주의도 역시 기성의 공공개념에 대한 도전이며 공·사의 영역변경을 포함하고 있지만, 공공성론은 이제까지 다문화주의에 거의 흥미를 보이지 않았으며 흥미를 보인다 해도 거의 부정적인 입장이었다. 양자 사이의 본질적인 대화와 논의의 장이 만들어진다면, 그것은 자유주의자libertarian와 공산사회주의자communitarian의 대립과 동일한 기반 위에서 대립하는 것이 아니라 그러한 기반 자체를 비판적으로 묻는 작업이 되어야 할 것이다.

다문화주의는 정주사회定住社會로부터 이주사회로의 이행 가능성을 보여주고 있다. 정주사회를 전제로 해서 성립하는 주권, 국적, 민족, 문화, 아이덴티티 등의 기성의 법적·정치적·문화적 개념은 이주사회에서는 변용되어 붕괴될 수밖에 없을 것이다. 그때 정주사회를 전제로 구성되어온 공공개념은 어떻게 될까. 이미 프랑스의 시민연대협약Pacte Civil de Solidarité; PACS이 예견하고 있는 것처럼, 가족은 가부장제는 말할 것도 없이 남녀의 역할분담으로도 성립되지 않으며 그것에 대응해서 거주형태와 인간관계가 급속하게 변화하는 가운데 친밀권親密圈은 어떻게 변해갈까. 남녀의 역할분담으로 성립되었던 질서가 붕괴하는 것뿐만 아니라 남녀의 경계 자체가 소멸되어 아이덴티티가 내셔널아이덴티티로부터 분리되어 다원적이 되고 유동화되는 가운데, 질서의 친구였던 공공성론은 어떠한 질서를 상정할 수 있을까. 공공성론은 아직 이러한 물음에 답하지 않았다.

내가 마지막 절에서 아감벤을 인용한 것은, 이렇게 눈앞이 아찔해지는 역사적 변화를 앞에 두고 양보하지 않는 강인한 사고를 그 글에서 인정했기 때문이다. 아감벤은 나아가 다음과 같이 말하고 있다.

> 유럽에서 또다시 절멸수용소絶滅收容所, Extermination Camp가 개설되어버리기 전에(벌써 이러한 움직임이 시작되고 있지만), 국민국가는 출생기록이라는 원칙과 그 원칙에 기초를 두고 있는 국가-국민-영토라는 삼위일체에 의문을 제기하는 용기를 가져야 한다.
>
> 『인권의 저편에』, 32쪽

아감벤의 비관적인 전망을 공유하느냐 하지 않느냐와는 별도로, 나는 이 '용기'라는 말에 주목하고 싶다. 그것은 위험한 선을 넘는 용기이다. 공공성론에도 혹시 가능성이 있다고 한다면 그것은 눈앞에 열려 있는 세계를 직시하는 '용기'와 연결될 것이다.

미주

1 나의 글, 「다언어 · 다문화주의를 아시아로부터 묻는다」, 니시카와 나가오 · 강상중 · 니시 마사히코 엮음, 『20세기를 어떻게 넘을 것인가—다언어 · 다문화주의를 계기로20』, 平凡社, 2000.

2 찰스 테일러Charles Taylor, 「승인을 둘러싼 정치the Polotics of Recognition」, Charles Taylor · Amy gutmann · Kwame Antony Appiah · Jürgen Harbermas · Stephen C. Rockefeller · Micheal Walzer · Susan Wolf, *Multiculturalism: Examining the Politics of recognition*, Princeton University Press, 1994 ; 사사키 다케시佐佐木毅 옮김, 『マルチカルチィラリズム』, 岩波書店, 1996, 86쪽.

3 마이클 왈처, 「두 개의 자유주의」, *Multiculturalism*에 수록.

4 Will Kymlicka, *Multicultural Citizenship: a Liberal Theory of Minority Rights*, Oxford University Press, 1995 ; 쓰노다 타케시角田猛之 · 이시야마 후미히코石山文彦 · 야마자키 야스지山崎康仕 옮김, 『多文化時代の市民權—マイノリティの權利と自由主義』, 晃洋書房, 1998.

5 앞과 같음.

6 이노우에 다쓰오井上達夫, 「다문화주의의 정치철학—문화정치의 트리아데」, 유이 다이자부로油井大三郎 · 엔도 야스오遠藤泰生 엮음, 『다문화주의의 미국—흔들리는 내셔널아이덴티티多文化主義のアメリカ—搖らぐナショナル · アイデンティティ』, 東京大學出版會, 1999.

7 제5회 고베강연, 「국민국가의 미래를 생각한다國民國家の未來を考える」, 日本法哲學會 주최, 日本カナダ學會 공동개최, 1998.

8 위르겐 하버머스Jürgen Habermas, 「민주적 입헌국가에서 승인을 위한 투쟁」, *Multiculturalism* 수록.

9 다문화주의와 이민 문제에 대한 공화주의적 대응에 관해서는 나의 책, 『프랑스의 해체?—또 하나의 국민국가론フランスの解體?—もうひとつの國民國家論』, 人文書院, 1999의 제4부 및 「구주통합과 국민국가의 행방—공화주의적 반동에 대해서歐洲統合と國民國家の行方—共和主義的反動について」, 미우라 노부타카 엮음, 『보편성인가 차이인가—공화주의의 임계, 프랑스普遍性か差異か—共和主義の臨界, フランス』, 藤原書店, 2001을 참조 바란다.

10 Hannah Arendt, *The Origins of Totalitarianism*, Schocken, 1951 ; 오시마 미치요시大島通義 · 오시마 가오리大島かおり 옮김, 『全體主義の起源』 2, みすず書房, 1972.

11 Giorgio Agamben, *Mozzi senza fine: Note sulla politica*, Bollati Borlinghieri, 1996 ; 다카쿠와 가즈미高桑和巳 옮김, 『人權の彼方に—政治哲學ノート』, 以文社, 2000.

12 Tomas Hammar, *Democracy and the Nation State: Aliens, Denizens and Citizens in a World of International Migration*, 곤도 아쓰시近藤敦 옮김, 『永住市民(デニズン)と國民國家—定住外國人の政治參加』, 明石書店, 1999.

13 예를 들면, 강상중의 '동북아시아 공동의 집'의 구상(『동북아시아 공동의 집을 향하여』, 平凡

社, 2001.

14 내셔널아이덴티티에 관해서는 나의 글, 「글로벌화시대의 내셔널아이덴티티—아이덴티티 재정의를 위하여グローバル時代のナショナル・アイデンティティ—アイデンティティ再定義のために」, 나카타니 다케시中谷猛·가와카미 쓰토무川上勉·다카하시 히데토시高橋秀壽 엮음, 『내셔널아이덴티티론의 현재ナショナル・アイデンティティ論の現在—現代世界を讀み解くために』, 晃洋書房, 2003(이 책 제7장)을 참조 바란다.

제7장

글로벌화시대의 내셔널아이덴티티
—아이덴티티의 재정의를 위하여

들어가며

지금까지 글로벌리제이션과 내셔널아이덴티티의 관계에 대해 국민국가론적인 맥락에서 생각한 것들을 정리, 요약해서 기술하고자 한다. 따라서 다음 글은 언뜻 보면 이론적으로 정리된 형태를 가지고 있지만, 그것은 결론이라기보다는 어느 정도 알기 쉽게 정리해서 생각을 진전시키기 위한 시론이며 중간 보고에 지나지 않는다. 또 재고의 성질상, 기존 발표논문의 일부가 그대로 반복되고 그것을 확인한 뒤 다음 전개를 시도하고 있음을 먼저 밝혀두고자 한다.[1]

이 장에서 다루고 있는 주요 용어는 아이덴티티, 네이션, 내셔널아이덴티티, 글로벌리제이션 등이지만, 모두 기원이 영어인 외래어이다. 이것을 글로벌리제이션이라고 해야 하는지, 지적 식민지 상황이라고 해야 하는지는 별도로, 그러한 용어를 사용해 일본어 외래어 표기인 가타가나片假名에 점령당한 것 같은 글을 쓰는 것에 대한 위화감을 버리기는 어렵다. 그러나 그러한 용어를 쓰지 않으면 논의가 성립되지 않는다는 것도 인정해야 한다. 이 글의 목적은 그러한 외래어를 해설해서 그것에 타당한 의미(정의)를 부여하는 것이 아니라 그러한 용어와 개념 자체를 문제 삼아, 그것이 왜 이렇게 보급되었는가를 생각하고 역사적 징후로서 이러한 용어와 그 배경을 풀이하는 것이다.

1. 네이션과 내셔널아이덴티티

내셔널아이덴티티라는 용어는 아이덴티티라는 용어가 보급되면서 최근 십수 년 사이에 사용하게 된 새로운 말이다. 그러나 내셔널아이덴티티의 개념은 네이션이라는 용어의 보급과 함께 거의 모든 네이션(국민국가)을 둘러싼 언설의 중심에 있었던 개념이다. 개념을 가리키는 용어가 나중에 나왔다고 생각해도 좋을 것이다.

'상상의 공동체'라는 베네딕트 앤더슨의 네이션=국민이라는 정의가 보여주듯이 네이션은 여러 공동체 중 한 가지라고 상상하지만, 모든 공동체를 성립시키는 기본적인 조건을 통합이라고 할 때 여기서 제기되는 문제는 국민국가의 통합이 다른 다양한 공동체와 어떤 다른 특색을 가지고 있는가이다. 이는 국민국가의 정의를 묻는 것과 거의 같다. 어느 사전의 '국민국가론'이라는 항목을 인용하고 싶다([ ]는 가필 부분). 이 문장에서는 아이덴티티라는 말이 쓰이지 않지만, 아이덴티티개념과의 구조적 유사성이 명확하게 보일 것이다.

> 국민국가란 무엇인가. 다음과 같은 다섯 가지 특징을 지적할 수 있다.

첫째, 국경의 존재. 국민국가는 국경선으로 구분된 정치적, 경제적, 문화적 공간이다. 고대나 중세 국가에도 중앙집권적인 국가는 존재했지만 국가주권이 미치는 경계로서 명확한 국경선은 존재하지 않았다.

둘째, 국가는 국경선의 내부, 즉 자국에 관해서는 지고至高한 자기결정권을 가지고 타국의 개입을 허용하지 않는다는 국가주권의 개념.

셋째, 국가를 이끌어가는 존재로서 평등한 권리를 가진 국민의 존재. 신민臣民에서 국민으로의 이행이 근대적인 국민국가의 특징이다. 국민은 헌법이나 국적법 등 법적으로 규정되어 있을 뿐만 아니라, 애국심, 국어나 국민문화, 신화나 역사 등 넓은 의미의 교육을 통해 형성되는 이데올로기적인 존재임을 잊어서는 안 된다. 또 국민국가에서 국민은 모두 등록관리(호적 등)가 되어야 하며, 가정이나 학교를 통한 신체적, 이데올로기적 재생산이 중요한 과제가 된다.

넷째, 국가와 국민을 지배하고 통치하는 국가장치와 모든 제도의 존재[194쪽의 표 1을 참조]. 이러한 장치나 제도는 각각 경제통합, 국가통합, 국민통합, 문화통합을 위한 장치나 제도로 분류된다. 그러나 개개의 장치나 제도는 전체적으로 통일된 국가장치의 일부로 작동하고 있으며, 뿐만 아니라 국가장치는 형태적으로는 거의 모든 국가에 공통된다[철도나 그것을 대신하는 교통망, 우편제도, 조세제도, 화폐, 시장 등이 없는 국민국가, 헌법, 정부, 의회, 재판소, 군대, 경찰 등이 없는 국민국가, 가족, 학교, 극장, 박물관, 정당이나 신문 그 외의 미디어 또는 국가國歌, 국기, 국어, 문학, 역사, 신화 등이 없는 국민국가를 상상할 수 있을까].

다섯째, 개개의 국민국가는 세계적인 체제(이매뉴얼 월러스틴의 용어를 빌리자면 세계체제와 국가 간 체제) 속에 자리 잡고 있으며, 그 결과 서로가 차이와 독자성을 강조하면서도 서로를 모방한 유사한 형태를 갖게 된다[국민문화, 국민문학, 국민성 등]. 다른 한편, 세계자본주의의 착취-피착취, 지배-종속이라는 체제[그중에서 가장 두드러진 형태는 식민지일 것이다] 속에서 모든 국가는 각자 조금 더 유리한 위치를 찾아서 경쟁하며, 정복이나 전쟁을 되풀이해왔다. 국가주권(또는 국민주권)이나 민족자결의 신화에도 불구하고 개개의 국민국가는 구조화된 차별의 그물 속에 갇힌 채 기능을 한다.

고야스 노부쿠니子安宣邦 감수, 『일본사상사사전日本思想史辭典』,
ぺりかん社, 2001, 185~186쪽

앞에서 살펴본 국민국가의 특징인 다섯 항목은 모두 내셔널아이덴티티의 개념과 관련되지만 그중에서도 더욱 직접적으로 내셔널아이덴티티를 보여주고 있는 것은 국민에 관한 세 번째 항목일 것이다. 국민의 개념, 특

표 1. 국민통합의 전제와 여러 요소

① 교통(커뮤니케이션)망/토지제도/조세/화폐-도량형의 통일/시장 ……식민지	←경제통합
② 헌법/국민의회/[집권적] 정부-지방자치체(縣)/재판소/경찰-형무소/군대(국민군, 징병제)/병원	←국가통합
③ 호적-가족/학교-교회(사찰)/박물관/극장/정당/신문(저널리즘)	←국민통합
④ 국민적인 다양한 심벌/표어/서약/국기/국가/력/국어/문학/예술/건축/수사/지리지 편찬	←문화통합
⑤ 시민(국민) 종교-제전(새로운 종교의 창출, 전통의 창출)	

표 2. 국민화(문명화)

① 공간의 국민화…………균질화, 평준화된 밝고 청결한 공간/국경
중앙(도시)-지방(농촌)-해외(식민지)/중심과 주변, 풍경
② 시간의 국민화…………력(시간의 재편), 노동 · 생활의 리듬/신화/역사
③ 관습의 국민화…………복장, 인사, 의식(권위-복종)/새로운 전통
④ 신체의 국민화…………오감(미각, 음감 등), 기거, 보행/학교 · 공장 · 군대 등에서의 생활에 적응할 수 있는 신체와 감각/가정
⑤ 언어와 사고의 국민화…국어/애국심

⇩
내셔널리즘
국민의 탄생

니시카와 나가오, 『국민국가론의 사정』, 柏書房, 1988

히 그것이 국민 형성이나 국민화라는 용어로 표현될 때, 그것은 아이덴티티개념과 매우 유사한 구조를 나타내고 있다. 개인의 인격 형성에 관한 심리적인 아이덴티티개념에 관해서는 그 말의 보급에 크게 기여한 에릭슨E. H. Erikson도 결국에는 명확한 정의를 남기지 않았기에, 여기서는 장 라플랑슈Jean Laplanche와 퐁탈리스J. B. Pontalis의 『정신분석사전*Vocabulaire de la Psychanalyse*』에서 동일화identification라는 항을 인용해둔다.

> 어떤 주체가 다른 주체의 외관, 특성, 속성을 받아들여, 그 모델에 따라 전체적 또는 부분적으로 변용하는 심리적 과정. 인격은 일련의 동일화를 통해 형성되어 분화해간다.
>
> 334쪽

아이덴티티가 아니라 아이덴티피케이션이라는 말로 이 항목이 정해진 것에 주목해보자. 실제 아이덴티티라고 하는 고정된 것이 있는 것이 아니라, 아이덴티피케이션이라는 변용하는 과정이 문제이기 때문이다. 라플랑슈와 퐁탈리스가 이 인용문에 이어서 상세하게 설명하고 있는 것처럼, 동일화의 이론은 프로이트Sigmund Freud 자신도 다양하게 진전시키거나 방향을 설정하고 있으며, 또 프로이트 이후에도 다양하게 전개되는 이론들이 인정되고 있지만, 이 글에서는 사고의 형태와 전체적인 구조의 유사성이 문제되고 있기 때문에 정신분석이론에 깊이 들어가지 않고 바로 '국민화'에 대해 분석해보겠다.

국민nation은 국민국가의 구성원이며 주체가 되어야 할 존재이지만, 역사적으로 처음부터 국민이 존재한 것은 아니다. 국민이 법적, 이데올로기적인 특정모델에 따라 형성되는 것은, 예를 들면 프랑스혁명이나 메이지유신 같은 국민국가 형성과 관련된 혁명(이른바 시민혁명)의 단계에서 명확하게 관찰된다. 국민은 신민이나 그 밖의 종속적인 존재에서 국가 주체로서의 국민으로 바뀌지만, 그 과정은 단지 법적인 변화에 그치지 않고 그들이 살아가는 공간과 시간 또는 습속, 신체, 언어나 사고의 지극히 큰 근본적인 변화(국민화)를 동반한다(표 2 참조). 국민국가가 형성-유지되기 위해서는 그와 같은 새로운 유형의 인간(국민)을 생산-재생산하는 것이 반드시 필요했다. 그리고 그 때문에 국민국가의 특징 중 세 번째에서 말한 것과 같은 모든 국가장치가 동원되었고 현재에도 동원되고 있다.

물론 각각의 국가장치는 고유의 역할을 갖고 있지만 고유의 모순도 안고 있다. 이 점을 충분히 인식할 필요가 있다. 그러나 각각의 국가장치는 국민국가라는 하나의 체제 속에 자리 잡고 있기 때문에, 고유의 역할이나 모순은 그 체제 안에서 기능하는 데 의미가 있다. 여기서 국가장치라는 용어를 사용할 때 내가 염두에 두고 있는 것은 마르크스주의의 전통적인 국가원리와, 그중에서도 중요한 전환을 가져온 루이 알튀세르의 「이데올로기와 이데올로기적 국가장치Ideology and Ideological State Apparatuses」라는 지금은 고전이 된 논문이다. 그러나 나는 여기서 국가의 억압장치와 국가의 이데올로기장치라는 분류를 채용하지 않았다. 그 이유 중 하나는 예를 들어, 대표적인 억압장치인 정부나 군대가 가진 강력한 이데올로기적 기능에 주목하는 한편, 이데올로기장치인 예를 들면 가정이나 학교가 가진 강력한 권력적 · 억압적 기능에 주목하고 싶었기 때문이다. 알튀세르 논문의 또 다른 획기적인 가치는, 지금까지 공공 영역 · 사적 영역이라는 구분에 따라 마르크스주의 국가론에서도 자유주의적 국가론에서도 완전하게 배제되었던 사적 영역이라고 불리는 영역을 국가의 모든 이데올로기장치(알튀세르가 그 논문에서 열거하고 있는 것은 종교, 교육, 가족, 법률, 정치, 조합, 정보, 문학, 미술, 스포츠 등이다)라는 이름하에 국가론으로 끌어들인 것이라고 생각했고 그 점을 강조하고 싶었다(이 점은 알튀세르를 원용하는 사람들 사이에서도 아직 충분히 이해되지 못했다고 생각한다).

내셔널아이덴티티개념 또는 내셔널아이덴티티의 생산과 재생산에 직접 관련된 것은 국가이데올로기의 모든 장치, 가정이나 학교, 종교, 박물관, 신문이나 그 밖의 미디어, 국기나 국가 등 다양한 내셔널 심벌, 국어, 문학, 미술, 건축, 지리지, 역사나 신화, 전통 등이다. 즉 내가 표 1의 ③(국민통합), ④(문화통합)에서 보여주려고 한 모든 장치이다. 국어, 국민문학, 국민문화, 국민음악 등이 바로 그것이다. 이렇게 내셔널한 언어, 내셔널한 이미지, 내셔널한 성격이 다양한 국가장치를 통해 형성되어간다. 그러나 단지 내셔널한 것의 표상을 여기저기 끼워 넣는 것만으로 내셔널아이덴티티가 형성된다고는 할 수 없을 것이다. 내셔널아이덴티티 형성을 위해서는 내셔널한 주체의 형성과 역사가 필요하다. 국민이 내셔널한 존재임을 자각하기 위해서는 국민적인 공간 속에서 공생의 감각에 눈을 뜨는(예를 들면 전쟁이나 올림픽 같은) 것뿐만 아니라, 긴 역사나 전통 속에서 자리매김하는 것이 필요하다. 특히 거의 모든 근대국가(국민국가)의 성립기나 위기적 상황에서 국민적인 신화나 전설, 역사나 역사적 기념비 만들기에 전념하는 것은 이러한 이유 때문이다.

여기서 개인에 대한 전기나 자서전과, 국민이나 민족을 다루는 역사의 차이점과 공통점에 대해서 생각해보자. 개인의 전기(또는 자서전)는 많은 경우 한 개인의 아이덴티티 형성에 관한 이야기다. 그에 비해 국민의 역사는 많은 경우 내셔널아이덴티티 형성에 관한 이야기다. 그리고 그 경우 개인의 이야기에는 명확한 시작(탄생)과 끝(죽음)이 있지만, 국민의 역사에는 명확한 시작도 끝도 없다는 지적이 반드시 정확한 것만은 아니다.[2] 역사적 형성물인 이상, 국민국가에도 반드시 시작과 끝이 상정되어 있기 때문이다. 실제로 멸망한 나라는 많다. 그러나 역사 속에는 무수한 개인의 이야기가 묻혀 있어 어디까지나 영원히 계속되는 이야기인 것처럼 허구가 만들어진다. 아이덴티티 또는 아이덴티티 형성의 이야기라는 관점에서 보면 전기도 역사와 아주 유사한 구조를 갖추고 있기 때문에, 특히 시작(기원=탄생과 건국)은 결정적으로 중요하다. 게다가 그 시작에는 일반적으로 생각할 수 있는 것 이상으로 종종 애매한 부분이 남아 있기 때문에, 오히려 역사나 전기는 그 애매한 부분을 해명하고 해석하기 위해 쓰인다고 해도 좋을 것이다. 또 전기는 주인공의 사후에 쓰일지도 모르지만(살아 있을 때 쓰인 전기도 많다) 자서전은 언제나 주인공, 즉 작자가 살아 있을 때 쓰이는 것이다. 어쨌든 전기도 역사도 현재를 기점으로 해서 과거를 재구성한다. 그 재구성의 원리가 무엇인가라고 묻는다면 전기나 자서전에 대해서는 아이덴티티, 역사에 관해서는 내셔널아이덴티티라고 답하게 될 것이다.

근대의 역사는 본질적으로 국민의 역사이며 '우리'의 역사이다. 이는 근대역사학의 형성 과정을 보면 명확해지며, 또 현재의 역사교과서 문제에도 분명히 나타나 있다. 그러나 이 '우리'가 '그들'의 존재를 전제로 하고, '우리'와 '그들'의 경계선을 긋는 것을 주요 역할의 하나로 하고 있다는 사실은 말할 것도 없다. 국경과 주권(주체), 포섭과 배제, 동화와 차별화, 국민문화와 국민성 등 그러한 국민국가의 구성원리를 국어로 멋지게 그려내는 것이 역사일 것이다. 국가장치가 아이덴티티를 형성하는 장치임을 가장 명확하게 읽어낼 수 있는 것도 역사기술을 통해서다.

2. 동어반복의 유래—상동성 또는 구조적 유사에 대해서

국민국가는 동일성(아이덴티티)의 원리에 따라 구성된다.[3] 국민국가는 국경으로 국토를 정하고, 국적으로 국민을 분류해서 국민의 문화나 언어를 통일하고 국민화를 통해 국민통합을 꾀할 뿐만 아니라 징세나 징병, 교육이나 때에 따라서는 범죄나 질병의 주체인 개인을 특별 관리함으로써 국가를 유지해야 한다. 여권, ID카드나 카르트디당티테carte d'identité, 국민총배번호제國民總背番呼制*는 국민국가가 도달하려는 이상을 보여주고 있다. 그러나 국민국가는 그러한 제도에 한정되지 않고 개인의 사고나 감성, 이데올로기에서도 동일성 원리의 지배를 이상으로 여겨왔던 것이다. 국민국가라는 것은 아이덴티티의 원리가 지배하고 맹위를 떨치던 영역이었다.[4] 국민국가는 아이덴티티를 생산-재생산하는 아이덴티티장치라고 해도 좋을 것이다.

그럼에도 불구하고 오늘날 거의 자명한 것으로 생각되는 네이션과 아이덴티티에 관한 이와 같은 인식이 확산된 것은 1990년대였으며, 기껏해야 최근 십수 년 동안의 일이다[앤서니 스미스Anthony D. Smith의 『내셔널아이덴티티*National Identity*』가 출간된 것은 1991년이었으며, 베네딕트 앤더슨의 『상상의 공동체』 초판(1983)에서 아이덴티티는 아직 핵심용어로 자리 잡지 않았고 권말 색인에도 거론되지 않았다]. 내셔널아이덴티티라는 말이 보급되고 학술용어로서 인정받기까지는 원래 정치·역사학적인 개념인 네이션에 대한 고찰과 관심의 깊이 그리고 원래 철학·심리학적인 개념인 아이덴티티의 전개를 배경으로 한 두 가지 흐름을 섞을 필요가 있었다.

아이덴티티라는 용어와 개념의 보급에 결정적인 역할을 한 에릭슨의 주요 저작은 이미 1950년대부터 나오기 시작했지만(『아동기와 사회*Childhood and Society*』, 1950, 『청년 루터*Young man Luther: A Study in Psychoanalysis and History*』, 1958, 『자아동일성*Identity and the Life Cycle. Selected Papers*』, 1959),

* 우리나라의 주민등록제도.

그 후 이 용어는 1960년대에 들어 주목받고 통속화되면서 급속하게 보급되었다. 아이덴티티라는 말은 글로벌화에 따른 사회적인 위기감과 깊이 관련되어 있으며 아이덴티티 문제를 임상臨床에 한정하지 않고 광범위하게 역사나 사회제도의 위기 속에서 고찰하는 에릭슨의 이론은 시대적인 요구에 부응하는 것이었다.

현대 아이덴티티개념의 보편성과 역사적 역할을 생각할 때, 일본에서 아이덴티티개념 수용의 역사는 흥미롭다. 에릭슨에 대해 일찍부터 주목하고 있었던 도이 다케오土居健郎나 오코노기 게이고小此木啓吾 같은 정신분석학 전문가의 연구나 소개를 제외하면 아이덴티티라는 말이 일본 일반 독자의 눈에 띈 것은 1966년부터 1967년에 걸쳐서 『분게이文藝』 지에 연재된 에토 준江藤淳의 『성숙과 상실—어머니의 붕괴成熟と喪失—母の崩壞』에서일 것이다. 이것은 에토가 미국 유학 직후 쓴 작품이며, 독자는 그 글을 에토가 미국에서 가져온 선물로 읽었다. 안보투쟁 이후 일본사회가 중요한 전환기를 맞은 시기에(고도성장과 네오내셔널리즘), 에토 자신은 이 작품으로 '일본회귀'의 인상을 각인시켰다. 『노예의 사상을 배척한다奴隷の思想を排す』(1958), 『작가는 행동한다作家は行動する』(1959)를 써서 오에 겐자부로와 함께 전후 급진주의를 대표하는 듯했던 에토는 안보투쟁 직후에 전후 지식인의 파산을 선고하고, 심지어 예전 같으면 매우 강하게 부정했을 고바야시 히데오小林秀雄에 대한 재평가를 꾀하는 한편(1962), 『성숙과 상실』, 『일족재회一族再會』(제1부, 1967) 등을 펴내며 멋있게 전환했다. 에토는 미국 체재를 통해 아이덴티티개념과 함께 어머니와 선조와 국가를 재발견할 수 있었다.[5]

에토의 전환은 시대의 큰 흐름을 보여주는 것이었다. 일본에서 아이덴티티개념의 보급은 미국의 그늘 아래에서 일본의 정치적, 경제적 '성숙'을

통해 진행된다. 개인의 주체적인 자아 형성 문제였던 아이덴티티개념은 처음부터 내셔널아이덴티티론을 지향하고 있었다. 그러나 여기서 아이덴티티개념이 갖고 있는 양의성을 보여주기 위해 아이덴티티개념 수용의 또 다른 경우도 거론해두고자 한다. 구리하라 아키라栗原彬의 『역사와 아이덴티티—근대일본의 심리=역사연구歴史アイデンティティ—近代日本の心理=歴史研究』(新曜社)는 에릭슨을 경유한 아이덴티티개념이 일본의 역사사회학에 어떠한 형태로 도입되었는가를 알기 위해서도 귀중한 문헌일 것이다. 이 논문집이 출간된 것은 꽤 늦은 1982년이지만, 그 책에 수록된 첫 번째 글(제1장「역사에서 존재의 증명을 찾아서歴史における存在證明を求めて」)의 게재 날짜는 1967년(『思想』, 岩波書店, 11월호)으로, 마침 에토 준의 『성숙과 상실』이 출간된 해였다. 심지어 이 글은 구리하라가 1964년부터 1966년에 걸쳐 뉴욕 시의 컬럼비아대학 대학원 사회학부에 유학했을 때의 학습과 연구성과를 발표하는 형태이다. 에토의 아이덴티티개념과 마찬가지로 구리하라의 아이덴티티개념도 거의 같은 시대 같은 세대가 미국에서 가져온 선물이라고 해도 좋을 것이다. 그러나 같은 아이덴티티개념이라 하더라도 두 사람이 사용한 의미는 크게 달랐다. 구리하라는 이 책의「후기」에 다음과 같이 쓰고 있다.

이 시기에 나는 미국의 베트남침략에 반대하는 학생반란을 목격했다. 대학의 토론 집회, 카네기 홀의 Thinking in Washington 행진 등에 참가했고 5번가에서 있었던 데모 때는 우익으로부터 "Red China, go Home"이라는 말을 듣고 달걀세례를 받기도 했다. 학생반란은 나중에 『딸기백서*The Strawberry Statement: Notes of a College Revolution*』가 된다. 이러한 행동을 같이 한 퀘이커교의 친구나 일본인 유학생 친구를 통해서 나는 미국의 주변적marginal인 젊은이들도 알게 되었고 또 미국대륙을 버스로

횡단했을 때 남부에서 공민권운동으로 싸우고 있었던 흑인들 사이를 전전하면서 그들의 이야기를 듣게 되었다. 그들 사이에서 사용되고 있던 아이덴티티라는 말에 귀를 기울이는 한, 그것은 내셔널아이덴티티에 대항하는 가장 다층적이고 광범위하며 생생한 그 무엇임에 틀림이 없었다.

귀국 후에 쓴 최초의 연구노트인 「역사에서 존재의 증명을 찾아서」(같은 책 제1장)에는 이러한 사생활이 가득 담긴 동시에 문화혁명전야 · 일본의 학원투쟁전야시대의 목소리라고도 할 수 있는 아이덴티티개념의 이력이 담겨 있다.

302~303쪽

이 글은 에토가 체험한 미국이라는 것은 또 하나의 미국의 존재, 에토가 아이덴티티라고 하는 말에서 읽어낸 것과는 매우 다른 아이덴티티에 대한 이해가 존재할 수 있다는 것을 여실히 전하고 있다. 그것은 주변적marginal인 세계로 내몰린 젊은이들과 소수민족, 이른바 소수자집단의 존재 이유와 존재 증명에 관련된 문제였다. 그리고 이러한 의미에서 아이덴티티의 연구는, 구리하라가 그 후에 미나마타병水俣病이나 한센병 환자들과 어떻게 관련되었는가와 연결된다. 그러나 "그들 사이에서 사용되고 있던 아이덴티티라는 말에 귀를 기울이는 한, 그것은 내셔널아이덴티티에 대항하는 가장 다층적이고 광범위하며 생생한 그 무엇임에 틀림이 없었다"라는 표현은 정곡을 찌르고 있지만 일종의 사후事後 변명 같다는 느낌이 든다. 내셔널아이덴티티에 대항하는 아이덴티티라는 생각은 1982년에 구리하라가 했던 말이며, 1967년에 발표된 논문에는 그러한 사고가 아직 충분하고 명확하게 정리되어 있지 않다. 국민국가의 통합원리를 아이덴티티개념으로 연결 짓는 방식은 훨씬 뒤의 일이었다. 더구나 내셔널아이덴티티라는 용어가 1967년 당시에는 아직 일반화되지 않았던 것이 아닐까.

일본에서 아이덴티티의 도입은 많은 영역에서 이렇다 할 저항 없이 이루어졌다. 아이덴티티개념은 철학이나 정신분석학 이외에 사회심리학, 역사사회학의 영역에 도입되어, 예를 들면 역사적 전환기에서 청년의 아이덴티티 위기문제를 조명하는 것에 성공했으며, 내셔널리즘이나 소수민족 또는 사회적 소수자집단의 문제에 적용되었다. 아이덴티티개념은 문학이나 평론의 영역에 보급되어, 특히 일본인론 · 일본문화론은 아이덴티티론의 영역이 되었다. 아이덴티티는 또 소비사회의 이데올로기가 되었다.[6] 아이덴티티론은 보수, 우익의 정치가에게 애용되었지만 좌익 측이 그 개념을 경원敬遠하는 것처럼 보이지는 않는다. 또 암묵적으로 양해되면서 누구도 그다지 명확하게 논하려고 하지 않는 아이덴티티론의 영역으로서 천황제가 있다. 천황제야말로 아이덴티티개념의 중심인 자신의 불변성과 연속성, 즉 내셔널아이덴티티라는 동일성 원리를 구현하고 있다는 것은 부정할 수 없는 사실일 것이다(예를 들면 미시마 유키오三島由紀夫의 「문화방위론文化防衛論」). 아이덴티티개념의 양의성은 언제나 내셔널아이덴티티에 항거하는 수많은 아이덴티티론을 만들어내면서도 결국에는 거대한 내셔널아이덴티티의 흐름에 휩쓸리고 만다. 근대의 역사가 이야기하고 있는 것은 그러한 상황의 반복이다.

1960년대의 여러 역사적 사건에 조금이라도 관련되었던, 그 시기에 청년기의 지적 형성을 이룬 세대를 60세대라고 부른다면(프랑스에서는 '68세대soixante-huitard'라는 말이 일반화되어 있다), 60세대에게 1960년대 후반부터 현저해진 아이덴티티라는 용어와 그 개념의 수용, 전개의 과정은 자신의 역사 또는 동시대사에서 사상적으로 일대사건이었다. 같은 세대에 속하는 나 자신은 미국을 통해 들어온 이 용어에 대해서 처음부터 불신과 위화감을 갖고 있었지만 끌리는 부분이 없었던 것은 아니다. 그러나 이 용어

가 급속하게 보급되는 상황이 나에게는 무언가 이상하게 여겨져 그 현상 자체가 갖고 있는 의미를 문제시해야만 했다. 또 아이덴티티라는 심리학적 용어가 어떻게 해서 그렇게 빠른 시간 내에 내셔널아이덴티티라는 용어를 만들어내고 급속하게 보급되었는지가 나에게는 오랫동안 수수께끼였다. 물론 그러한 이유는 그러한 용어의 역사적, 사회적 배경으로부터 어느 정도 설명이 가능할 것이다. 그러나 왜 그것이 다름 아닌 아이덴티티여야만 하는가……. 오랫동안 갖고 있던 그러한 의문은 최근에야 문제를 역전시킴으로써 해결할 수 있지 않을까라는 생각에 도달하게 되었다. 즉 심리학적인 용어가 정치적 용어에 전용된 것이 아니라 원래부터 프로이트나 에릭슨의 아이덴티티개념은 내셔널한 개념이며, 그 중심에 내셔널아이덴티티라는 개념이 포함되어 있었던 것은 아닐까. 이러한 생각은 기존에 발표한 논고에서는 「다문화주의와 아이덴티티개념을 둘러싼 두세 개의 고찰—아이덴티티론을 위하여多文化主義とアイデンティティ概念をめぐろ二, 三の考察—アイデンティティ論のために」(『立命館言語文化硏究』 2000년 11월, 제12권 3호)에서 부분적으로 거론되어 있지만 여기서는 「다언어 · 다문화주의를 아시아로부터 묻는다」(니시카와 나가오 · 강상중 · 니시 나루히코 엮음, 『20세기를 어떻게 넘을 것인가』, 平凡社, 2000)에서 인용한다.

역사개념의 중심에는 아이덴티티개념이 있다. 아이덴티티가 '국민 형성'의 논리에 연결되는 것은 지금으로서는 확실할 것이다. 나는 이전에 아이덴티티개념이 그렇게 급속히 보급되어, 또 프로이트에게서 유래되는 아이덴티티라는 심리학적 개념이 바로 내셔널아이덴티티라는 정치용어로 전용되어 에릭슨 자신이 내셔널아이덴티티에 대해서 열심히 설명하기 시작한 사태를 이해할 수 없었다. 그러나 이 수수께끼는 논리를 역전시켜서, 아이덴티티라는 것은 '국민 형성'의 논리라는 심리학적 말 바꾸기이며, 아

이덴티티가 내셔널한 차원에 적용된 것이 아니라 바로 위기를 맞은 내셔널아이덴티티에 아이덴티티개념이 필요해졌기 때문에 보급시킨 것이라고 생각함으로써 풀릴 것이다. 에드워드 사이드는 '정태적' 아이덴티티개념이 "이전 제국주의시대에 사고의 중심을 이루고 있었다"(『문화와 제국주의』 I, みすず書店, 24쪽)고 이야기하고 있다. 나는 이 주장에 대해 이론은 없지만 아이덴티티라는 용어의 역사를 되돌아보면 아이덴티티개념의 보급은 오히려 포스트콜로니얼시대에 국민 형성의 위기를 표명하고 있다고 생각한다. 아이덴티티개념은 국민국가로의 회귀를 준비하고 있다. 혹 아이덴티티라는 용어를 쓰려고 한다면 그것에 대한 재정의가 필요할 것이다.

62쪽

역사의 개념과 국민국가 형성의 논리가 아이덴티티개념과 얼마나 관련되어 있는지에 대해서는 벌써 설명했다. 여기서 한 걸음 더 나아가서, 국민국가의 (인식된) 형태와 국민국가의 다양한 사고가 구조적으로 비슷한 현상—국가와 관념의 상동성homology—에 주목하고자 한다. 베네딕트 앤더슨은 이전에 소설과 네이션개념의 유사성에서 상상의 공동체로서 네이션의 특질(균질하며 공허한 시간)을 논했으며, 사이드는 제국주의와 소설의 내러티브narrative에서 유사성을 지적(『문화와 제국주의』)했지만, 국민국가와의 상동성을 만들어내는 것은 소설이라는 근대적인 문학양식에 한정되지 않는다. 문화, 민족, 가족, 주권, 주체, 자아, 아이덴티티 등 국민국가의 이데올로기를 형성하는 주요 개념을 분석해서 그 정의를 시도하려고 하면 우리는 바로 동어반복tautology이라고 해도 좋을 것 같은 구조적 유사성에 직면한다.

가장 알기 쉬운 예는 가족일 것이다. 전통적인 정치학 또는 현대의 정치가들도 이상적인 국가의 모습을 가족의 이미지로 이야기하는 경우가 많다. 극단적인 예로는 일본의 천황제같이 절대주의적인 가부장제를 모델로 해서 천황을 대가장으로, 국민을 자식으로 여기는 경우도 있지만, 민주적 국가라고 자칭하는 미국의 경우에도 역대 대통령의 취임연설은 이상적인 가족의 비유와 이미지로 가득 차 있으며 대통령에 당선되기 위한 첫 번째 조건이 좋은 아내와 행복한 가족을 가진 남성이다(독신 대통령은 적고 여성 대통령은 전혀 없다).

문화의 정의는 추상적이며, 언뜻 보기에 그 정의에는 국가와의 유사성이 숨겨져 있다. 그러나 에드워드 버넷 테일러Edward Burnett Taylor(1832~1917) 이래 제출된 수십, 수백 가지의 문화에 관한 정의를 맞추어보면 국민국가와의 구조적 유사성이 저절로 떠오른다. 문화는 경계, 즉 국경을 필요로 한다. 또 문화는 그 경계의 내부에서 독자이며 균질한 공간(그것을 공통의 생활양식이라고 해야 할지 심벌체계라고 해야 할지는 별도로)으로 특징지을 수 있다. 하나의 독자적이고 균질한 공간에 갇힌 문화는 먼 과거로부터의 시간적 연속성(교육과 전통)을 강조하지만 인접한 다른 문화에 대해서는 배타적이고 이질성을 강조한다. 이러한 문화적 정의로 본다면 다른 문화이해나 문화교류는 이론적으로 불가능할 것이다(일본문화는 외국인은 이해할 수 없다 등). 이러한 문화의 정의로부터 문화는 국민국가를 지향하며 국민문화를 지향한다는 사실을 추측할 수 있다. 인종차별주의에 대항해서 나온 문화상대주의도 또 다른 각도에서 보는 것이기는 하지만 이러한 특징을 확실히 보여주고 있다. 즉 문화에 우열이 없으며 모든 문화는 독자의 가치를 가진다는 주장은 주권을 가진 국민국가의 이미지에 겹쳐진 결과 문화교류나 문화변용의 문제를 의식적으로 배제해서 문화적 국경을 유지하는 것이다. 문화를 이렇게 정의하면 다문화주의에 대해서도 마찬가지로 문화의 수만큼 미니 네이션(작은 국가)이 생겨야 한다는 의미라고 말할 수도 있지 않은가.

특정 집단의 독자성과 다른 집단과의 차이를 강조해서 집단 내부의 통일과 균질성을 강조하는 문화의 정의가, 국경이라는 경계 내에서 주권과 국민의 법적 평등, 통일과 균질성을 주장하는 국민국가의 모습을 조명한다는 사실은 벌써 잘 알려져 있다. 그러면 문화와 대비되는 민족의 경우는 어떠한가. 민속의 개념이 문화의 개념과 뿌리가 같으며 일제一體를 이룬나는 사실은 먼저 민족이라는 개념이 형성되는 역사를 더듬어 봄으로써 그리고 현재 이루어지고 있는 민족의 정의를 고찰함으로써 밝혀질 것이다. 요즘 들어 민족에 대한 '객관적' 정의는 일반적으로 특정 선조를 공통으로 한 출생, 공통의 언어, 종교, 풍속, 생활양식 등의 문화적인 규정에 따라 정해진다. 또 문화와 마찬가지로 민족도 근대국민국가가 형성되는 과정에서 형성된 개념이지만, 민족은 프랑스나 영국에서 네이션이라 불리던 것이 독일식으로 바뀐 말(문화라는 용어가 독일에서는 문명으로 바뀐 것처럼)이라고 말해도 좋을 것이다. 피히테Johann Gottlieb Fichte가 나폴레옹군에게 점령당한 베를린에서 아직 성립되지 않은 '독일국민'을 향해 민족적 각성을 부르짖었을 때, 그 핵심용어는 원시적 민족Urvolk과 문화였다(「독일국민에게 고함Reden an die Deutsche Nation」). 마이네케Friedrich Meinecke의 문화국민에서 국가국민으로라는 테제는 그러한 피히테 발언의 배경을 보여줌과 동시에 문화, 즉 민족과 국민국가의 근원적인 관계를 나타내고 있다.

유럽에서 국민국가의 형성기, 말하자면 근대적 자아 형성에 중요한 역할을 담당한 낭만주의운동은 서로 모순되는 매우 복잡한 요소를 포함하고 있었다. 낭만주의는 구제도의 붕괴로 인해 공동체로부터 해방, 즉 추방된 개인의 고독과 불안을 나타내고 있다. 낭만주의는 또 새롭게 형성되고 있는 어떤 사회질서(그것이 국민국가와 다를 바 없지만)에 대한 공감과 반발 또는 기대와 실망을 나타내는 것이다. 낭만주의 초기에 그러한 모순 전체를 가장 깊이 있고 광범위하게 표현한 사람은 장 자크 루소Jean Jacques Rouseau일 것이다. 루소는 『학문과 예술에 대하여*Discours sur les Sciences et les Arts*』나 『인간 불평등 기원론*Discours sur l'Origine et les Fondements de l'Inegalite Parmi les Hommes*』에서 근대사회에 대한 강한 불신을 표명하는 한편, 『사회계약론*Du Contrat Social ou Principes du Droit Politique*』과 『코르시카 헌법 초안*Projet de Constitution pour la Corse*』 또는 『에밀*Émile ou de l'Éducation*』 등에서는 새로운 사회질서와 인간형성의 기본원리를 제시하는 입법자와 교육자로서 나타난다. 나아가 『신엘로이즈*Julie, ou la Nouvelle Héloïse: Lettres de deux amans, Habitans d'une petite Ville au pied des Alpes*』에서는 사랑과 유토피아를, 『참회록*Les Confessions*』이나 『고독한 산책자의 몽상*Rêveries du Promeneur Solitaire*』에서는 다른 사람과는 다른 독자적인 개인, 즉 근대적 자아의 탄생을 선언했으며 그 개인이 여지없이 당하는 고독과 소외를 그려냈다.

새로운 사회질서에 대한 공감과 반발은 프랑스혁명 이후에 혁명 대 반反혁명이라는 정치적 표현으로 나타난다. 그리고 여기서 흥미로운 점은 프랑스와 독일에서 전개된 낭만주의의 대조적인 모습이다. 많은 논자가 지적하고 있는 것처럼, 독일에서 낭만주의운동은 반혁명 그리고 반계몽, 반사회, 신비주의, 현실도피와 내면으로의 침잠이라는 경향을 보인다. 이에 비해 프랑스 낭만주의를 주도한 것은 오히려 혁명파이며, 합리주의적인 계몽주의나 사회변혁의 의욕으로 연결된다. 이는 프랑스의 많은 낭만주의자들이, 예를 들면 라마르틴Alphonse de Lamartine처럼 그 자신이 정치가이거나 그렇지 않다 하더라도 현실 정치와 깊은 관계를 갖고 있었다. 독일과 프랑스 낭만주의의 대조적인 성격은 예를 들면 1830년의 7월혁명을 그린 들라크루아Ferdinand Victor Eugène Delacroix의 《민중을 이끄는 자유의 여신La Liberté Guidant le Peuple》(1830)과, 폐허와 황량한 자연을 앞에 두고 앉아 감상자에게서 등을 돌린 인물을 그린 프리드리히Casper David Friedrich의 그림을 떠올리면 납득할 수 있을 것이다.

프랑스 낭만주의와 독일 낭만주의의 대조적인 성격은 문명개념과 문화개념의 대조적인 성격과 기묘할 정도로 일치하고 있다. 〈표 3〉은 '문명'과 '문화'에 관한 필리프 베네통Philippe Bénéton의 분석을 정리한 것이지만, 문명의 특색은 거의 프랑스 낭만주의의 특색을 보여주고 있으며, 문화의 특색은 독일 낭만주의의 특색과 겹쳐 있다. 그러나 문명과 문화의 개념을 그 형성 과정부터 보아도 서로 등지고 있는 쌍둥이와 같은 성질을 가진, 두 가지 모두 국민국가의 이데올로기(선진국형과 후발국형)이지만 프랑스 낭

표 3.

문명	문화
이성	감정
(역사의) 연속성	비연속
(유산의) 계승	창조
진보	생성
평등	불평등
공통성	차이
인류	민족
프랑스의 특수한 사명	독일민족의 우월성
식민지주의	나치즘
균등	악마적
세련	시적
개명開明적	신비적
사회적	개인적

Philippe Bénéton, *Histoire des Monts = Culture et Civilisation*, 1975 ;
「프랑스혁명과 낭만주의」, 우사미 히토시宇佐美齊 엮음,
『프랑스 낭만주의와 현대』, 筑摩書房, 1991, 94쪽에서 재인용

만주의와 독일 낭만주의는 근대유럽에서 한 가지 커다란 흐름의 서로 모순되는 두 측면을 나타낸다고 할 수 있다.

1848년 이후 프랑스 낭만주의는 독일 낭만주의와 유사한 경향을 보이기 시작한다. 반복된 혁명의 실패가 가져온 절망과 폐색감, 드디어 확실하게 모습을 드러낸 부르주아사회의 속물근성에 대한 비판과 반발, 예술지상주의적 경향, 풍자, 꿈, 신화와 우주론으로의 경도 등. 이러한 경향은 반세기에 걸쳐서 한 바퀴 돌아온 독일 낭만주의가 프랑스에서 부활한 것이라는 인상을 줄 것이다.[7]

근대적 자아는 언뜻 보면 비정치적인 고독한 내면 속에서 형성되어 심화된 것처럼 생각된다. 그러나 낭만주의의 다양한 작품에 그려져 있는 것처럼 그러한 정신의 움직임은 근대 국민국가 형성의 시대적인 커다란 흐름(그것은 넓은 의미의 내셔널리즘이라고 할 수 있다) 속에서 형성되고 있다는 점을 잊어서는 안 된다. 이 점에서 노발리스Novalis*의 "모든 문화는 한 인간의 국가에 대한 관계로부터 생겨난다"라는 말은 그것이 독일 낭만주의를 대표하는 시인의 말인 만큼 더욱 주목할 만한 것이리라. 프리드리히 마이네케가 지적하고 있는 것처럼 노발리스는 낭만주의의 이상을 이상적인 국민국가(공화국)와 일체화하는 한편, 근대적인 자아(개인 = 국민)와 그 이상적인 국가를 상호적 · 상동적인 것으로 보고 있다. 기대와 실망은 동전의 양면이며, 이상적인 공동체(국민국가) 속에서 살아가는 정치적으로 자율적인 개인(국민)과 비현실적인 몽상을 좇아 불안에 시달리고 있는 고독한 영혼이라는, 언뜻 보면 상반되는 두 가지 인간의 모습이 한 인간의 양면이며, 상황에 따라 그중 한 쪽이 강조된다고 생각해도 좋다는 것이다. 이는 노발

* 1772~1801. 본명은 Friedrich von Hardenberg.

리스 한 사람에 한정된 것이 아니라 낭만주의운동 전체의 생각이라고 말할 수 있다.

개인은 국가의 내면화이며 국가는 개인의 투영이라는 개인과 국가의 친밀한 관계 형성을 낭만주의운동 전체로부터 읽을 수 있는 것이다. 근대적인 자아개념의 중심에 있는 것은 국가와 개인의 관계이며 국민(민족)적=개인적 아이덴티티에 대한 바람이다. 낭만주의적(따라서 근대적) 자아와 정신분석학을 통해 도달한 자아의 큰 차이는 충분히 인식해야 한다. 그러나 여기까지 오면 자아의 형성에 관련된 정신분석학이 국민국가의 원리나 형태와 관련되어 있다는 점은 확실해진다. 프로이트 정신분석학의 정치성이나 가부장적 성격에 대해서는 지금까지도 종종 지적되고 있다. 르네 지라르René Girard는 프로이트의 이론을 정치적 공동체(국가) 형성의 논리로 읽고 풀이했다(『폭력과 성스러움*La Violence et le Sacré*』, 1972). 린 헌트Lynn Hunt는 르네 지라르를 원용하고 프로이트와 에드먼드 버크Edmund Burke이론의 유사성을 지적하면서, 프로이트의 『토템과 터부*Totem and Tabu*』(1913)를 일종의 사회계약론으로서 이해하고 그것을 실마리로 프랑스혁명으로 형성된 정치적 공동체(공화국)에서 여성 배제의 구조를 그려낸다(『프랑스 혁명의 가족로망스*The Family Romance of the French Revolution*』, 1992). 20세기 후반이 되어 프로이트 이론의 한 측면(아이덴티티개념)을 강조하면서 이론을 전개해온 에릭슨의 경우에는 아이덴티티개념이 가진 정치성이나 역사적 역할에 대한 인식은 더욱 명확했지만, 아이덴티티개념은 에릭슨의 예상을 훨씬 뛰어넘어 보급되었으며 한편으로는 통속화한다. 그렇게 된 중요한 이유는 국가의 변용과 국가의 위기, 즉 아이덴티티의 위기이다. 그리고 그러한 극적이고 시대적 변화를 나타내는 말로서 나타난 것이 글로벌리제이션이었다.

3. 글로벌리제이션과 국민국가의 변용

현재 글로벌리제이션이라고 부르는 현상을 이해하기 위해서는, 그것을 장기적인 글로벌화의 흐름 속에 자리 잡게 함과 동시에 지금까지와는 다른 현재 글로벌리제이션의 특징을 고찰하는 두 가지 작업이 필요할 것이다. 장기 글로벌리제이션의 기점을 언제로 할 것인가에 대해서는 다양한 입장이 있을 수 있다. 인류사를 거시적으로 바라보려고 하는 문명사가文明史家는 고대의 모든 문명을 이용해 설명할지 모른다. 고전적인 국제관계학자는 근대의 국가체제가 성립된 기점인 베스트팔렌조약(1648) 이후를 생각할 것이다. 서구에서 문명의식과 근대 국민국가 성립에 관련된 18세기 후반부터 프랑스혁명시대 또는 19세기 말부터의 제국주의시대, 세계의 정치 · 경제가 실질적으로 더욱 일체화하는 제1차 세계대전 이후 또는 미국의 패권이 성립하는 제2차 세계대전 이후 등이 그러한 기점이 될 수 있다. 그러나 나는 여기서 그러한 글로벌화의 다양한 계기나 변용을 시야에 넣으면서 그 기점을 서구의 팽창과 식민지 지배가 시작되는 대항해시대, 콜럼버스의 아메리카대륙 '발견'(1492)에 두고자 한다. 그렇게 함으로써 현재의 글로벌리제이션과의 관계, 특히 그 지구를 지배하는 식민지주의적인 측면이 명확하게 의식되기 때문이다.

그러면 현재의(단기적으로) 글로벌리제이션의 기점을 어디에 둘까. 이 문제에 대해서도 여러 가지 설이 있을 것이다. 글로벌리제이션이라는 용어 자체는 1980년대 후반부터 1990년대에 걸쳐서 미국을 중심으로 세계에 퍼져 나간 것이다. 냉전체제의 종언을 나타내는 1989년은 글로벌화에서도 결정적인 해였다. 그러나 현재의 글로벌화의 전체적인 움직임을 심도 있게 생각하려면 그 기점을 1960년대에 두는 편이 좋을 것이다. 여기서 아이덴티티, 멀티컬추럴리즘, 글로벌리제이션이라는, 모두 미국(또는 영어권)에서 만들어진 세 용어를 새롭게 주목해보자. 1960년대에 급속하게 퍼진 아이덴티티의 배경에 대해서는 앞에서 이미 이야기했다. 1968년의 학생반란은 세계적인 동시성이 주목되지만, 지금에 와서는 글로벌리제이션의 일환이라고 논할 수 있을 것이다. 다국적기업이나 금융위기 등 경제적인 글로벌리제이션의 징후가 나타나는 것도 1960년대이다.

1960년대 후반에 신조어로 출현한 멀티컬추럴리즘은 1970년대가 되자 캐나다와 오스트레일리아의 국시로 채용되어, 이 용어 역시 영어권에서부터 퍼져나간다. 멀티컬추럴리즘에는 한 개의 언어-한 개의 문화-한 개의 국가라는 내셔널아이덴티티 원리의 중요한 변화가 포함되어 있으며, 국가의 정책적 수준에서도 철학이나 논리의 수준에서도 아이덴티티개념의 변경 또는 확대로 논의되고 있다. 멀티컬추럴리즘은 또 근대적인 정치이론의 중대한 변화를 의미하고 있다. 근대의 주류를 이루는 자유주의적 정치이론에서 '인권'이라는 이름 아래 시민(국민)의 개인적인 모든 권리가 보장되고 민족적, 문화적 · 종교적으로 중립적인(결국 그것은 다수에게는 유리하고 소수에게는 불리한) 국가를 전제로 하고 있었지만, 이에 대해 다문화주의적인 정치이론은 소수의 권리 옹호를 주장하고 때로는 '인권'보다 '민족적, 문화적 가치'의 우월성을 인정하게 되었기 때문이다. 다른 한편, 1970년대는 영국의 대처Magaret Thatcher 총리나 미국의 레이건Ronald Reagan 대통령으로 대표되는, 글로벌리제이션을 이데올로기로 하는 신자유주의가 현저해진 시대이기도 하다.

이와 같이 시대적인 순서를 좇아가면 1980년대 후반에 글로벌리제이션이라고 불리는 현상은 이미 1960년대부터 모습을 나타내고 있으며,[8] 1990년대에 들어서면서 갑자기 가속화되었다는 느낌이 있다. 그리고 아이덴티티와 멀티컬추럴리즘이라는 용어는 글로벌리제이션이라는 말이 보급되기 전에 글로벌화단계의 특징을 나타내는 용어였으며, 글로벌리제이션이라는 개념 속에서 그 전체적인 의미가 이해되는 용어는 아니었다. 이는 2001년 9월 11일과 아프가니스탄전쟁을 겪은 후에야 베트남전쟁이나 걸프전쟁의 좀더 본질적인 의미를 알 수 있는 것과 같은 구도이다. 글로벌화가 급격하게 진행된 배경에는, IT혁명이라고 불리는 과학기술의 급속한 진보도 있지만, 냉전이 종결되고 미국의 정치적, 경제적 일극지배가 확립됨에 따라 권력과 연결된 자본의 욕망이 드러나게 된 것이 중요한 이유이다.

그러면 글로벌리제이션을 어떻게 정의하면 좋을까. 이것에도 다양한 입장이 있지만 글로벌리제이션이라고 불리는 현상이 근대(500년을 기준으로 할지 200년을 기준으로 할지는 별도로 하고)에서 최대의 역사적 전환기를 가리킨다는 인식은 점차 일반화하고 있다고 생각한다. 세계적 규모의 경제적 재편, 그에 따른 국가의 변용, 급격한 문화적, 사회적 변화 등은 누구의 눈에도 명백하기 때문이다. 글로벌리제이션이라는 현상은 현재 진행 중이기 때문에 더욱 시간이 지나면 새로운 요소가 보일지도 모른다. 3년쯤 전에 내가 잠정적으로 내린 정의는 '세계체제의 붕괴와 재편의 혼란스러운 상황을 세계화의 관점으로 보려고 하는 시도', '글로벌리제이션이라는 것은 문명화의 최종 국면이다'라는 것이었다.[9] 9월 11일의 사건 때문에 글로벌리제이션은 몇 가지 새로운 국면을 보이고 있지만, 근본적으로 정정해야 한다고 생각하지는 않기 때문에 여기서는 이 정의를 단서로 좀더 생각을 진행해보자.

두 개의 정의는 언뜻 서로 다른 것에 대해 이야기하고 있는 것처럼 보이지만, 내 생각에는 동일한 한 가지 현상의 두 가지 측면 또는 말바꾸기이다. '문명화'(=문명civilization)라는 것은 대항해시대 이래 서구적인 최고의 가치를 나타내는 용어이며 서구의 발전과 식민지주의, 즉 서구의 팽창을 지지하는 최대의 이데올로기였다. 내가 문명화의 '최종 국면'이라고 이야기하는 것은, 문명화의 이데올로기는 이 단계에 이르러 가장 강력하고 노골적인 형태를 보이지만(그것은 9월 11일의 사건에 대한 부시 대통령의 발언—문명 대 야만, 십자군, 불량국가 등과 그 후 미국정부의 대응, 아프가니스탄전쟁 등만 보더라도 여실히 증명된다), 그것은 동시에 지배적이었던 서구적 가치관이 붕괴되고 지배적인 힘을 잃어 다른 새로운 가치관(그것을 비서구적 가치, 로컬한 또는 글로벌한 가치라고 할 수 있는지는 별도로)으로 바뀌는 과정을 의미하기도 하며, 현재 그 징후는 세계의 모든 곳에서(서구를 포함해서—서구의 탈서구화) 나타난다는 것이다. 따라서 이 짧은 정의에는 글로벌리제이션이 제2의 식민지주의이자 동시에 그 종언에 도달한 것이라는 주장이 담겨 있다.

'세계체제의 붕괴와 재편'이라는 정의는 이매뉴얼 월러스틴의 논의를 따르고 있다. 이 '세계체제'라는 용어에는 이른바 세계체제(세계자본주의)와 함께 그것을 제도적으로 뒷받침해온 근대국가와 국가 간 체제, 나아가서는 그러한 체제 속에서 생산되어 그러한 체제를 지탱해온 지적 구조(학문, 문화, 이데올로기)가 포함되어 있다. 이 세 가지 모두 한계에 이르러 붕괴 현상을 일으키고 있지만, 그것은 일시적인 것이 아니라 현재 체제 전체의 붕괴기이자 다음 번 새로운 체제의 배태, 즉 이행기라는 것이 월러스틴의 견해(1997)이다. 그중에서도 특히 월러스틴은 여기서 글로벌화라는 용어를 사용하지는 않지만, 이 구체제의 붕괴와 새로운 체제의 배태라는 혼란스러운 이행기의 특색을 글로벌리제이션이라는 이름으로 부를 수 있을 것이다. 실제로 월러스틴이 체제 붕괴의 현상으로 예를 들고 있는 주변지역에서 식민지적 수탈의 불가능성, 잉여가치율의 저락, 환경파괴, 복지국가의 한계, 새로운 사태에 대응해야 할 기성 학문의 무능력과 새로운 연구영역의 출현(복잡성, 여성학, 컬추럴스터디스 등)은 현재 글로벌리제이션이라는 이름으로 불리는 제반 현상들이다.

그러면 '세계체제의 붕괴와 재편'을 글로벌화의 관점에서 볼 때, 새롭게 보이는 것은 무엇일까. 끝없는 이윤추구를 향한 자본의 원리는 본래 글로벌이며 국익과 국민의 보호를 목표로 하는 국가의 내셔널한 원리와는 서로 모순되어 때때로 대립한다. 그러나 근대, 특히 프랑스혁명 이후 국민국가시대의 질서를 지탱해온 최대 요소는 자본과 국가의 상호의존관계였다. 자본의 이윤추구는 국가의 모든 제도로 지탱되고, 다른 한편으로 국가의 발전은 자본의 힘을 통해 가능해진다. 자본과 국가의 이러한 상호의존관계의 균형이 깨지고 근본적인 변화가 표면화하는 현상이 글로벌리제이션이었다. 글로벌화는 먼저 국가의 주권이나 영역성의 틀을 넘는 자본의 움직임으로 나타난다. 다국적기업, 국제적인 금융과 자본, 투기자금, 소비시장이나 노동시장이 개발도상국으로 확대되는 것 등이 바로 그러한 움직임이다. 이렇게 자유로운 자본을 통해 세계 지배와 세계의 구조조정이 시도된다.

이에 대해서 여러 국가(국민국가)들은 어떻게 대응하는 것일까. 자본의 원리와 국가 원리의 대립이 여기에서 정점에 이르는 것은 분명할 것이다. 최악의 경우 주권과 국경은 무시되고 국민생활과 국민적 통일은 교란된다. 그러나 자본은 여전히 법과 제도, 군대, 나아가 이데올로기의 지지 없이는 발전할 수 없다. 국가도 역시 자본을 필요로 한다. 따라서 여지없이 변용당한 국가의 반응은 매우 양의적이며 모순으로 가득 차 있다. 국가는 법이나 제도나 국가의 이념을 수정해서(예를 들면 복지국가로부터 신자유주의로) 글로벌화에 순응하는 한편, 흔들리기 시작한 국민통합을 강화하기 위해 국민문화나 국민정신을 부르짖고 내셔널리즘이나 내셔널아이덴티티를 강조한다. 이민을 받아들이면서도 이민을 배제하거나 소수자집단의 권리를 인정하면서도 소수자집단을 억압한다.

특히 모든 국가의 대응은 글로벌리제이션 속에 놓인 위치에 따라, 즉 글로벌한 자본을 통해 세계가 구조조정되는 가운데 어디에 속하는가에 따라 달라질 것이다. 미국처럼 패권을 획득한 초대강국에서 자본과 국가는 아주 밀접하게 연결되어 있기 때문에, 정부는 마치 대기업을 대표하는 것 같은 행동을 하며 강력한 정치·군사력을 배경으로 글로벌화라는 미국 기준에 전 세계를 밀어 넣는 에이전시 역할을 하고 있다. 그러나 국민국가의 영역성과 국민통합을 파괴하는 글로벌리제이션의 파도는 처음에는 미국을 공격했으며(아이덴티티의 위기나 다문화주의로 인한 문제의 진원지가 미국이었던 것을 생각할 때), 미국은 세계에서 빈부의 격차가 가장 큰 지역이고 다수의 이민과 소수자집단의 반란을 스스로 끌어안고 있는 나라가 되었다. 글로벌리제이션이 진전함에 따라 심각한 국민통합의 위기에 직면한 미국은 항상 위험한 가상의 적을 설정해서 전쟁이나 교육, 스포츠 등을 이용해 인위적으로 애국심을 고양시키고 내셔널아이덴티티를 강화하는 데 힘써야만 했다.

제2차 세계대전 후의 참상 속에서, 그와 같은 참상을 초래한 전쟁과 국가 간 체제에 대한 반성에서 출발한 전후 유럽의 부흥운동이었던 유럽통합의 움직임(EC-EU)은 후에 글로벌리제이션이라고 불리는 미국이나 일본의 경제발전에 직면해 점차 그 성격이 바뀌어간다. 영역 내 이동의 자유를 실현하고 국가의 틀을 조금씩 여러 부분에서 떼어내 새로 맞춘 EU는 때로는 확대된 국민국가라고 불리지만, 지금은 오히려 글로벌화를 통해 출현한 제1의 제국(아메리카제국)에 대해, 어찌 보면 글로벌리제이션에 대항하는 제2의 제국(유럽제국)이라고 부를 수 있을지도 모른다. 확대된 EU는 더욱 그 명칭에 어울리게 될 것이다.

그러나 EU의 모든 나라는 모순에 직면한다. 글로벌화에 대항하기 위해서는 글로벌리제이션의 원리(합리화와 효율성)를 도입해서 스스로 글로벌화해야 하지만(통합화폐인 유로는 그 하나의 표현일 것이다), 다른 한편으로는 저항의 근거지가 되는 다른 원리가 필요하기 때문이다. 한때 유럽에 휘몰아쳤던 신자유주의(대처주의)는 각국에서 사회당 · 사민당정권이 탄생함으로써 억압되었으며, 이는 복지국가의 이념이 유럽에서 얼마나 뿌리 깊은 것인가를 잘 보여준다. EU와 각 국가들이라는 유럽의 이중권력구조가 앞으로 어떠한 형태를 보이게 될지에 대해서는 쉽게 예측할 수 없지만, 유럽의 주민은 이중, 삼중의 다원적 아이덴티티를 갖고 살기 시작했으며 단일한 내셔널아이덴티티를 부르짖으며 움직이게 하는 것은 이제 어려울 것이다.

일시적으로 화제가 되었던 삼국구조三局構造라는 말은 이제 거의 사용되지 않는다. 특히 냉전구조 붕괴 후에는 미국의 정치 · 경제력이 부각되고 일본의 정치 · 경제력은 하강 일로를 보이고 있기 때문이다. 제2차 세계대전 이후 미국에 대해서 정치적, 경제적으로 일관되게 종속적인 관계였던 일본에서는 '민영화', '규제완화', '구조혁명', '글로벌스탠더드global standard'라는 슬로건 아래 글로벌리제이션의 이데올로기가 끝없이 확산되어 연금이나 의료보호의 삭감 등이 이루어지는 한편, 국기 · 국가법이 제정되고 유사입법有事立法이 준비되며 신들린 것처럼 일본정신이나 일본문화론을 찬양한다. 제2차 세계대전 이후 내셔널아이덴티티가 이렇게까지 강조된 적도 없다. 언뜻 보면 상호 모순인 글로벌리즘과 내셔널리즘이 일체라는 것을 이렇게 훌륭히 증명하고 있는 예도 적지 않을 것이다.

일본의 대기업이나 은행, 호텔, 슈퍼마켓 등에 외국자본이 진출하는 것을 보면서, 일본이 글로벌리제이션의 물결에 휩쓸리고 있다는 것을 누구나 확실히 알 수 있지만 여기서 잊어서는 안 되는 사실은 그 일본이 동남아시아나 그 밖의 저개발 국가들, 개발도상국에 대해서는 글로벌리제이션의 진원지(발진지發進地)가 된다는 것이다. 이렇게 해서 글로벌화가 연쇄적으로 이루어지고 착취와 차별의 재구조화(제2의 식민지주의)가 진행되는 가운데, 이에 대항하는 반글로벌리제이션운동도 다양한 모순을 끌어안은 복잡한 형태를 갖게 될 것이다. 반글로벌리제이션운동 역시 글로벌화할 수밖에 없다. 예를 들면 일본 국내에 한정된 NGO가 다른 나라들의 NGO와 협력해서 WTO(World Trade Organization) 각료회의(시애틀, 1999년 12월)나 정상회담(제노바, 2001년 7월)에서 데모하는 경우도 있다. 또는 주변부의 게릴라가 인터넷을 이용해서 싸우는 경우(사파티스타민족해방군Ejército Zapatista de Liberación Nacional; EZLN[10])도 있을 수 있다. 글로벌리제이션을 추진하는 주체가 예전의 국민국가와 같은 중앙집권적인 형태가 아니라 탈중심적, 다중심적이며, 세계적인 환경오염이나 투기자금처럼 본체의 모습이 보이지 않는 경우도 많기 때문에, 그것에 대응하는 반대운동은 그 대상을 한곳으로 정하기가 어렵다. 국제적인 동시다발테러는 테러의 옳고 그름을 떠나서 글로벌리제이션에 대응해 반대운동이 다원적으로 이루어져야 하는 필연성을 보여주고 있다.

4. 아이덴티티의 재정의를 향해서

지금까지 살펴본 것처럼 글로벌리제이션은 세계 각지의 상황에 맞는 다양한 형태의 내셔널리즘을 불러냈으며 마치 모든 유형의 내셔널리즘이 모여들어 일제히 꽃을 피운 것과 같다.[11] 그러나 그것은 국민국가 형성에 대한 가능성을 전제로 한 형성기의 내셔널리즘은 아니다. 우리가 지금 직접 보고 있는 것은 글로벌리제이션으로 인해 국민국가의 존립 불가능을 선고받은, 말하자면 국민국가 쇠퇴기의 회귀적 · 반동적 내셔널리즘의 여러 형태이다. 국민국가의 역할과 형태가 바뀌고, 네이션의 이미지가 변용되어 애매해지면서 한층 더 강하게 희구되고 요구되는 내셔널리즘이다. 네이션의 상실 또는 네이션 없는 내셔널리즘이라고 해도 좋을까.

내셔널리즘을 지탱하는 중심개념은 내셔널아이덴티티였다. 그러나 네이션 없는 내셔널리즘의 내셔널아이덴티티라는 것은 도대체 무엇일까. 내가 이 장에서 15세기 이후의 장기 글로벌리제이션과 구별해서 단기 글로벌리제이션(또는 단순하게 글로벌리제이션의 시대)이라고 부르는 1960년대 이후 현저해진 아이덴티티개념의 변화를 살펴보면, 아이덴티티개념이 내셔널아이덴티티로 치우치는 일반적인 경향이 나타남과 동시에 반대로 아이덴티티개념이 네이션을 벗어나는 재미있는 현상을 평행적으로 관찰할 수 있다. 뿐만 아니라 새로운 아이덴티티개념 대부분은 오히려 후자에 속하며 이제는 글로벌리제이션에 대한 대응이라는 특색으로 설명할 수 있다.

예를 들면 캐나다나 오스트레일리아의 국시 또는 정책으로 나온 다문화주의는 새로운 형태의 국민통합을 목표로 하는 것으로, 그 경우에는 내셔널아이덴티티를 형성하려는 의도가 있었지만 그 다문화주의를 지지하는 아이덴티티개념은 기성의 내셔널아이덴티티개념을 깨뜨리는 요소를 포함하고 있었다. 최초의 '다문화주의선언'이라고 할 수 있는 1971년의 캐나다 의회연설에서 트뤼도 총리가, "국가적 통합이라는 것이 개인적인 감각에서 무엇인가 깊은 의미를 가지려면 그것은 각 개인의 아이덴티티에 대한 안정감을 기초로 해서 이루어져야 한다"[12]라고 말했을 때, '각 개인의 아이덴티티'는 더 이상 국가이념을 체현하는 개인의 아이덴티티라고 할 수 없다. 또 「다문화국가 오스트레일리아를 위한 전국계획」에서 "우리의 다양성이 만들어내는 활력과 다른 문화 간의 상호작용은 오늘날 오스트레일리아 이외의 다른 곳에서는 그 예를 찾아볼 수 없는 아이덴티티 형성에 크게 기여하고 있다"[13]라고 기술할 때, 이 아이덴티티는 그야말로 오스트레일리아의 내셔널아이덴티티를 의미하고 있지만 그것은 '다른 예를 찾아볼 수 없는' 아이덴티티인 것이다. 다문화주의를 철학적 · 이론적으로 뒷받침한 찰스 테일러는 인간의 존엄과 관계성 속에서 아이덴티티의 재정의를 시도하고 있지만(「승인을 둘러싼 정치」), 그것이 내셔널아이덴티티 해체의 방향성을 간직하고 있다는 점은 아직까지 '단일 불가분의 공화국'이라는 프랑스형 공화정의 이념('민주적 입헌국가')에 사로잡혀 있는 하버머스의 테일러에 대한 비판을 통해 밝혀져 있다.[14]

유럽통합(EC-EU)의 움직임 역시 새로운 아이덴티티모델을 필요로 한다. 그 모델을 일찍이 '세 공간의 병존모델'로서 정식화한 것은 가지타 다카미치梶田孝道이지만,[15] 그것은 유럽의 주민이 단지 EU · 국가 · 지역이라는 세 가지 대상과 동시에 관련되어 있을 뿐만 아니라 지역 내의 모든 지역으로 이동해서 횡적으로 모든 국가, 모든 지역과 관계를 맺는 것이며 또한 글로벌화가 진행되는 과정에서 각각 서로 계속 변화되는 EU · 국가 · 지역에서 개개인이 독자적으로 관계를 맺는다는 의미일 것이다. 즉 다원적이고 유동적인 아이덴티티모델이 필요해진 것이다. 1968년 이후 현저해진 유럽의 사회운동을 고찰하면서 제시된 멜루치Alberto Melucci의 '유목민'형 아이덴티티는 그 다원성과 유동성을 강조한 모델('집합적 아이덴티티')이었다. 특정 목적을 가지고 사회운동에 참가하는 사람들은 다양한 계층, 다양한 지역으로부터 모이고 그 목적을 달성하거나 실패한 후에는 다시 흩어진다. 한순간의 공동체를 성립시키는 사회운동은 정주자보다는 이민(또는 이동민)이 모델이라고 생각해도 좋을 것이다. 그러한 네트워크를 가진

사회에서 내셔널아이덴티티는 원리적으로 해체되어 있다.[16]

내셔널아이덴티티에 대항하는 중요한 개념 중 하나가 '디아스포라' 였다. 스튜어트 홀Stuart Hall은 블랙 카리브인Black Caribbean을 모델로 한 디아스포라 아이덴티티에 대해서, 그것은 언제나 변환과 차이를 통해서 자신을 새로운 것으로 생산·재생산하는 것이라고 말하고 있다(「문화적 아이덴티티와 디아스포라」). 아이덴티티는 '본질'이 아니며 무엇인가의 '기원起源'으로 보증되는 것도 아니다. 아이덴티티는 언제나 새롭게 형성되는 것이며 현재 차지하고 있는 불안정한 위치를 가리키는 개념에 지나지 않는다고 한다면 그것은 동일성을 축으로 하는 아이덴티티개념이 거의 해체된 것이라고 할 수 있지만, 홀은 아이덴티티 형성의 움직임 속에서 유사성과 연속성, 차이와 단절이라는 언뜻 보면 상반되는 두 개의 벡터vector를 인정함으로써 어쨌든 아이덴티티개념에서 벗어나지 않는다.[17]

내셔널아이덴티티를 비판하는 가장 급진적인 아이덴티티개념을 제기하고 있는 것은 아마도 마르티니크 출신의 시인이자 철학자인 에두아르 글리상일 것이다. 글리상에 따르면 단일 루트형의 아이덴티티는 거슬러 올라가면 일신교적 세계 창조라는 이상을 가진 창세신화에서 기원을 찾을 수 있고, 서구세계가 정통성을 주장하는 영토 확장과 정치적 지배를 정당화하는 통일적이고 체계적인 대륙형의 사고이지만, 이것이야말로 내셔널아이덴티티의 정의일 것이다. 이에 대해서 글리상이 주장하는 리좀형 '관계로서의 아이덴티티'는 카리브해의 섬들처럼 열도의 사고라고 불려야 할 것으로, 글리상은 그것을 "여러 문화의 접촉을 통해 의식적이고 모순에 가득 차 있으며 살아남은 경험"과 연결시켜, "'관계'의 카오스적 그물조직 속에서 생겨난다"고 쓰고 있다(『'관계'의 시학』[18]). 아프리카 각지로부터 마구잡이로 모아서 선주민이 추방·절멸된 카리브 섬에 강제로 이주된 블랙 카리브인에게, 만약 역사나 아이덴티티의 기원이 존재한다면 그 기원은 그들을 옮긴 노예선의 배 밑바닥일 것이라는 것이 글리상의 의견이다.

이러한 생각은 내셔널아이덴티티를 근저에서부터 비판하는 것이며 동시에 같은 마르티니크 출신으로 그들의 사상적 지도자였던 에메 세제르의 네그리튀드 사상과 강한 긴장관계를 이룬다는 것을 쉽게 상상할 수 있다. 크레올성에 대한 주장은 지금에 와서는 네그리튀드의 사상을 뛰어넘으려는 움직임이다. 하지만 그것은 카리브해 섬들의 고립된 움직임이 아니라 다문화주의운동을 하는 과정에서 민족성에 눈을 떠서 민족적 뿌리를 찾는 이민이나 소수민족의 사람들이, 결국 그들의 현실로 되돌아가 그 현실 속에서 고유의 아이덴티티를 형성하려는 운동에 서로 호응하는 움직임이라는 점에 주목하고자 한다. 같은 마르티니크에 살고 있으며 글리상보다 한 세대 젊은 지식인들의 일종의 크레올성 선언인 『크레올 예찬』에는 다음과 같은 문장이 기술되어 있다.

> 그것에는 언어도 민족도 종교도 습관도, 세계에서 모여든 사람들의 살아가는 방식도 돌연히 탈영토화되어 새로운 삶을 모색할 수밖에 없는 것과 같은 환경에 이식되었다. 우리의 크레올성은 따라서 어쩔 수 없이 마구 뒤섞인 이것으로부터 생겨난 것이다.
>
> 장 베르나베 · 파트릭 샤무아조 · 라파엘 콩피앙, 『크레올 예찬』, 1989

토지를 지배해야 할 영토로서가 아니라 교통이나 뒤섞임의 장(글리상은 '공여供與의 장'이라는 말을 쓰고 있다)으로 그려내어, 경계를 설정하는 것이 아니라 경계의 양의성이나 유동성, 혼란스러운 풍부함을 아이덴티티의 모델로 할 때 내셔널아이덴티티의 개념은 붕괴할 수밖에 없다. 내셔널아이덴티티의 붕괴는 네이션과 내셔널아이덴티티의 개념이 배제하고 억압하고 은폐해온 것이 무엇이었는지 명확하게 보여준다. 국민국가와 유사한 모습으로 생겨난 아이덴티티개념은 이제 반대로 네이션개념의 허망함을 폭로한다. 아이덴티티개념을 재정의한 배후에는 내셔널아이덴티티개념에 억압받고 배제당해온 사람들의 내셔널한 것에 대한 오랜 투쟁의 역사가 있다.

여기서 내셔널아이덴티티를 옹호하는 것은 논외의 일일 것이다. 그러나 역사의 아이러니는 생각지도 못한 사태를 만들어내고 있다. 억압당한 소수의 자기주장인 다문화주의나 크레올주의는 현재의 정치·문화적 상황 속에서 종종 소수의 다수 따라서 내셔널한 것으로 흡수되거나 녹아버리는 것을 의미하기도 한다. 또 내셔널한 것에 대한 투쟁으로 내걸 수 있었던, 지금은 글로벌리제이션에게 빼앗겨 버린 다문화주의로부터 크레올주의에 이르는 다양한 아이덴티티의 이미지는 상품화되어 유통되고 있다. 내셔널한 것에 대한 투쟁은 지금까지도 잔존하는 국가의 억압에 대항하는 한편, 글로벌화가 퍼뜨리는 모조품인 자기 자신의 복제품과 싸워야만 한다. 아이덴티티 재정의에는 싸우는 방법의 변경 다시 말하면 정치학적 재정의가 필요한 것이다.

미주

1 나의 책, 『지구시대의 민족=문화이론—탈 '국민문화'를 위하여』, 新曜社, 1995 ; 『국민국가론의 사정—또는 '국민'이라는 괴물에 대해서』, 柏書房, 1998 ; 『프랑스의 해체?—또 하나의 국민국가론』, 人文書院, 1999 ; 『증보 국경을 넘는 방법—국민국가론 서설』, 平凡社ライブラリー, 2001의 보론 「1990년대를 뒤돌아보며—글로벌리제이션·다문화주의·아이덴티티—九九0年代をふり返って—グローバリゼーション·多文化主義·アイデンティティ」 ; 『전쟁의 세기를 넘어서—글로벌화시대의 국가·역사·민족』, 平凡社, 2002. 그 밖에 「다언어·다문화주의를 아시아로부터 묻는다」, 니시카와 나가오·강상중·니시 나루히코 엮음, 『20세기를 어떻게 넘을 것인가—다언어·다문화주의를 계기로』, 平凡社, 2000 ; 「다문화주의와 아이덴티티 개념을 둘러싼 두세 개의 고찰—아이덴티티론을 위하여」, 『立命館言語文化硏究』, 제12권 3호, 2000년 11월 등을 참조 바란다.

2 베네딕트 앤더슨 지음, 시라이시 사야白石さや·시라이시 다카시白石隆 옮김, 『증보 상상의 공동체 : 민족주의의 기원과 유행想像の共同體 : ナショナリズムの起源と流行』, NTT出版, 1997의 마지막 장 「기억과 망각」의 '국민의 전기'를 참조 바란다.

3 "아이덴티티라는 말은 다른 의미를 가지고 있다. (1) '나' 또는 자아가 삶의 경험 전체를 통해서 동일하게 가지고 있는 사실. (2) 이성의 지평에서 규칙으로서 동일한 것, 즉 이론적 보편성으로서의 사고. (3) 모든 사고의 대상에 갖추어져 있는 A=A라는 사실. (4) 인식적으로 주관과 객관이 합치하는 것. '나'의 동일성이 성립되지 않으면 적어도 현재 적용되는 법체계에서는 계약도 소유도 권리도 의무도 그 근거를 잃어버리게 된다. 동일성의 문제는 인격, 신, 세계의 근거뿐만 아니라 사람들의 일상적 실천에도 깊게 관여하고 있다.

근대의 국민국가도 동일성의 원리에 따라 구성되어 있다. 국민, 영토(국경), 주권의 개념은 동일률과 배중률에 따라 규정되어 있기 때문에 국민국가는 한 개의 국어, 한 개의 민족, 한 개의 국가라는 신화에 경도되기 쉽다." 『岩波哲學·思想事典』, 1998, 4~5쪽.

이 글은 구리하라 아키라栗原彬의 아이덴티티에 대한 정의이다. 특히 뒷부분에 주목하기 바란다. 아이덴티티개념이 국민국가의 원리를 나타내는 국가의 이데올로기라고 지적한 문장은 의외로 적다.

4 나의 책, 『증보 국경을 넘는 방법』, 424쪽.

5 나의 책, 「에토 준에서의 '전후'와 '일본회귀'江藤淳における'戰後'と'日本回歸'」, 니시카와 나가오·나카하라 아키오中原章雄 엮음, 『전후 가치의 재검토戰後價値の再檢討』, 有斐閣, 1986 외에, 「미시마 유키오에서의 일본회귀三島由紀夫における日本回歸」, 다카우치 슌이치高內俊一 외 엮음, 『80년대 일본의 위기구조八0年代日本の危機の構造』(하), 法律文化社, 1988년을 참조.

6 이토 아키코伊東章子, 「이데올로기로서의 아이덴티티—1970년대 소비사회에 따라서イデオロギーとしてのアイデンティティ—1970年代消費社會に卽して」, 『立命館言語文化硏究』 제12

권 3호, 2000년 11월 참조.

7 낭만주의에 관해서는 나의 글, 「낭만주의를 생각하는 세 개의 시점ロマン主義を考える三つの視點」, 니시카와 나가오・마쓰미야 히데하루松宮秀治・스에카와 기요시末川清 엮음, 『낭만주의의 비교연구ロマン主義の比較研究』, 有斐閣, 1989 및 「프랑스혁명과 낭만주의」, 우사미 히토시宇佐美齊 엮음, 『프랑스 낭만주의와 현대フランス・ロマン主義と現代』, 筑摩書房, 1991을 참조 바란다.

8 이요타니 도시오는 글로벌화의 기점을 1960년대로부터 1970년대 초로 두고 있으며(『글로벌리제이션은 무엇인가グローバリゼーションとは何か』, 平凡社新書, 2002) 나는 이 견해에 찬성한다.

9 『증보 국경을 넘는 방법』, 373쪽.

10 야마모토 준이치山本純一, 『인터넷을 무기로 한 '게릴라'—반글로벌리즘으로서의 사파티스타운동インターネットを武器にした〈ゲリラ〉—反グローバリズムとしてのサパティスタ運動』, 慶應義塾大學出版會, 2002.

11 이러한 내셔널리즘의 유형에 관해서는 이 책 제8장 233~234쪽을 참조 바란다.

12 日本カナダ學會 엮음, 『사료가 말하는 캐나다 1535~1995—자크 카르티에부터 냉전 후의 외교까지史料が語るカナダ1535~1995—ジャック・カルチエから冷戰後の外交まで』, 有斐閣, 1997, 257쪽.

13 多文化社會硏究會 엮음, 『다문화주의—미국・캐나다・오스트레일리아・영국의 경우多文化主義—アメリカ・カナダ・オーストラリア・イギリスの場合』, 木鐸社, 1997, 230쪽.

14 Amy Gutmann 엮음, 사사키 타케시佐佐木毅 외 옮김, 『멀티컬추럴리즘*Multiculturalism: Examining the Politics of Recognition*』, 岩波書店, 1996에 수록. 이 책 제6장 제4절을 참조 바란다.

15 가지타 다카미치梶田孝道, 『통합과 분열의 유럽—EC・국가・민족統合と分裂のヨーロッパ—EC・國家・民族』, 岩波新書, 1993.

16 알베르토 멜루치Alberto Melucci 지음, *Nomads of the Present: Social Movements and Individual Needs in Contemporary Society*, Temple University Press, 1989 ; 야마노우치 야스시山之內靖 외 옮김, 『현재를 살아가는 유목민—새로운 공공공간의 창출을 향해서現在に生きる遊牧民(ノマド)—新しい公共空間の創出に向けて』, 岩波書店, 1997.

17 스튜어트 홀 지음, 오가사와라 히로키小笠原博毅 옮김, 「문화적 아이덴티티와 디아스포라」, 『現代思想』, 1998년 3월, 臨時增刊號.

18 에두아르 글리상 지음, 스가 케이지로管啓次郎 옮김, 『'관계'의 시학〈關係〉の詩學, *Poetique de la Relation*』, インスクリプト, 2000.

제8장

미명의 지평을 향한 걸음

—글로벌화 속에서 생각한다[1]

1. 복합적 현상으로서의 글로벌화

글로벌화, 글로벌리제이션이라고 불리는 역사적 변동이 지금 세계의 정치나 경제뿐만 아니라 우리의 일상생활이나 감성, 언어나 사고의 형태, 가치관마저도 급속히 바꾸고 있다는 사실은 확실하다. 우리는 한편으로 실업이나 파산, 오염이나 환경파괴 또는 전쟁이나 테러라는 인류와 자기 자신의 신변을 압박해오는 파국적인 위기의 도래에 겁을 먹으면서도, 다른 한편으로는 휴대전화나 인터넷에서의 대화를 즐기며 다양한 과학기술의 혜택을 누리고 세계시장이 가져다주는 기호나 정보, 상품의 대량소비를 통해 미래에 대한 어렴풋한 기대가 지평선처럼 넓다는 느낌을 받는다. 도시나 농촌의 외관을 바꾸고 가족의 형태나 인간관계를 바꾸고 개개인의 신체나 내면까지 깊이 침투해오는 이 불안한 힘의 존재를 우리는 실감하고 있지만 아직 그 정체는 알지 못하고 그 전모를 파악하지도 못하고 있다.

그것이 무엇인가를 알아내는 것이 우리에게는 긴급하고 절실한 문제지만, 지금 그 물음에 완전하게 대답할 수 있는 사람은 아무도 없을 것이다. 전환기라는 역사 속에 살면서 그것을 속속들이 이해하려고 할 때 우리는 언제나 이러한 어려움과 모순에 직면하게 된다.

글로벌리제이션은 여러 가지 요소가 복잡하게 얽혀 있으며 그리고 그 요소는 대항적인 반글로벌화운동도 포함하고 있는 복합적인 변화이므로 하나의 요인이나 범인을 찾는다고 끝나는 성질의 문제가 아니다. 이 엄청난 글로벌화의 움직임에 압도되어, 어쨌든 누가 이와 같은 역사적 변화를 누리기 위해 그것을 추진하는가를 생각해보면, 조지 부시George Walker Bush나 조지 소로스George Soros, 빌 게이츠Bill Gates의 얼굴이 떠오르기 십상이지만 그렇게 이해하는 방법에도 문제가 있다고 생각한다. 물론 패권국 정권의 야망이나 헤지펀드hedge fund의 움직임 또는 마이크로소프트사의 전략이 글로벌화라는 현상과 깊이 관련되어 있다는 것은 부정할 수 없지만 그것들 역시 다양한 요소 중 하나일 뿐 그것만으로 글로벌화를 설명할 수는 없다. 이에 대해서는 『글로벌화를 읽는 88개의 키워드』(平凡社, 2003)의 「글로벌리제이션グローバリゼーション」(고바야시 마코토小林誠)의 항목에 정확하게 지적되어 있으므로 그 부분을 먼저 인용하고자 한다. "여기서 말할 수 있는 것은 글로벌리제이션으로 보이는 것이 적어도 단일한 사회세력의 인솔하에 뭉쳐진 프로젝트가 아니라 전체적으로 통제할 수 없는 모든 사회세력의 독자적인 움직임의 유동적인 배치가 만들어내는 복합현상이라는 것이다."

이 글을 읽고 '복합현상'이라는 단어가 눈에 들어왔을 때 문득 떠오른 것은 '중층(다원)적 결정'이라는 루이 알튀세르의 말이었다. 루이 알튀세르는 레닌의 불균등발전개념과 마오쩌둥毛澤東의 모순개념을 원용하면서 정신분석학(라캉Jaques Lacan)의 다원적 결정이라는 용어를 빌려 이 개념을 만들어냈지만, 이미 그 전에 역사라는 것은 "주체도 목적도 없는 과정이다"라는 도발적인 테제를 준비했다. 글로벌리제이션연구[2]가 21세기 인류의 운명을 좌우하는 유효한 학문으로 성립하기 위해서는 올바른 대상 설정과 함께 그 대상에 어울리는 방법과 새로운 역사관이 필요해질 것이다.

2. 9·11이 밝힌 것들

공중납치당한 미국 여객기 중 최초의 2대가 세계무역센터빌딩의 북쪽 건물과 남쪽 건물로 각각 돌입하고 세 번째 여객기가 알링턴의 국방부에 돌입하고 이어서 네 번째 여객기가 피츠버그의 교외에 추락한 2001년 9월 11일의 사건과, 그 후 부시정권을 중심으로 한 반응은 한순간에 세계의 현실을 커다란 스크린에 비춘 것이었지만, 그것은 글로벌리제이션이라고 불리는 것이 무엇인지를 충격적인 방법으로 우리에게 가르쳐주었다. 여기서는 먼저 다섯 가지만 기술하고자 한다.

(1) 반글로벌리제이션운동의 글로벌화

9·11이 글로벌화에 대해 밝혀낸 것 가운데 하나는 글로벌리제이션의 숨겨진 현실이 대항적인 반글로벌리제이션운동을 불러일으켰고, 반글로벌리제이션운동의 움직임을 통해 밝혀졌다는 것이다.

반글로벌리제이션운동은 이미 9월 11일 이전에도 세계 각지에서 일어나고 있었다. 1999년 12월에 시애틀에서 시작되어 2001년 7월에는 제노바, 나아가 같은 해 11월에는 도하, 2002년에는 포르투알레그리에 뒤이어 NGO와 그 밖의 시민운동·사회운동을 중심으로 한 반WTO, 반G8, 반

WEF(World Economic Forum) 등의 운동은 글로벌한 반글로벌리제이션운동의 존재를 세계에 알려왔다. 그러나 이러한 반글로벌리제이션운동은 시애틀 NGO의 중심적 존재였던 ATTAC*에서 볼 수 있듯이 그 집단을 구성하는 것은 글로벌리제이션의 최대 피해자인 하층 사람들보다는 주로 중상류층 사람들이며, 또 그 주력은 제3세계보다는 여러 선진국 사람들이고 투쟁의 형태도 경우에 따라 폭력적 양상을 보이기는 하지만 대체적으로 평화적이었다.

이에 비해서 9·11은 직접 반글로벌리제이션의 기치를 내걸지는 않았지만 세계의 주변부에는 글로벌경제의 진행과 그에 수반된 정치적 변화 때문에 시달리고 있는 다수의 가난한 사람들이 존재하며, 그러한 사람들 편에서 싸우려고 하는 강한 의지와 의욕도 역시 존재한다는 인상을 강하게 남겼다. 그리고 이러한 글로벌리제이션의 최대 피해자라고 할 수 있는 주변부 사람들의 존재는, 미국정부가 테러에 대한 보복으로 불합리하게 아프가니스탄을 공습하고 또 미국정부의 강권強權에 호응해서 이스라엘이 불합리하게 팔레스타인공격을 강행함에 따라 또는 팔레스타인의 저항이 거세지면서 한층 절실하게 비추어졌다.

9·11과 그 후의 사태는 시애틀 이후 NGO를 중심으로 한 반글로벌리제이션운동에 그때까지와는 다른 의미와 특징을 부여했으며, 동시에 그때까지는 언뜻 보기에 따로따로 일어났던 다양한 시민운동, 환경보호, 반전, 반차별, 페미니즘, 인권옹호, 종교나 생명윤리에 관한 운동, 지역주의, 무정부주의 등이 반글로벌리제이션운동으로서 공통성과 상호 연관성을 자각하는 계기가 되었다고 생각한다. 그러한 흐름을 글로벌리제이션의 보편성에

* Association for a Taxation of financial Transacions for the Aid of Citizens, 시민 지원을 위한 국제금융거래과세연합.

대한 반글로벌리제이션의 보편성 형성이라고 부를 수 있을지도 모른다.

(2) 미국의 변모

9·11이 보여준 충격적인 현실의 모습으로 미국정부와 미국 국민의 놀라울 정도의 변모를 들 수 있다. 이른바 동시다발테러에 대한 부시정권의 순간적인 반응은 군사적·경찰적인 관리체제의 강화를 꾀하는 한편, 국민의 위기감을 선동해서 애국심과 국민주의에 호소하는 것이었다. 그리고 이 대응은 멋지게 성공해서, 9월 11일 이전에는 대통령선거의 방법과 결과를 둘러싸고 대통령의 정당성을 의심받아 분열의 위기에 직면해 있었던 미국이 열광적인 국민의 지지를 받으며 이분자나 비국민을 배제한 균일한 국민국가로서 다시 태어난다.

희생자를 추도하는 목소리가 애국가의 합창으로 바뀌었으며, 거리에는 성조기가 넘치고 시민들이 팔을 끼고 어깨를 끌어안으며 복수를 맹세하고 애국심을 확인하며 교회에서는 전쟁에서 승리하기를 기원하고 어린아이들은 보복할 것을 바라면서 애국적인 그림을 그렸다. 그중에는 자신의 아버지를 국가에 바칠 것을 맹세하는 씩씩한 소녀도 있어서 신문이나 텔레비전에서 화제가 된다. 이렇게 홀연히 출현한 애국적 공동체 속에서 이민자들은 몸을 움츠리고 지식인들은 만장일치의 여론에 영합한 대변인이 되거나 비국민이라고 불리는 것을 겁내면서 말을 아낀다. 그러나 이것은 언젠가, 어디선가 본 적이 있는 정경이다. 이러한 모습은 제2차 세계대전 때 미국이나 일본에서 볼 수 있었던 정경이며, 당시 참전국 어디에서나 볼 수 있었던 정경이기도 하다. 그리고 실제로 9·11 이후의 미국에서는 "리멤버 펄 하버"의 목소리가 흘러넘쳤다.

그러나 미국을 보면서 상기할 수 있었던 것은 진주만공격과 제2차 세계대전뿐만이 아니었다. 부시 대통령의 '불량국가'에 대한 보복전쟁선언에서부터 '야만'에 대한 '문명' 측의 '무한한 정의'를 실현하기 위한 '십자군' 결성, 나아가 '악의 축'이라는 발언 등을 살펴보면, 그 속에서 대항해시대는 물론이고 11세기 말의 '십자군' 이래 서구팽창의 역사, 서구의 정복과 세계 지배의 역사(그것이야말로 글로벌리제이션의 역사일 것이다)가 불려나오고 있다는 사실을 알게 된다. 비판받고 반성을 거쳐 극복했어야 할 서구 중심적인 역사관과, 마찬가지로 비판받고 반성해서 극복했어야 할 '문명' 대 '야만', '우리'와 '그들', '선과 악', '정의와 부정'이라는 이분법적, 이항대립적 사고가 뻔뻔스럽게 재현되는, 식민지와 제국주의시대로의 회귀를 눈앞에 두고 우리는 어떻게 하면 좋을까.

(3) 글로벌화가 동반하는 내셔널리즘

냉전체제의 붕괴 이후 유일한 초강대국으로서 흔들림 없이 패권국이라는 지위를 지키고 글로벌리제이션의 중심으로서 그 선도적인 역할을 담당하던 미국이, 이와 같이 변하고 후퇴하는 것은 글로벌리제이션에 관한 기성의 이론을 수정해야 할 필요가 있다는 뜻이다. 물론 부시정권이 제국주의적(또는 식민지주의적) 국민국가로 후퇴하는 가운데 그야말로 제2의 제국주의, 제2의 식민지주의로서 글로벌리제이션의 본질이 노정露呈되어 있다고 해석할 수도 있다. 또 부시정권과 미국 국민의 반응을 글로벌리제이션으로부터의 일시적인 일탈 또는 붕괴되어야 하는 구제도의 최종 국면이라고 보는 것도 가능하다. 그러나 탈중심적이고 다원적인 네트워크의 형성을 조명해서 글로벌리제이션을 포스트모던 또는 포스트국민국가적인 새로운 체제로의 이행으로 볼 때, 제국주의에서 '제국'으로의 역사적 이행에 대한 정치精緻한 이론을 세운 안토니오 네그리와 마이클 하트 같은 이론가들로

서는 9·11 이후 부시정권의 반응이 이론, 즉 '제국'에 대한 배신으로 보이지 않을까.[3]

미국의 변모와 미국의 모순은, 그럼에도 불구하고 글로벌화 과정에서 언제나 보일 듯 말 듯 한 하나의 현상을 더욱 확대시킨 형태로써 다시 한번 생각해야 할 것이다. 경계의 침범이며 네이션에 대한 공격이었던 글로벌리제이션이 언제나 내셔널리즘을 동반하고 내셔널리즘을 필요로 해왔다는 배리背理와 모순. 글로벌리제이션은 세계 각지에서 그때그때 상황에 따라 가능한 모든 형태의 내셔널리즘을 불러낸다. 그중 몇 가지를 열거해보자.

첫째, 글로벌화의 기점 또는 중계지가 되는 여러 선발국가들의 경우. ① 글로벌리제이션을 법적, 제도적, 군사적으로 지지하는 국가가 만들어낸, 글로벌리즘과 일체화된 내셔널리즘. ② 좌익·반대파의 복지국가를 유지·회복하려는 내셔널리즘. ③ 극우정당의 이민 배척이나 인종차별주의. ④ 계속 증가하는 이민자들의 복잡하고 굴절된 내셔널리즘(앤더슨이 말하는 '원격지 내셔널리즘'도 여기에 포함된다). ⑤ 선주민들의 독자적이고 저항적인 내셔널리즘.

둘째, 후발국가에서도 이 다섯 항목에 대응하는 내셔널리즘이 상정된다. ① 개발독재나 경제특구라는 형태로 나타나는, 글로벌화를 받아들이면서 한편으로 강화되는 내셔널리즘. ② 글로벌화에 저항하는 반대파가 갖고 있는 국민국가 형성에 대한 간절한 바람으로서의 내셔널리즘. ③ 서구적인 가치에 대한 반발이나 전통적인 종교와 연결된 원리주의적 내셔널리즘. ④ 글로벌화의 물결을 타고 활약하는 엘리트이민과 자원이 부족한 후발국의 중요한 수출품목 가운데 하나로 보내지는 가난한 이민자들(예를 들면 필리핀의 여성 노동자)이 처한 입장에 따라 생겨나는 다양하고 복잡한 내셔널리즘. ⑤ 소수민족이나 선주민족의 문제는 구식민지인 후발국에서 한층 심각하고 과격한 형태를 가질 수 있다.

셋째, 구사회주의권이 붕괴된 후에 각지에서 발생한 민족분쟁은 원리적으로 무언가 새로운 사태나 새로운 내셔널리즘이 발생한 것이라기보다는 그때까지 물리적, 이데올로기적 압력으로 인해 억압되고 은폐되었던 것이 표면화했다고 보는 경우가 많다. 사회주의 여러 나라의 붕괴가 우리에게 보여준 것은, 사회주의국가도 그 이데올로기적인 치장을 벗겨보면 결국 자유주의국가와 같은 국가논리가 관통하는 국민국가이며 그 붕괴를 초래한 것은 결국 세계적인 글로벌리제이션의 물결이었다는 사실이다.

넷째, 냉전구조 또는 그 이전 제국주의시대 식민지분할 등의 흔적으로 지금까지도 남아 있는 분단된 민족이나 국가의 내셔널리즘.

이러한 글로벌화시대 내셔널리즘의 대부분은 네이션 형성기의 내셔널리즘과 다르며 네이션 쇠퇴기의 기반을 잃어버리고 지난 시절을 그리워하는, 말하자면 네이션 없는 내셔널리즘이지만 그래도 현실을 움직이는 힘이 전혀 없는 것은 아니다.

(4) 전쟁과 테러리즘, 군대와 경찰의 일체화

9·11 이후의 부시정권이 애국심과 국민주의에 호소해서 강력한 국민국가를 재현하려 한 직접적인 목적은 전쟁의 수행이었다. 전쟁을 일으키기 위해서는 강력한 국민국가가 필요하다. 바꾸어 말하면 국민국가는 총력전 체제에 가장 어울리는 구조이며 전쟁장치 또는 전쟁기계로 만들어진 것이다. 교전권은 국가주권의 가장 중요한 권리 중 하나이며, 근대의 전쟁은 국가주권의 발동으로서 국가와 연관되어 정의된다. 전쟁은 국가가 있기 때문에 발생하며 국가가 존재하지 않으면 정의상 전쟁은 존재하지 않는다는 것이 국민국가와 글로벌리제이션의 문제를 생각할 때 언제나 염두에

두고 있어야 하는 것이다.

9·11 이후 부시정권이 일으킨 전쟁은 국제법상으로 보더라도 정말 기묘한 전쟁이었다. 부시 대통령은 세계무역센터빌딩이나 국방부에 공중납치당한 비행기가 돌입한 것을 미국에 대한 선전포고로 받아들였지만 그것은 누구도 어떤 국가도 선전포고하지 않은 전쟁이었다. 또 부시정권은 아프가니스탄을 공습해서 전쟁을 일으켰지만, 그것은 선전포고는 물론이며 전쟁의 의지가 없는 국가, 그것도 거의 국가로서의 형태를 갖추지 못한 상대에 대한 전쟁이었다. 그것은 일방적이며 정말 불합리한, 전쟁이라고도 할 수 없는 전쟁이었지만, 어떤 의미에서는 경계가 없는 글로벌화된 세계에서 새로운 전쟁의 형태를 예고하는 것이었다.

경계도 없으며 따라서 외부가 없는 세계의 전쟁은 모두 내전이거나 분쟁에 지나지 않는다. 그러한 상황은 군대와 경찰 간의 경계를 없앤다. 전쟁은 모두 경찰적인 행동이 된다. 따라서 전쟁과 테러의 구별도 사라질 것이다. 그리고 그것은 전쟁과 테러라는 허구적인 구별이 갖고 있는 의미를 다시 생각하게 할 것이다. 나는 지난 9·11과 그 후의 사태에 직면해서 "테러와 전쟁을 쉽게 구별하려는 것은 그만두는 편이 좋다고 생각했다. 좀 더 진실에 가까운 표현을 택한다면 '전쟁'이라고 불리는 것은 강자(국가)가 일으키는 테러리즘이며 '테러리즘'이라고 불리는 것은 약자가 일으키는 전쟁이다"(『전쟁의 세기를 넘어서—글로벌화시대의 국가·역사·민족』, 平凡社, 2002, 26쪽)라고 쓴 적이 있지만, 전쟁과 테러에 본질적인 차이는 없고 모두 폭력으로 응수하는 것이며 정의의 신과는 상관없을 것이다. 부시정권은 국민국가를 재현해서 국민국가시대의 고전적인 전쟁이론으로 전쟁을 하려고 하지만, 현실에서 일어나고 있는 것은 글로벌화시대의 새로운 일방적인 전쟁이다.

(5) 중심 · 주변의 새로운 분리, 대립과 상호의존

9 · 11의 '동시다발테러'와 부시정권이 강행하는 테러에 대한 보복전쟁은 세계의 중심부와 주변부의 분리, 대립과 상호의존의 복잡한 관계를 보여준다. 9 · 11은 대중매체를 통해서 세계의 '위험한' 주변부에 대한 공포의 감정을 증폭시킨다. 미국정부가 일으킨 반테러전쟁의 구호는 여러 선진국뿐만 아니라 제3세계 모든 나라의 수뇌들도 받아들였다. 그들 역시 자국 내부에 위험한 주변부를 갖고 있기 때문이다. 이렇게 해서 세계는 양분되고 세계의 주변부에서 일어나고 있는 다양한 민족분쟁과 독립운동은 이후 테러리즘이라는 이름으로 묶일 것이다. 이러한 사태는 '제국'보다는 '제국주의'라는 이름에 해당한다. 요한 갈퉁은 30년도 더 전에 다음과 같이 썼다. "제국주의라는 것은 집단 간, 특히 국가 간의 지배관계로서 이해된다. 그것은 교묘한 짜임새를 가진 국가의 틀을 초월한 지배관계의 한 형태이며 중심국의 중심부가 주변국의 중심부에 양자의 공통이익을 위해 만든 교두보 위에 성립한다"(『구조적 폭력과 평화』, 다카야나기 사키오 외 옮김, 68쪽).

그러나 9 · 11에서 나타나는 또 다른 새로운 측면은 중심부와 주변부가 점점 더 분리되는 한편, 중심부에 주변부가 산재 또는 혼재하는 경우가 점점 더 현저해지는 사태였다. 세계무역센터빌딩에는 다수의 비합법적인 외국인 노동자를 포함해서 70개가 넘는 국가의 국적을 가진 사람들이 일하고 있었다고 한다. 또 동시다발테러라고 불리는 사건은 미국 국내에서 미국 비행기를 이용해 미국에 거주하던 사람들이 실행한 것이다. 지금은 혼재하는 주변부를 중심부로부터 배제할 수 없다. 그러한 상황은 뉴욕에 한정되지 않고 세계 각지의 대도시에서 나타난다. 그러한 도시에 밀집된 거대한 고층빌딩의 내부에는 첨단기기가 설치되고 중심국의 중심부와 주변국의 중심부가 공통의 이익을 추구하지만 그러한 빌딩의 주변에는 가난한 사람들의 주거지가 널려 있고 빌딩 안에도 다수의 이민들이 일하고 있다. 글로벌시티라고 불리는 대도시의 특징 중 하나는 이러한 중심과 주변의 혼재이며, 중심과 주변의 분리 · 대립 · 상호의존 속에서 형성되고 있는 새로운 글로벌한 문화와 윤리의 존재일 것이다.

글로벌리제이션이 중심의 주변 지배와 착취의 의도를 감추고 있기 때문에, 글로벌리제이션으로 인한 빈부의 격차가 증대하고 있는 것이 누구의 눈에도 명확한 사실인 이상, 중심에 대한 주변의 반격이 일어난다는 것은 당연한 이치이며, 중심의 주변에 대한 공포에는 이유가 있다. 갈퉁의 「제국주의의 구조이론」에서는 중심국의 중심부와 주변국의 중심부의 공통이익을 강조하는 한편, 중심국의 주변부와 주변국의 주변부 사이에 인정되는 이익부조화를 지적하고 있다. 그러나 글로벌화의 진행으로 인한 시간과 공간의 단축, 이동과 이동민의 증대 그리고 글로벌시티의 출현은 중심국의 주변부와 주변국의 주변부 사이의 이익부조화를 한층 격화시킬 가능성과 함께 그것을 조화시킬 가능성을 보여주는 것은 아닐까. 하트와 네그리의 『제국』에서 사용된 '다중' 개념이나, 어쩌면 그것을 밝혀낸 것으로 보이는 호미 바바의 '글로벌한 소수자집단의 척도'(「글로벌척도」 2002년 6월 29일, 리쓰메이칸대학에서의 강연[4])개념은 이러한 점에서 아주 흥미롭다. 그러나 다중이든 글로벌한 소수자집단의 문화든 그것은 형성 과정에 있으며, 기대에 찬 지평을 향하는 우리의 걸음과 우리 자신의 변모를 비추게 될 것이다.

3. '이행' 기로서의 글로벌리제이션

(1) '이행' 기의 문제

글로벌리제이션이라고 불리는 거대한 변동의 과정에 벌써 휘말려버린 우리가 그 변동에 관해 전체적으로 인식하기 위해서는 자신의 몸을 하나의 눈높이로 해서 자신의 주변으로 다가오는 다양한 단편적인 현상을 주의 깊게 살피고 그것들을 연결해서 묶어내는 노력이 필요하다. 한편으로는 그 변동으로부터 가능한 한 거리를 두고, 그것을 복합적이지만 하나로 묶는 과정을 통해 역사적으로 고찰하는 언뜻 보면 모순된 시도가 필요할 것이다.

글로벌리제이션의 전체 모습은 아직 그려지지 않았다. 그러나 그것을 세계체제의 붕괴로 부를지, 구제도를 대신할 새로운 제국의 형성이라고 부를지 또는 서구 중심적인 세계로부터 탈서구적인 세계로의 전환이라고 부를지는 차치하고, 그것 자체가 벌써 글로벌했던 거대한 체제가 더욱 글로벌한 또 다른 체제로 급격히 변용되고 있다는 인식에는 공감하고 있을 것이다. 그리고 이 경우 '이행'이라는 개념이 다시 떠오른다.

내가 여기서 '다시'라고 한 것은 '이행'이란 고전적인 마르크스주의이론에서 종종 논쟁의 표적이 되었던 중요한 용어이기 때문이다. 봉건제로부터 자본제로, 자본주의적 생산양식으로부터 공산주의적 생산양식으로. 발전단계설에 근거한 계급투쟁과 혁명의 이론은 언제나 '주체'와 '이행'을 문제시하며 그 '이행'에서 문제되는 것과 '이행'이 향하는 목표는 명확하다. 그러나 '이행'기로서 받아들여진 글로벌리제이션은 다른 양상을 보인다. 글로벌리제이션이라고 불리는 복합적인 변화에서 그 변화를 책임질 명확한 주체는 나타나지 않고 또 그 변화가 어디로 향하고 있는지도 판명되지 않는다. 이행의 끝에 공산주의사회라는 유토피아를 그려내는 것은 이제는 더 이상 불가능하지만, 거꾸로 인류 멸망의 디스토피아를 그릴 수도 없기 때문에 우리의 사고는 어느 한 시점에서 공중에 떠버린다. 결정론에서 해방된 이행론이 환하게 앞이 트인 지평선 앞에서 방황하는 순간이며, 상상력과 사고의 자유가 무엇인지 새삼스레 되묻게 되는 지점이다.

네그리와 하트가 마르크스주의에서 전통적인 '이행' 이론을 계속 상기시키는(물론 비판적이지만) 긴 논술의 마지막(『제국』 제4부, 以文社, 2003)에 이르러 '측정불가the immeasurable' 라는 개념을 도입한 것은 매우 흥미롭다. 우리는 그것을 비관적인 판단이 아니라 오히려 미래의 가능성으로 읽어야 한다. 네그리와 하트가 서구적인 사고의 좋은 전통 속에서 글로벌리제이션에 관한 자신의 사고를 추구하는 것에 대해서, 같은 서구적인 언어로 자신의 사고를 추구하면서도 동시에 제3세계적인 눈높이를 잊지 않는 호미 바바가 최근 제시한 '이행' 론을 여기서 주목하고자 한다. 호미 바바는 에티네 발리바르Etienne Balibar의 '이행' 이론['단 하나의 '동시성' 속에 두 가지(또는 그 이상의) 생산양식의 공존과, 한쪽의 다른 한쪽 지배', 『자본론을 읽는다*Lire le Capital*』, 하권, 이마무라 히토시今村仁司 옮김, ちくま文藝文庫, 1997]이나 루이 알튀세르가 시사하는 '고쳐 쓴palimpsestial 작도법' 을 원용하면서, 그람시가 '실천의 철학' 에 관한 논술에서 말한 '부화incubation' 의 개념을 꺼내든다("실천의 철학은 세계사적 발전의 한 요소이지만, 새로운, 자립적인, 오리지널한 생각이라는 주장은 사회 여러 관계의 발전과 더불어 발전하는 부화하고 있는 새로운 문화의 자립성과 오리지널리티라는 주장이다. 그때마다 존재하는 것은 오래된 것과 새로운 것의 가변적인 조합이며, 즉 사회관계에 균형을 맞추려는 일시적인 문화적 균형이다." 가타기리 가오루片桐薫 엮음, 『그람시실렉션グラムッ・セルクッョン』, 平凡社ライブラリー, 2001, 264쪽).

이러한 일련의 현대 마르크스주의자로부터 인용하거나 '부화' 라는 용어에 주목함으로써 호미 바바가 주장하고 있는 것은, 신·구의 이분법에서는 숨겨진 이행기의 대립적 공존이나 일시적 균형 또는 부분적, 배아적인 미묘한 변화나 변이 등의 존재와, 그러한 것들을 통해서 형성된 것(글로벌한 하위계급=소수자집단문화)을 구별하는 중요성이다. 바꾸어 말하면 역사적 이행기의 불안정한 상황 속에서 형성되는 '새로운 결합'에 대한 기대와 관심이다. 또 "오래된 것과 새로운 것의 가변적인 조합"이라는 그람시의 말은, 호미 바바의 경우 미국 '제국'이 탄생하기 훨씬 전부터 존재한 구대륙의 오랜 전통이나 문화가 글로벌리제이션 속에서 새로운 것과의 결합을 통해 새로운 의미를 가지고 되살아나는 것에 대한 가능성도 시사하고 있을 것이다. 글로벌리제이션으로 인한 시간과 공간의 단축과 경계의 침범이 먼 지역을 연결하는 것처럼 다른 지역의 먼 시대를 연결할 수도 있을 것이다.

(2) 글로벌리제이션의 기점과 기간

글로벌리제이션을 역사적으로 자리매김할 때는 언제나 그 기점이 문제된다. 또 어디에 기점을 둘 것인가는 글로벌리제이션을 어느 시점으로 어떻게 생각할까라는 문제와 연결된다. 이렇게 해서 글로벌리제이션을 고대의 모든 문명으로부터 풀어나가는 문명사가적 견해, 근대의 국가체제가 성립되었다고 말할 수 있는 베스트팔렌조약(1648) 이후라고 생각하는 국제관계학자적 견해, 서구에서 문명의식의 성립과 근대의 국민국가 성립과 관계되는 18세기 후반부터 프랑스혁명시대를 중시하는 서양 근대사가적 견해 또는 19세기 말부터의 제국주의시대, 세계의 정치·경제가 실질적으로 일체화하는 제1차 세계대전 이후, 미국의 패권이 성립하는 제2차 세계대전 이후 등을 주장하는 다양한 견해가 제시되어 있으며, 각각의 견해에 따라 그려지는 글로벌리제이션의 모습은 다르지만 그 어느 것도 틀렸다고 할 수는 없다. 오히려 그렇게 다양한 견해가 성립할 수 있다는 것 자체가 글로벌리제이션의 복합적인 성질을 배후에서 증명하는 방법이 될 것이다. 나는 여기서 글로벌리제이션의 역사적인 복합성을 강조해서 더욱 알기 쉽게 이해할 수 있도록 장기, 중기, 단기에 걸쳐서 3단계 글로벌리제이션의 시간적인 흐름을 상정해보고자 한다.

첫째, 인류역사의 시작에서부터 현재에 이르기까지 사회생활을 영위한 인간의 본성과 역사에 숨겨진 장기 글로벌리제이션의 흐름이다. 여기서 일부러 장기 글로벌리제이션을 설정하는 이유는 현재의 글로벌리제이션에 직접 연결되는 중·단기적 서구의 팽창에 관련된 글로벌리제이션과는 다른 역사적 흐름의 존재를 인식해둘 필요가 있다고 생각하기 때문이다. 그렇게 함으로써 서구의 지배 이전에 존재하고 있었던 것이나 서구 중심적인 역사관에서는 빠뜨리기 쉬운 비서구적인 여러 요소가 최근의 글로벌리제이션 속에서 담당할 수도 있는 역할을 시야에 둘 수 있을 것이다.

둘째, 콜럼버스의 아메리카 '발견'(1492)으로 상징되는 서구의 팽창과 식민지 지배가 시작되는 대항해시대 이후의 중기 글로벌리제이션이다. 이것은 식민지주의와 제국주의에 이르는 글로벌리제이션이라고 해도 좋을 것이다. 내가 3년 쯤 전에 제시한 '문명화의 최종 국면'이라는 글로벌리제이션의 정의(『증보 국경을 넘는 방법』, 2001, 373쪽)는 이 중기적인 글로벌리제이션을 염두에 둔 것이지만, 문명개념을 포함한 과학기술의 발전, 식민지주의(문명화의 사명), 서구 중심적 역사관이 각각 전개되어 마침내 결정적인 전환을 맞이했다는 주장이다. 9·11과 그 후 부시정권의 반응은 위기 상황 속에서 이 정의의 정당성을 증명하는 결과가 되었다고 생각한다.

셋째, 단기 즉 현재 글로벌리제이션의 기점을 어디에 둘 것인가. 이에 대해서도 여러 가지 설이 있다. 글로벌리제이션이라는 용어 자체는 1980년대 후반부터 1990년대에 걸쳐서 미국을 중심으로 세계로 퍼진 말이며, 냉전체제의 종언과 유일한 초강국 미국의 패권을 결정짓는 1989년은 글로벌화에서도 결정적인 해였다. 그러나 현재 우리가 직면하고 있는 글로벌화의 깊이와 전체적인 움직임을 이해하기 위해서는 그 기점을 1960년대 후반에 두어야 한다고 생각한다. 이 점에서 나는 이요타니의 의견에 찬성한다(이요타니 도시오, 『글로벌리제이션은 무엇인가』, 平凡社新書, 2002, 63쪽). 다국적기업이나 금융위기 등 경제적 글로벌리제이션의 징후가 나타나는 것은 1960년대였다. 그러나 나는 현재 글로벌리제이션의 기점을 보여주는 사건으로서 오히려 베트남전쟁과 반전운동 그리고 베트남 반전운동과 연관된 1968년의 학생운동에 주목하고자 한다. 베트남 인민의 저항과 베트남반전운동을 반글로벌리제이션운동으로 볼 수는 없을까. 프랑스에 이어 미국의 식민지주의에 대한 베트남 인민의 저항과 승리는 종래의 식민지주의의 종언과 함께 식민지주의의 변용(제2의 식민지주의)을 가져왔다. 베트남반전운동과 학생시위는 좌우익의 권위주의, 인종차별, 성차별, 규율사회, 소비사회, 환경파괴 등에 대한 다양한 반대운동을 포함하고 있다.

4. 글로벌리제이션과 대항이데올로기

글로벌리제이션이라는 말이 아직 보급되기 전에 일어난 다양한 사건이나 현상을 뒤에 나타난 글로벌리제이션이라는 용어로 조명해봄에 따라 그때까지 숨겨져 있던 측면이 많이 밝혀질 것이다. 예를 들면 같은 미국에서 1960년대에 시작해서 급속하게 보급되어 세계로 퍼지고 있었던 아이덴티티나 다문화주의(멀티컬추럴리즘)의 경우이다.

(1) 아이덴티티

그때까지 철학이나 정신분석학 등의 학술용어로서 학문의 영역에 갇혀 있었던 아이덴티티라는 말이 1960년대 초부터 에릭슨의 저작 등을 통해서 점차 일반화, 통속화된 가장 큰 이유는 그야말로 아이덴티티의 위기 때문이었다. 미국에서 아이덴티티라는 말과 개념이 보급된 시대적 배경에는 베트남전쟁과 그 패배, 되풀이되는 반전시위, 경제불황과 실업률의 상승, 호황기일수록 빈부 격차는 증대되고, 소비사회에서는 사회적 규범이 동요하고 불안해지며, 가족의 붕괴, 정치적 부패와 국가위신의 저하, 흑인해방과 공민권운동, 이민의 증대와 다양한 소수자집단의 자기주장, 페미니즘, 1968년 절정을 이루는 학생운동, 하위문화, 포크와 록, 히피족 등이 지적되지만, 오늘날에는 글로벌리제이션의 여러 현상으로 볼 수 있는 이러한 미국사회의 위기적 상황과 그 중요한 변모나 전환을 보여주는 다양한 징후는 곧바로 일본이나 유럽에도 파급되었다. 그리고 그 파급되는 지름길은 아이덴티티와 멀티컬추럴리즘이라는 두 개의 용어가 확산되는 지름길이기도 했다.

오늘날까지도 식을 줄 모르는 아이덴티티를 둘러싼 논란에는 명확하게 분열된 두 개의 방향성이 인정된다. 하나는 내셔널아이덴티티라는 용어의 등장과 보급에서 볼 수 있는 것처럼 자본과 국가의 조화로운 관계를 보호해온 사회적 여러 모순을 은폐했던, 그렇게도 그리운 국민국가적 운명공동체(네이션)에 대한 향수에 물든 회귀적 아이덴티티론이다. 또 하나는 그러한 공동체의 허위와 기만을 고발하고 해체해서 단편화해가는 현재의 사회에서 자기 존재를 증명하려는 아이덴티티론의 흐름이다. 이 후자의 아이덴티티론은 논리적 필연으로서 아이덴티티개념의 부정과 해체에까지 도달할 것이다. 그러나 여기서 우리는 하나의 역설에 직면한다. 이 반체제적인 아이덴티티론은 글로벌리제이션이 진행되어가는 상황에서 자기 자리를 찾을 것이기 때문에 마치 글로벌리제이션 이데올로기의 대변자처럼 보일 수 있다.

(2) 다문화주의

이와 같은 모순과 양의성은 아이덴티티보다 몇 년 후에 시작되어(영어에서 multiculturalism이 처음 등장한 것은 1965년, 프랑스어에서는 1971년으로 되어 있다) 아이덴티티라는 말과 함께 세계에 보급된 다문화주의(멀티컬추럴리즘)에서도 인정할 수 있다. 미국에서 문화적 다원주의cultural pluralism를 대신해서 다문화주의라는 말이 사용되었을 때, 이 말은 백인 소수민족뿐만 아니라 선주민이나 아시아계의 이민을 포함한 유색 소수자집단의 권리회복과 자기주장을 표명한 체제 파괴적인 요소를 포함하고 있었을 것이다. 그러나 1971년에 캐나다연방정부가 다문화주의를 국시로 하고 이어서 오스트레일리아가 이를 따랐을 때, 다문화주의는 분열의 위기에 처한 광대한 이민국가의 재생을 꾀하는 새로운 국민통합의 형태로서, 즉 내셔널아이덴티티의 새로운 형태로서 받아들여졌다. 또 EU의 모든 나라와 EU에서의 다문화주의는 구별해서 생각할 필요가 있을 것이다. 유럽에서는 아이덴티티 개념과 다문화주의가 필요한 미국과 유사한 상황이 존재했지만, EU 차원에서의 다문화주의는 차이의 권리를 실현하는 것이라기보다는 국가를 초월한 통합의 새로운 형태로서의 역할이 강조된다.

(3) 크레올주의와 그 밖의 것들

아이덴티티론과 다문화주의가 우리를 인도하는 길의 끝에는 크레올주의가 제기하고 있는 문제가 놓여 있을지도 모른다. 민족과 문화의 독자성을 강조하는 다문화주의는 뿌리(근원)를 찾는 민족주의를 불러내는 한편, 민족과 집단 수만큼의 작은 국가mini nation를 원하는 내셔널리즘을 만들어낼 것이다. 그러나 다문화주의를 더욱 철저히 도입해서 각각의 문화를 따져보면 내셔널리즘처럼 아이덴티티의 기반이 흔들리기 시작한다. 스튜어트 홀의 디아스포라적인 카리브아이덴티티의 개념이나, "모든 문화 접촉의 의식적이고 모순에 가득 찬 살아 있는 경험" 으로 연결된 에두아르 글리상의 리좀형의 '관계로서의 아이덴티티'라는 개념은 기성의 국민국가적인 단일한 루트형 아이덴티티에 대한 근본적인 비판이다. 그러나 혼성적이고 유동적인 크레올주의는 다국적기업이나 세계시장의 이론과 반드시 상반되는 것이 아니며, 크레올주의가 관광의 대상으로만 보이는 현실을 잊어서는 안 될 것이다.

1960년대 이후에 등장해서 보급된 포스트모더니즘, 포스트구조주의, 컬추럴스터디, 포스트콜로니얼리즘, 제2의 물결, 제3의 물결인 페미니즘과 젠더론 또는 정의론이나 공공성론에 이르기까지 미국을 경유한 거의 모든 현대사상에 대해서 이와 같은 역설적인 상황이 벌어지고 있다. 반항적인 사상은 글로벌리제이션이 가져오는 모든 현상에 대해 그때그때 민감하게 반응함으로써 거꾸로 그 상황을 조명해서 마치 글로벌리제이션 이데올로기의 대변자와 같은 역할을 하게 되는 경우가 있다. 사상보다 글로벌리제이션이 앞서 가 있는 듯한 모든 현상 자체가 글로벌리제이션의 특징 중 하나일 것이다.

이렇게 글로벌화 속에서 생각하는 것은 매우 어렵다. 그러나 그것은 우리가 모든 규범으로부터 해방되어 눈이 부실 것 같은 자유 속에 놓여 있기 때문에 어려운 것이다. 자본과 국가 논리의 틈새에서 사회와 개인의 해체와 해방이 진행되어 우리의 사고에 명령을 내리는 것은 이제 가족이나 학교나 국가가 아니며 역사와 도덕 역시 아니라고 할 때, 우리는 스스로의 삶의 욕망과 변모하는 세계에서 계속 생겨나고 있는 것들의 약한 감촉에 기대어 생각을 이어갈 수밖에 없기 때문이다.

5. 글로벌리제이션론의 함정

마지막으로 글로벌화에 관해 앞의 글을 쓰고 있을 때, 나의 뇌리를 스쳐 지나가던 의문과 반성을 적어두고자 한다.

(1) 지적 식민지 상황

첫째, 글로벌리제이션에 관한 언설의 편향이라고도 할 수 있는 것에 대해서. 지금 항간에 불고 있는 영어 열풍과 가로쓰기문자의 범람이 패전 직후 미군 점령시대를 생각하게 한다는 지적은 지금까지 거의 없었던 것 같다. '미국화'는 경제나 군사의 영역에 한정되지 않는다. 상호의존관계는 지적 언설에서 심화되었다고 해야 할 것이다. '국제화'가 '글로벌화'로 바뀌는 1990년대 초부터 현재의 '제국'에 관한 논의에 이르기까지 또는 그보다 먼저 글로벌리제이션이라는 말이 보급되기 이전의 글로벌리제이션론이었던 아이덴티티론이나 다문화주의 그리고 포스트모더니즘을 시작으로 현대사상의 다양한 언설을 포함해 거의 모두가 미국에서 시작되었거나 미국을 경유한 것이며, 그러한 언설이 반미, 반글로벌화의 의도로 쓰여진 경우조차도, 여기에 쓰인 내 글을 포함해서 결과적으로 이야기하고 있는 것은 세계의 중심이 미국이며 우리가 미국의 압도적인 압력하에 있다는 것이다. 그러한 일방적인 언설의 흐름은 세계적인 대중매체의 지배구도 속에서 실현되고 있으며, 그것 자체가 글로벌리제이션의 한 가지 현상이지만, 그 흐름은 동시에 대미종속국 일본의 지적 식민지 상황을 보여주는 것이기도 하다. 식민지주의나 구미 중심주의가 그렇게 심하게 비판을 받은 후에 우리는 일찍이 없었던 강력한 식민지주의와 구미 중심주의를 글로벌리제이션이라는 이름으로 받아들이고 있지 않은가.

(2) 제국 중심의 시선

둘째, 글로벌화를 둘러싼 언설의 대다수는 글로벌리제이션의 중심에서 본 시각이며, 글로벌리제이션의 복합성이나 글로벌화에 대한 반응의 다양성을 그려내는 데 적절한 시각이라고는 생각하지 않는다. '제국'은 한 개의 지배적인 힘인가. '제국'론은 다른 한편으로 세계로 향하는 관심과 시야를 좁히려고 작용하는 것은 아닐까. 미국 중심의 글로벌화에 대항하는 EU는 다른 대항적 제국을 형성하려는 것은 아닐까. 유럽에서 문명civilisation(프랑스어)이라는 말이 만들어지기 1000년 이상 전부터 문명이라는 문자를 갖고 있었으며 화이華夷질서나 책봉체제라는 일종의 제국적 질서를 실현하고 있던 중국이, 세계에 시장을 개방하고 글로벌리제이션을 받아들일 때 구미의 몇 배에 이르는 인구와 광대한 지역을 가지고 미국 중심의 제국과는 다른 제국으로 변모할 것으로 생각할 수밖에 없다. 중국과 마찬가지로 광대하고 강력한 잠재력을 가진 아랍세계의 변모는 글로벌리제이션이론 속에 어떻게 편입되어 자리 잡고 있을까. 그리고 무엇보다도 아시아, 아프리카, 라틴아메리카 등의 가난한 지역, 글로벌화로부터 버림받은 또는 글로벌화의 희생자로서 편입되는 세계의 주변지역에서 본 글로벌리제이션은 중심에서 본 것과는 아주 다른 모습과 의미를 갖겠지만 현재의 글로벌리제이션론은 그것들을 그려내는 시각과 상상력을 내포하고 있을까.

(3) 일본에서 식민지주의의 '망각'과 '회귀'

셋째, 글로벌리제이션론에서 일본 따라서 우리 일본 주민의 위치에 대해서 이야기하고자 한다. 나는 이 장의 앞부분에서 9·11 이후 미국의 제국주의와 국민주의로의 회귀현상을 강조했지만, 그것은 특히 고이즈미내각 이후 일본에서 현저해진, 유사한 회귀현상을 염두에 둔 것이었다. 규제완화나 사회·복지예산의 축소를 꾀하면서 국내시장을 세계시장에 개방하는 신자유주의를 강조하는 한편, 역사교과서나 학교교육, 저널리즘 등의 이데올로기적 장치를 통해 국민주의의 강화를 꾀하고 군사, 즉 경찰체제가 강화된다. 그러한 상황은 우리가 보기에는 글로벌리제이션이라는 이름으로 행해지는 미국의 세계정책을 베낀 것 같다.

그중에서도 9·11 이후 고이즈미내각의 대미협력 태도는 일본이 종속적인 입장에 있다는 인상을 강하게 준다. 그리고 미국에서 다시 리멤버 펄 하버를 외치고 '아프가니스탄전쟁'이나 '이라크전쟁' 후의 점령정책에 '일본모델'이 부상할 때, 우리는 일본의 전후와 미국의 전후 관계에 대해서 심각하게 재고해야 했다. 미국과 일본 회귀의 유사성은 물론 우연이 아니며 복잡하게 얽혀 있다. 이 점에서 9·11 직전에 번역본이 출간된 존 다워의 『패배를 끌어안고』(岩波書店, 2001)는 중요한 시사를 주었다. 이 책은, 내가 생각하기에 미국에 대해 일본이 거의 식민지적이라고 말하고 싶은 종속적인 관계 속에 있는 공범적 상호의존관계를 조명한 것이었다. 종주국이면서 동시에 식민지이기도 했던 일본의 이중성. 제2차 세계대전 후 연합군의 점령과 전후개혁, 다워가 말하는 '일본합작'은 식민지기의 식민지 지배에 대한 일본인의 기억을 망각시켰다. 현재 글로벌리제이션의 물결은 지금 전후의 일본 국내외에서 정치적·경제적·문화적 모든 사건에 대한 기억의 망각을 일으키려고 한다. 글로벌리제이션은 제2의 연합군(실질적으로는 미군) 점령이 되는 것은 아닐까.

미주

1 이 장은 니시카와 나가오 · 오조라 히로시 · 히메오카 도시코 · 가 고 엮음, 『글로벌화를 읽는 88개의 키워드』, 平凡社, 2003에 수록된 「글로벌화 속에서 생각한다—서문을 대신해서」를 부분적으로 수정한 것이다.

2 글로벌리제이션연구에 관해서는 헤이본샤에서 출간된 이요타니 도시오, 『글로벌리제이션은 무엇인가—액체화하는 세계를 읽는다』, 平凡社新書, 2002 ; 이쿠이 에이코生井英考 · 야마노우치 야스시山之內靖 · 사카이 나오키酒井直樹 엮음, 『총력전체제로부터 글로벌리제이션으로總力戰體制からグローバリゼーションへ』, 글로벌리제이션연구 제1권, 平凡社, 2003 ; 테사 모리스 스즈키Tessa Morris-Suzuki · 요시미 슌야吉見俊哉 엮음, 『글로벌리제이션의 문화정치グローバリゼーションの文化政治』, 글로벌리제이션연구 제2권, 平凡社, 2004 ; 로빈 코헨Robin Cohen · 폴 케네디Paul Kennedy 지음, 야마노우치 야스시 감수, 이토 시게루伊藤茂 옮김, 『글로벌 사회학グローバル・ソシオロジー』 전 2권, 平凡社, 2003 등을 참조 바란다.

3 2004년에 출간된 네그리 · 하트의 『다중 : 제국이 지배하는 시대의 전쟁과 민주주의*Multitude: War and Democracy in the Age of Empire*』, Penguin Press, 2004은 이와 같은 물음에 대한 회답이었다.

4 이 강연은 나중에 다음 제목으로 『리쓰메이칸언어문화연구』, 제15권 4호, 2004년 3월에 수록되었다. 호미 바바 지음, 모토하시 데쓰야本橋哲也 옮김, 「글로벌리제이션과 소수자집단문화—말할 권리의 부흥을 향하여グローバリゼーションとマイナリティ文化—語る權利の復興に向けて」.

후기

이 책에는 서문으로 쓴 「나의 식민지주의론」을 제외하면 9·11 이후에 쓴 기존 발표 논문 중에서 여덟 편을 뽑아 수록하고 있다. 모두 특정한 장소에서 특정한 기회에 요청되었던 발언이지만 그때그때 우리가 꼭 거론하고 싶었던 것, 거론해야만 한다고 생각했던 것들을 논할 계획이었다. 솔직히 말해서 이 책에는 중복되는 내용들이 많다. 그러나 다른 장소에서 같은 주장을 거듭하며 다른 문맥 속에서 조금씩 표현을 바꾸거나 논점을 달리해서 논의를 전개하면서 나는 출발점으로부터 멀리 떨어진 위험한 장소로 나와 버린 것 같다. 눈앞에 전개되고 있는 것은 미명의 눈앞이 아찔해지는 풍경이다.

이 책에는 「글로벌화시대의 식민지주의를 묻는다」라는 부제가 붙여졌다. 서문인 「나의 식민지주의론」에서도 언급했지만 식민지주의를 비판적으로 묻는 것은 국민국가와 자본주의의 변용과 양자의 공범관계가 가져오는 차별과 착취의 역사를 근저에서부터 묻는 것이며, 나아가 5세기 동안 계속된 지배적인 서구문명과 그것을 내면화한 비서구문명 전체를 따라서 근대라고 불리는 시대 전체와 그 속에서 살아가는 우리 자신을 근저에서부터 묻는 일이 될 것이다.

식민지와 식민지주의에 관한 문헌은 많다. 무한히 있다고 해도 좋을 것이다. 그러나 식민지주의가 이전의 그 무한한 넓이와 깊이에서 심지어 논자 자신을 포함한 문제로서 충분히 철저하게 논해진 적이 있을까. 식민지 긍정론은 논외이지만 식민지주의 비판론에도 틀에 박힌 것이 많아서 어딘가 애매하며 불분명한 부분이 남아 있다. 그 이유 가운데 하나로, 식민지주의 비판은 언제나 압도적인 정의의 편에 서 있었기 때문에 그러한 비판의 논거가 되는 전제를 자명한 것으로 여기고 의심하지 않는 상황을 생각할 수 있다.

예를 들면 식민지주의 비판의 전제는 지금까지도 민족자결의 원칙으로서 휴머니즘(인권)이라는 것이 일반적이지만, 민족자결(국민국가)의 실태가 밝혀져서 민족개념 자체에도 의문을 갖게 된 상황에서 이와 같은 전제에 근거한 식민지주의 비판이 어디까지 유효할까. 또 인권에 관해서 이야기하자면, 15세기 이래 식민지주의의 역사는 인권개념이 반드시 식민지주의 부정으로 연결되는 것은 아니며 식민지 보유의 논거가 될 수도 있었다는 것을 보여주고 있다. 인권과 함께 계승된 개념인 문명에 대해서는 상황은 한층 더 명확할 것이다. '백인의 사명'과 거의 동의어인 '문명화의 사명'이 식민지주의 이데올로기인 것은 지금 누구의 눈에도 분명하다. 그러나 '문명'이라는 개념을 유지한 채 '문명화의 사명'을 부정할 수 있을까.

파농이나 사이드와 그 후 모든 포스트콜로니얼 비판은 제2차 세계대전 이후의 식민지 해방과 민족독립 이후에도 계속해서 잔존하는 식민지주의를 예리하게 고발하는 한편, 이러한 고정적인 즉 고전적인 식민지개념을 부수고 있었다. 포스트콜로니얼 비판은 식민지 또는 식민지주의의 변용과 변질에 대해 논하고 있지만, 그 논의는 논자 자신도 충분히 인식하고 있다고 생각하지 않는다. 오히려 식민지주의와 식민지개념의 변질이 우리의 눈앞에 선명히 나타난 것은, 글로벌리제이션이라고 불리며 특히 9·11 이후에 더욱 노골적인 형태를 갖추기 시작한 세계적 변동인 것이 현실이다.

세계적인 빈부 격차와 동시에 한 국가 내에서 또는 한 도시에서 격차의 급격한 확대, 가난한 계층의 급증, 이민이나 출가出稼 노동자의 증대, 사회주의국가나 제3세계에서 시장주의의 석권, 테러 억제라는 이름을 빌린 소수민족이나 주변부에 대한 무력개입과 억압, 세계의 군사기지화, 세계적 분업, 세계의 재편과 중핵-주변이라는 양극화의 진행 등. 이러한 현실은 예전 1960년대에 '신식민지주의'라며 고발되었던 것이 모습을 바꾸어(식민지 없는 식민지주의) 보다 광범위하게 그리고 보다 심각하게 우리의 신변을 압박하고 있다는 사실을 알려주고 있다. 지금으로서는 식민지주의가 '계속'되고 있다는 사실을 지적하는 것만으로는 충분하지 않을 것이다. 식민지주의는 형태를 바꾸어 더욱 강력하게 따라서 한층 위험한 형태로 세계를 지배하고 있기 때문이다. 그리고 위기 상황에는 진실이 모습을 드러낸다는 진리는 여기에도 적용되는 것이 아닐까. 우리는 여기에 이르러, 식민지 영유는 식민지주의의 특정한 단계를 보여주는 것이며, 식민지주의는 반드시 영토로서의 식민지를 필요로 하는 것이 아니라는, 언뜻 보면 부조리한 그러나 아마도 본질적인 물음에 직면할 수밖에 없다. 고전적인 식민지 개념은 형태를 바꾸어서 널리 퍼져 있는 식민지와 식민지주의를 은폐하는 역할을 담당했던 것이 아닐까.

『〈신〉식민지주의론』이라는 제목을 가진 이 책에서 내가 시도한 것은 첫째, 이러한 글로벌화의 현상 속에서 식민지주의를 긴급한 문제로서 대상화하고, 둘째, 식민지주의의 변용을 확인하며, 셋째, 식민지주의개념의 전환을 주장하는 것이었다. 이 식민지주의개념의 전환이라는 어려운 작업의 지렛대로써 도움이 된 것은 글로벌시티(세계도시)와 내부식민지주의라는, 지금까지 이러한 형태로 묶인 적이 없는 두 개의 개념과 두 개의 현실이지만 이 양자에 대해서는 더욱 더 면밀한 고찰과 이론 전개가 필요할 것이다. 이 책의 목적은 식민지주의론에서 나의 위치와 기점을 보여주는 것에 있었다.

이 책에서 나는 나 자신이 살아온 전후라는 시대에, 자신의 개인사를 겹쳐서 주장하고 있다. 나는 전후사회에 대한 나의 위화감이나, 오랫동안 간직해온 의문을 드디어 전후post-war와 식민지 후post-colonial를 연결함으로써 전후라는 것은 식민지였다는 결론에 도달하고 있다. 또 이 책에서는 '내면화된 식민지주의'를 강조할 계획이었지만 이것도 내가 긴 세월 동안 생각해왔던 국민국가론의 한 가지 귀결이었다. 국민국가는 식민지주의의 재생산장치이다(따라서 대학이나 교육 일반도 식민지주의의 재생산장치이다) 또는 국민은 필연적으로 어느 정도 식민지주의자이다라는 결론은, 그것만을 여기에서 끄집어내 보면 어느 정도 돌발적이고 난폭한 것으로 보일지 모른다. 하지만 사리를 따져서 생각해보면 아주 당연한 결론이며, 내가 오랫동안 이것을 이야기하기 위해 글을 쓰고 싶었던 것인지도 모른다. 탈식민지화는 정치 · 경제 · 문화의 문제임과 동시에 우리 개개인의 문제이며 그 배후에는 일본의 근대와 세계 근대의 수백 년 역사가 있다.

따라서 이 책의 주제는 '국민의 범죄' 또는 '국민의 우울'이 될지 모른다. 그러나 다른 한편으로 나는 이 책에 수록한 글들을 다시 읽으면서 그 글이 쓰여진 상황이나 그곳에서 만난 사람들을 떠올리며 종종 행복한 추억에 젖게 되었다. 제I부의 네 편에 관련된 곳에서만도 서울, 타이베이, 가오슝, 다롄, 상하이, 호찌민, 하노이, 포르드프랑스(마르티니크), 리옹, 파리, 베를린 등을 들 수 있다. 모든 곳에서 행운의 만남, 친절한 마음 씀씀이와 진심으로 환영해준 분들께 다시 한번 감사의 마음을 글로 표현하고자 한다. 이러한 여행에는 공동연구의 일원이었던 젊은 연구자들이 동행하는 경우가 많아 체력이 떨어지는 나는(나이 때문이라고는 말하고 싶지 않지만) 동행자에게 폐를 끼치기만 했다. 그러나 이 공동연구는 적어도 이와 같은 여행을 조금 더 계속하고 싶게 한다. 짧은 기간의 조사여행에서 무언가를 알게 되는 것은 아니지만, 적어도 이해하는 데 첫걸음으로써 현지의 땅을 밟아서 그곳의 공기를 마시고 바람을 쐬는 기회가 필요할 것이다. 그리고 세계의 80% 이상이 이전에 식민지였다는 사실을 잊지 않아야 한다.

이 책 제II부에 수록한 글은 모두 리쓰메이칸대학에서 행한 공동연구나 프로젝트연구와 관련된 내용이지만, 여기서도 다양한 사람들과의 만남이 있었으며, 내 글이 그러한 조직과 대화를 통해 쓰여졌다는 것을 지금에야 강하게 느끼고 있다. 『〈신〉 식민지주의』에 관한 공동연구의 성과는 언젠가 짧은 시일 내에 출간될 예정이다. 이 책은 그러한 연구를 위한 하나의 제안 또는 그 토대로서 읽어주면 다행이다. 그러나 탈식민지화는 우리 개개인의 생활과 삶의 방식에 관한 문제이다. 이 책에서 내가 누구보다도 호소하고 싶은 대상은 실생활에서 〈신〉 식민지주의의 압력을 절실히 느끼고 있는 더욱 광범한 독자들이다. 따끔한 비판이나 의견을 기다린다.

이 책의 출간은 지난 책에 이어서 헤이본샤에 부탁했다. 이와 같은 성격의 책은 저널리즘으로부터 경원받는 경향이 강함에도 불구하고 흔쾌히 출간해준 것에 대해 감사한다. 특히 지난 책들인 『전쟁의 세기를 넘어서』(2002), 『글로벌화를 읽는 88개의 키워드』(2003)에 이어 세키 마사노리關正則 씨가 편집을 맡아주신 것은 나에게 큰 행운이었다. 세키 씨와 함께 편집을 담당해주신 다케나카 류타竹中龍太 씨께도 감사한다. 세키 씨는 이번에도 여러 가지 중요한 조언을 해주셨다. 그러한 충고와 의견에 충분히 답하지 못해서 아쉽지만 좋은 이해자의 손을 거쳐 이 책이 세상에 나온 것은 큰 기쁨이다. 그 외에 일일이 이름을 거론할 수 없지만 이렇게 작은 책을 내는 데에도 얼마나 많은 분들의 호의와 지원을 받았을지 마음으로부터 감사한다.

마지막으로 이 책의 초판 발행일은 8월 15일로 되어 있다. 이 책의 내용과 그날에 대한 내 생각을 고려해준 세키 씨의 큰 선물이었다고 생각한다. 감사합니다.

2006년 6월 21일 씀

수록한 논문의 출처

제1장 글로벌화과정에서 공공권의 변용과 〈신〉 식민지주의

2005년 11월 18일, 상하이사회과학원에서의 강연

제2장 동북아시아 문화공동체의 가능성

2004년 10월 25일(서울), 동북아시아 문화공동체 형성을 위한 정책연구에서의 발표

제3장 글로벌화시대의 이문화커뮤니케이션

2003년 9월 27일(국립가오슝제1과기대학國立高雄第一科技大學), 타이완응용일어학회 국제회의에서의 발표

제4장 마르티니크에서 오키나와로

니시 나루히코 · 하라 다케히코 엮음, 『복수의 오키나와—디아스포라에서 희망으로』, 人文書院, 2003년 3월

제5장 다문화주의와 〈신〉 식민지주의

2005년 3월 22일(리쓰메이칸대학), 국제심포지엄 「아시아에서의 다문화주의와 내셔널리즘」에서의 발표(『리쓰메이칸언어문화연구』 제16권 4호, 2005년 3월에 수록)

제6장 다문화주의로 본 공공성 문제

야마구치 사다 · 사토 하루기치 · 나카지마 시게키 · 오제키 모토아키 엮음, 『새로운 공공성』, 有斐閣, 2003

제7장 글로벌화시대의 내셔널아이덴티티

나카타니 다케시中谷猛 · 가와카미 쓰토무川上勉 · 다카하시 히데토시高橋秀壽 엮음, 『내셔널아이덴티티론의 현재—현대 세계를 읽고 해석하기 위하여ナショナルアイデンティテ

ィ論の現在—現代世界を讀み解くために』, 晃洋書房, 2003

제8장 미명의 지평을 향한 걸음

니시카와 나가오 · 오조라 히로시 · 히메오카 도시코 · 가 고 엮음, 『글로벌화를 읽는 88개의 키워드』, 平凡社, 2003

참고문헌

서문을 대신해서―나의 식민지주의론

西川長夫,『戰爭の世紀を越えて』, 平凡社, 2002.

Peter Duus, "The illusion of Empire: Ideology and Practice in the Greater East Asia Co-prosperity Sphere",『思想』, 1992年 4月號.

Aimé Césaire, *Discours sur le colonialisme*, Présence Africaine, 1950.

矢内原忠雄,『帝國主義下の臺灣』, 岩波書店, 1988.

Vladimir Ilich Lenin, *Imperialism, the Highest stage of Capitalism*, 1917 ; 레닌 지음, 박상철 옮김,『제국주의―자본주의 최고의 단계로서』, 돌베개, 1992.

Edward Wadie Said, *Orientalism; Western conceptions of the Orient*, Patheon Books, 1978 ; 에드워드 사이드 지음, 박홍규 옮김,『오리엔탈리즘』, 교보문고, 2007.

————————, *Culture and Imperialism*, Random House, 1993 ; 에드워드 사이드 지음, 박홍규 옮김,『문화와 제국주의』, 문예출판사, 2005.

西川長夫,「多言語・多文化主義の現在―植民地主義的でない日本語教育は可能か」,『戰爭の世紀を超えて』, 平凡社, 2002.

西川長夫・大空博・姫岡とし子・夏剛 編,『グローバル化を讀解み解く88のキーワード』, 平凡社, 2003.

西川長夫,『增補國境の越え方―國民國家論序說』, 平凡社ライブラリー, 2001 ; 니시카와 나가오 지음, 한경구・이목 옮김,『국경을 넘는 방법―문화・문명・국민국가』, 일조각, 2006.

Frantz Fanon,『*Les Damnés de la Terre*』, Gallimard, 1961 ; 프란츠 파농 지음, 남경태 옮김,『대지의 저주받은 사람들』, 그린비, 2004.

Robert Blauner, "Internal Colonialism and Ghetto Revolt", *Social Problems*, vol.16, no.4, 1969.

Michael Hechter, *Internal Colonialism: the Celtic Fringe in British National Development, 1536-1966*, University of California Press, 1975.

Michael Hechter, *Principles of Group Solidarity*, University of California Press, 1987.
關根政美, 『エスニシティの政治社會學－民族紛爭の制度化のために』, 名古屋大學出版會, 1994.
Vladimir Ilich Lenin, *Development of Capitalism in Russia*, 1899 ; 레닌 지음, 김진수 옮김, 『러시아에 있어서 자본주의의 발전』, 태백, 1988.
Henri Lefebvre, *La Production de l'Espace*, Anthropos, 1974.
Edward W. Soja, *Third Space: Journeys to Los Angeles and Other Real-and-Imagined Places*, Basil Blackwell, 1996.
David Harvey, *The Conditions of Postmodernity*, Blackwell, 1989.
Saskia Sassen, *The Global City; New York, London, Tokyo*, Princeton University Press, 1991.
羽仁五郎, 『都市の論理 : 歷史的條件－現代の鬪爭』, 勁草書房, 1969.
Henri Lefebvre, *Le Droit à la Ville*, Anthropos, 1968.
Robert K. Home, *Of Planting and Planning: the Making of British Colonial Cities*, Routledge, 1996.
西川長夫・渡辺公三 編, 『世紀轉換期の國際秩序と國民文化の形成』, 柏書房, 1999.
小林陽一, 『ポストコロニアル』, 岩波書店, 2001.
西川長夫, 「グローバル化と戰爭－イラク占領の『日本モデル』について」, 『立命館言語文化研究』, 第15卷 4號, 2004年 3月.
西川長夫・山口幸二・渡辺公三 編, 『アジアの多文化社會と國民國家』, 人文書院, 1998.
三浦雅士, 『小說という植民地』, 福武書店, 1991.
Eugen Weber, *Peasants into Frenchmen: the Modernization of Rural France, 1880-1914*, Stanford University Press, 1976.
Jean Paul Sartre, "Le colonialisme est un système", *Les Temps Modernes* 123, 1956.

제1장 글로벌화과정에서 공공권의 변용과 〈신〉식민지주의

Johan Galtung, "Violence, Peace and Peace Research", *Journal of Peace Research*, vol.6, no.3 ; "A Structural Theory of Imperialism", *Journal of Peace Research*, vol.8, no.2 ; "Cold War, Peace and Development", 1984 ; "1989 Fall in East Europe: What Happend and Why?", 1990 ; 高柳先男・塩屋保・酒井由美子 譯, 『構造的暴力と平和』, 中央大學出版部, 1991.
幸德秋水, 『卄世紀の怪物帝國主義』, 警醒社書店, 1901.
John W. Dower, *Embracing Defeat: Japan in the Wake of World War II*, W.W. Norton & co., 1999.
David Harvey, *The Urbanization of Capital: Studies in the History and Theory of Capitalist Urbanization*, The Johnes Hopkins University Press, 1985.

제2장 동북아시아 문화공동체의 가능성

姜尙中, 『東北アジア共同の家をめざして』, 平凡社, 2001 ; 강상중 지음, 이경덕 옮김, 『동북아시아 공동의 집을 향하여』, 뿌리와이파리, 2002.

和田春樹, 『東北アジア共同の家』, 平凡社, 2003 ; 와다 하루키 지음, 이원덕 옮김, 『동북아시아 공동의 집—신지역주의 선언』, 일조각, 2004.

Fernand Braudel, *La Méditerranée et le Monde Méditerranéen à l'epoque de Philippe II*, Paris: Armand Colin, 1949.

————, *L'identité la France*, Flammarion, 1990.

Benedict Anderson, *Imagined Communities: Reflection on the Origin and Spread of Nationalism*, Verso, 1983 ; 베네딕트 앤더슨 지음, 윤형숙 옮김, 『상상의 공동체 : 민족주의의 기원과 전파에 대한 성찰』, 나남출판, 2002.

西川長夫, 『國民國家論の射程—あるいは〈國民〉という怪物について』, 柏書房, 1998 ; 니시카와 나가오 지음, 윤대석 옮김, 『국민이라는 괴물』, 소명출판, 2002

————, 『地球時代の民族＝文化理論—脫「國民文化」のために』, 新曜社, 1995

제3장 글로벌화시대의 이문화커뮤니케이션—9·11과 '이라크전쟁' 후에

伊豫谷登士翁, 『グローバリゼーションとは何か—液狀化する世界を讀み解く』, 平凡社新書, 2002.

S. Castles · M.J. Miller, *The Age of Migration: International Population Movement in the Modern World*, Macmillan, 1993.

Antonio Negri · Michael Hardt, *Empire*, Havard University Press, 2000 ; 안토니오 네그리 · 마이클 하트 지음, 윤수종 옮김, 『제국』, 이학사, 2002.

Jean Marie Guéhenno, *La Fin de la Démocratie*, Flammarion, 1993 ; 장 마리 게노 지음, 국제사회문화연구소 옮김, 『민주주의의 종말』, 고려원, 1995.

Aimé Césaire, *Cahier d'un retour au pays natal*, Présence Africaine, 1939.

Jean Bernabé · Patrick Chamoiseau · Raphaël Confiant, *Éloge de la Créolité*, Gallimard, 1989.

倉島長正, 『「國語」と「國語辭典」の時代—その歷史』 上, 小學館, 1997

John C. Maher, "North Kyushu Creole: a Language-Contact Model for the Origins of Japanese", Donald Denoon · Mark Hudson · Gavan McCormack · Tessa Morris-Suzuki, *Multicultural Japan: Palaeolithic to Postmodern*, Cambridge University Press, 1996

Kazuo Ishiguro(石黑一雄), *The remains of the day*, Vintage, 1989 ; 가즈오 이시구로 지음, 황봉득 옮김, 『남아 있는 나날』, 세종서적, 1994.

山田詠美, *Bedtime Eyes*, 河出書房新社, 1985 ; 야마다 에이미 지음, 양억관 옮김, 『베드타임 아이스』, 민음사, 2008.

李良枝, 『由熙』, 講談社, 1989 ; 이양지 지음, 김유동 옮김, 『유희』, 삼신각, 1989.

柳美里, 『家族シネマ』, 講談社, 1997 ; 유미리 지음, 김난주 옮김, 『가족시네마』, 고려원,

1997 ; 우병길 각색, 커뮤니케이션북스, 2005.
柳美里, 『8月の果て』, 新潮社, 2004 ; 유미리 지음, 김난주 옮김, 『8월의 저편』, 동아일보사, 2004.
鷺澤萠, 『ケナリモ花 サクラモ花』, 新潮文庫, 1997 ; 사기사와 메구무 지음, 최원호 옮김, 『개나리도 꽃 사쿠라도 꽃』, 자유포럼, 1998.
金成一 紀, 『GO』, 講談社, 2000 ; 가네시로 가즈키 지음, 김난주 옮김, 『GO』, 북폴리오, 2003.
————, 小熊英二との對談, 「〈在日文學への挑戰〉 それで僕は指定席を壊すためにに『GO』を書いた」, 『中央公論』, 2001年 11月・12月號(前・後編).

제4장 마르티니크에서 오키나와로—독립의 새로운 의미를 중심으로

Aimé Césaire, *Discours sur le Colonialisme*, Présence Africaine, 1950.
Joseph Zobel, *La Rue Cases Nègres*, 1950 ; Paris: Présence Africaine, 1974.
Frantz Fanon, *Peau Noire, Masques Blancs*, Seuil, 1952 ; 프란츠 파농 지음, 이석호 옮김, 『검은 피부, 하얀 가면』, 인간사랑, 1998.
Serge Letchimy, *Discours sur l'Autonomie*, IBIS Rouge, 2002.
三浦信孝, 「マルチニック紀行—クレオールへの旅」, 西川長夫・原毅彦 編, 『ラテンアメリカからの問いかけ』, 人文書院, 2000.
————, 「日本はクレオール性の零度か—新しい精神の三角貿易のために」, 西川長夫・姜尙中・西成彦 編, 『20世紀をいかに越えるか—多言語・多文化主義を手がかりにして』, 平凡社, 2000.
大江健三郎, 『沖縄ノート』, 岩波書店, 1970.
川滿信一, 「琉球共和社會憲法C私(試)案」, 『新沖縄文學』 48號, 1981年 6月.

제5장 다문화주의와 〈신〉 식민지주의

西川長夫, 「多言語・多文化主義をアジアから問う」, 『20世紀をいかに越えるか』, 平凡社, 2000.
西川長夫・渡辺公三・Gavan McCormack 編, 『多文化主義・多言語主義の現在—カナダ・オーストラリア・そして日本』, 人文書院, 1997
Charles Taylor · Kwame Anthony Appiah · Jürgen Harbermas · Stephen C. Rockefeller · Michael Walzer · Susan Wolf · Amy Gutmann, *Multiculturalism: Examining the Politics of Recognition*, Princeton University Press, 1994.
Will Kymlicka, *Multicultural Citizenship: a Liberal Theory of Minority Rights*, Oxford University Press, 1995.
Amartya Kumar Sen, *Reason before Identity(the Ramanes lecture for 1998)*, Oxford University Press, 1999.

第6장 다문화주의로 본 공공성 문제—공공성의 재정의를 위하여

Louis Althusser, *Sur la Reproduction*, Presses Universitaires de France, 1995 ; 루이 알튀세르 지음, 김웅권 옮김, 『재생산에 대하여』, 동문선, 2007.

Will Kymlicka, *Liberalism, Community, and Culture*, Oxford University Press, 1989.

Jürgen Habermas, *Strukturwandel der Öffentlichkeit; Untersuchungen zu einer Kategorie der Bürgerlichen gesellschaft*, Frankfurt a.M., 1990 ; 위르겐 하버마스 지음, 한승완 옮김, 『공론장의 구조변동 : 부르주아 사회의 한 범주에 관한 연구』, 나남, 2001.

Hannah Arendt, *The Origins of Totalitarianism*, Schocken, 1951 ; 해나 아렌트 지음, 이진우 · 박미애 옮김, 『전체주의의 기원』, 한길사, 2006.

Giorgio Agamben, *Mezzi senza fine: Note sulla politica*, Bollati Borlinghieri, 1996.

Hannah Arendt, "We Refugees", *The Menorah Journal*, no.1, 1943.

第7장 글로벌화시대의 내셔널아이덴티티—아이덴티티의 재정의를 위하여

Jean Laplanche · J. B. Pontalis, *Vocabulaire de Psychanalyse*, Presses Universitares de France, 1997 ; 장 라플랑슈 · 퐁탈리스 지음, 임진수 옮김, 『정신분석사전』, 열린책들, 2005.

Louis Althusser, "Ideology and Ideological State Apparatuses: Note toward an Investigation", 1970, *Lenin and Philosophy and Other Essays*, Monthly Review Press, 2001.

Anthony D. Smith, *National Identity*, Penguin Books, 1991.

E.H. Erikson, *Childhood and Society*, W.W. Norton & co., 1950 ; 에릭 H. 에릭슨 지음, 윤진 · 김인경 옮김, 『아동기와 사회』, 중앙적성출판사, 1988.

——————, *Young man Luther: a Study in Psychoanalysis and History*, W.W. Norton & co., 1958 ; 에릭 H. 에릭슨 지음, 최연석 옮김, 『청년 루터』, 크리스찬다이제스트, 1997.

——————, *Identity and the Life Cycle. Selected Papers*, International University Press, 1959.

江藤淳, 『成熟と喪失—母の崩壞』, 河出書房新社, 1967.

———, 『奴隷の思想を排す』, 文藝春秋, 1958.

———, 『作家は行動する』, 講談社, 1959.

———, 『一族再會』, 第1部, 講談社, 1973.

James Kunen, *The Strawberry Statement: Note of a College Revolution*, Random House, 1969.

三島由紀夫, 「文化防衛論」, 『中央公論』 1968年(昭和 43年) 7月號.

Friedrich Meinecke, *Weltbürgertum und Nationalstaat: Studien zur Genesis des Deutschen Nationalataates*』, 1908 ; 프리드리히 마이네케 지음, 이상신 · 최호근 옮김, 『세계시민주의와 민족국가—독일 민족국가의 형성에 관한 연구』, 나남출판, 2007.

Jean Jacques Rouseau, *Discours sur les Sciences et les Arts*, 1750 ; 장 자크 루소 지음, 김중현 옮김, 『학문과 예술에 대하여』, 한길사, 2007.

——————, *Discours sur l'Origine et les Fondements de l'Inegalite Parmi les Hommes*, 1754 ; 장 자크 루소 지음, 주경복 · 고봉만 옮김, 『인간 불평등 기원론』, 책세상, 2003.

——————, *Du Contrat Social ou Principes du Droit Politique*, 1762 ; 장 자크 루소 지음, 방곤 옮김, 『사회계약론』, 신원문화사, 2006.

——————, *Projet de constitution pour la Corse*, 1772.

——————, *Émile ou de l'Éducation*, 1762 ; 장 자크 루소 지음, 이환 편역, 『에밀 : 인간 혁명의 진원지가 된 교육서』, 돋을새김, 2008.

——————, *Julie, ou la Nouvelle Héloïse: Lettres de deux amans, habitans d'une petite ville au pied des Alpes*, 1761 ; 장 자크 루소 지음, 서익원 옮김, 『신엘로이즈』, 한길사, 2008.

——————, *Les Confessions*, 1770 ; 장 자크 루소 지음, 홍승오 옮김, 『참회록』, 동서문화사, 2008.

——————, *Rêveries du Promeneur Solitaire*, 1782 ; 장 자크 루소 지음, 김중현 옮김, 『고독한 산책자의 몽상』, 한길사, 2007.

Philippe Bénéton, *Histoire des Monts = Culture et Civilisation*, Paris: Presse de la FNSP, 1975.

René Girard, *La Violence et le Sacré*, Grasset, 1972 ; 르네 지라르 지음, 김진식 · 박무호 옮김, 『폭력과 성스러움』, 민음사, 2000.

Lynn Hunt, *The Family Romance of the French Revolution*, University of California Press, 1992 ; 린 헌트 지음, 조한욱 옮김, 『프랑스 혁명의 가족로망스』, 새물결, 1999.

Sigmund Freud, *Totem and Tabu*, 1913 ; 지그문트 프로이트 지음, 강영계 옮김, 『토템과 터부』, 지만지, 2009.

제8장 미명의 지평을 향한 걸음—글로벌화 속에서 생각한다

Antonio Negri · Michael Hardt, *Multitude: War and Democracy in the Age of Empire*, Penguine Press, 2004 ; 안토니오 네그리 · 마이클 하트 지음, 조정환 · 정남영 · 서창현 옮김, 『다중—제국이 지배하는 시대의 전쟁과 민주주의』, 세종서적, 2008.

Etienne Balibar · Pierre Macherey · Louis Althusser · Roger Establet · Jaque Rancière, *Lire le Capital*, Paris: Maspero, 1965 ; 에티엔 발리바르 · 피에르 마슈레 · 루이 알튀세르 · 로저 에스타블리 · 자크 랑시에르 지음, 김진엽 옮김, 『자본론을 읽는다』, 두레, 1991.

한국어판 후기

식민지주의와 인양자 문제

1

최근 몇 년 동안 젊은 연구자들의 도움을 받으면서 '식민지주의연구회'를 만들고 식민지와 식민지주의 문제를 새롭게 생각하기 시작했다. 대학에 적을 둔 몸인 나로서는 아마도 이것이 마지막 작업이 되리라고 생각한다. 식민지주의라는 주제를 선택한 것은 그것이 근대의 가장 중요한 문제 가운데 하나임에도 불구하고 지금까지 그 본래의 깊이와 넓이가 제대로 고찰과 연구의 대상이 된 적이 없다고 항상 생각했으며, 최근 그러한 생각이 한층 절실해졌기 때문이다.

물론 식민지주의연구의 문헌이나 자료는 산더미처럼 쌓여 있어 셀 수가 없다. 그러나 그 대부분은 식민자의, 즉 지배하는 측의 관점에서 행한 연구나 조사이며, 그러한 문헌이나 자료는 현지에 있는 것이 아니라 구종주국의 대학이나 도서관에 소장되어 있다. 예를 들면 인도나 방글라데시의 구식민지시대에 대해 연구를 하기 위해서는 런던에 가야 한다. 사이드가 『오리엔탈리즘』의 마지막에 쓴 미국에 가서 자국에 대한 연구를 하는 중동 출신 연구자에 대한 불신을 떠올린다. 그들은 미국에서 만들어진 중동의 이미지를 모국으로 가지고 가는 것이다.

식민지주의연구는 많은 경우 제국주의연구의 일환으로 이루어지며 제국주의의 한 형태이거나 그 부수물처럼 취급되어왔다. 제국주의연구는 비판적인 연구가 많으며 반체제적인 연구라고 이야기해도 좋을 것이다. 그러나 레닌의 『제국주의』를 거론하지 않더라도 그것은 자본주의의 일정한(최고의) 단계에 관한 연구이며 결국에는 자본주의의 중추부(즉 열강과 종주국)에 초점이 맞추어져 있다. 주변부(즉 식민지화된 지역)로 번져가는 착취와 억압의 구조, 그 지역의 사회나 생활의 변용, 주민의 정신적, 물질적 고난에 대해 언급하는 연구는 극히 적다. 제국주의라는 문제 설정으로부터 식민지 주민의 생활에 이르는 거리는 너무 멀기 때문에 자칫 잘못하면 그것이 식민지의 현실적인 문제를 숨기는 것이 될지도 모른다. 식민지 측에서 식민지의 문제에 대해 생각하는 시각의 확립이 필요하다고 생각한다.

나아가 하나 더 잊어서는 안 되는 문제로 내면화된 식민지주의가 있다. 정신과 의사이기도 한 프란츠 파농은 식민지화된 주민 측에서 내면화된 식민지주의를 『검은 피부, 하얀 가면』으로 표현했다. 그러나 내면화된 식민지주의는 반드시 식민지에 한정된 문제인 것만은 아니다. 식민지주의는 식민자와 피식민자의 상호 관계로 인해 발생한 문제인 이상 그 정신적인 왜곡과 퇴폐는 그 어느 쪽에도 따라다닌다. 식민지 지배를 시작한 이래 서구의 정신은 병들기 시작했으며 이 특수한 병의 증상은 그 진정한 원인을 밝혀내지 못한 채 서구의 정신적 위기로 거론되고 있다. 무엇보다 세계는 식민자와 피식민자로 명확하게 구분할 수 없다. 일본처럼 이전의 종주국이 식민지화되는 경우도 있으며 그 반대의 경우도 있을 수 있다. 강국에 대해서는 종속적(식민지적)이며, 약소국에 대해서는 지배적(종주국적)인 것은 오히려 근대 국민국가의 상태일 것이다.

2

쇼와 9년(1934년)에 태어난 나는, 11살까지의 유소년기를 조선, 만주라는 식민지에서 지낸 경험을 논외로 하더라도, 나 자신의 생애를 역사적으로 되돌아보고 한마디로 요약할 수 있는 말이 있다면 그것은 '식민지' 였다고 생각한다. 패전까지는 일본제국의 식민지에서 자라고, 전후에는 점령이라는 미국의 식민지하에서 살았으며, 그 후에는 글로벌화라는 제2의 식민지주의하에서 생애를 마감하게 되리라.

그러나 조금 더 시야를 넓혀서 15세기의 대항해시대, 즉 서구의 팽창이 시작된 이후 현재까지 이르는 시대를 생각해보면 '식민지' 라고 특징짓는 것은 더욱 적절할 것이다. 생각해보자. 세계의 80% 이상이 식민지화된 이 이상한 시대의 첫 번째 핵심용어가 '식민지' 가 아니고 무엇일까. 이러한 서구의 팽창과 식민지 지배의 500년 중에서 74년이라는 내 생애를 두고 보면, 그것은 아주 짧은 시간이기는 하지만 지구 규모의 식민지주의에 물든 생애이기도 하다. 그리고 그것은 나 한 사람의 일이 아니라 전 국민적인 또는 전 인류적인 역사에 관계되는 문제일 것이다. 그러나 역사는 일반적으로 그렇게 쓰여 있지 않다.

왜일까. 그러한 상황에는 식민지와 식민지주의를 은폐해서 우리에게 보이지 않게 하는 커다란 힘이 작용하고 있는 것처럼 보인다. 그리고 그 힘이야말로 진정한 식민지주의가 아닐까. 예를 들면 '문명화의 사명' 이라는 말이 있다. 식민지주의적 침략 때마다 계속해서 사용되었으며, 지금도 더욱 많이 사용되고 있는(9 · 11 후의 부시) 이 말은 식민지 지배를 위한 폭력과 억압과 착취를 은폐하는 것뿐만 아니라 식민지 지배에 대한 주민의 저항과 그곳에서 계속되고 있는 생활의 실태를 감춰버린다.

'문명화의 사명'이 타이완 출병이나 조선 '병합'의 이데올로기였다는 사실은 당시의 신문에도 나타나 있다. 그러나 그것은 반드시 대외적인 것은 아니었다. 메이지유신 이후 일본의 근대화는 문명개화의 구호 아래 이루어졌지만, 국민통합(국민화)의 이념은 문명화였으며 교육도 문명화였다. 지방이나 식민지의 교사들은 문명적인 국어(일본어)의 보급을 꾀하는 한편으로 방언이나 식민지의 언어를 박멸한다는 사명과 마음가짐을 가지고 있었다.

식민지주의 은폐의 역사는 제2차 세계대전 후에도 새롭게 전개된다. 식민지주의는 제1차 세계대전 후에 '민족자결'이라는 원칙이 널리 받아들여진 이후, 국제사회에서 정통성을 잃어버리고 있었지만 다양한 구실('위임통치'나 '대동아공영권' 등)로 인해 식민지는 현실에서는 존속하지 않는 것이 된다. 제2차 세계대전 후에는 식민지의 독립이 현실이 되어 원칙적으로 식민지는 존재하지 않게 된다. 패전국 일본의 식민지 방기와 식민지 망각은 그러한 세계사적 배경 속에서 일어난다. 660만 명이라는, 일본인구의 10%에 가까운 구식민지로부터 돌아온 인양자가 있었고, 또 한편으로 점령하라는 식민지 상황에 놓여 있으면서도 식민지라는 말과 식민지 문제를 잊고 있었던 전후의 사태에 대해서는 벌써 본문에서 거론했기 때문에 여기서는 반복하지 않겠다.[1]

3

점령군에 한하지 않고 근대의 지배적 권력은 모두 식민지주의적인 것과 동시에 그 식민지주의를 은폐하는 방책을 강구하고 있다. 식민지주의의 전모를 밝혀내기 어려운 이유는, 식민지주의가 복잡하게 얽혀 있으며 현재에 이르기까지 넓은 의미의 근대와 거의 동의어로 이야기하기 때문일 것이다(근대의 이면 또는 근대의 공격적인 선단이라고 해야 할까). 식민지주의 연구자는 언젠가 자기 자신도 식민지주의에 오염되어 있는 것을 알게 되며, 그 자각과 인식이 연구의 깊이와 방향을 결정하게 되리라. 이렇게 이야기는 하지만 우리에게 특별한 방책이 있는 것은 아니다. 연구를 시작하면서 먼저 우리가 세운 방침은 다음 세 가지였다.

첫째, 가능한 한 현지, 그중에서도 일본과 관계가 깊은 동아시아의 구식민지를 직접 답사하며 그곳에서 생각한다. 그 결과 이 몇 년 동안 타이베이, 가오슝, 호찌민, 다롄, 상하이, 서울, 파리(교외), 베를린(베를린 장벽의 유적지나 터키인 거주지구) 등을 방문했다. 1주일이나 10일간의 여행으로 그곳과 관련된 역사를 이해할 수는 없겠지만 가는 것과 가지 않는 것에는 큰 차이가 있다.

둘째, 일본의 식민지주의로 인해 큰 피해를 입은 구식민지에서 이 주제에 대해 이야기하고, 비판이나 의견을 듣는다. 내가 '〈신〉식민지주의'에 대해서 최초로 이야기한 것은 2005년 11월, 상하이의 푸단대학復旦大學과 사회과학연구원에서였으며(나중에 중국어로 번역되어 사회과학연구원의 『國外社會科學前沿 2006』에 게재되었다), 다음은 서울의 한양대학교 비교역사문화연구소에서 열린 '〈신〉식민지주의'를 둘러싼 심포지엄 발표(2006년 9월, 이 심포지엄의 전체 발표문이 2007년 봄에 『비평批評』 지에 특집으로 게재되었다)였다. 그리고 아주 최근인 2007년 12월 13일, 타이완대학의 역사학계 연구자들 앞에서 '〈신〉식민지주의 · 재론'으로 이어졌다. 내 발표는 어느 경우에도 단지 역사적 분석이나 반성이 아니라 일본과 다른 나라들의 현상에 대한 비판임을 명확히 했기 때문에 심한 반발을 각오하고 있었지만, 내 발언은 예상을 빗나가 호의적으로 받아들여진 것 같다. 내가 일본에서 들었던 한국이나 중국이나 타이완에서의 식민지주의에 관한 공식적인 견해를 접하는 경우는 거의 없었고, 시대는 급속히, 크게 변해 있었기 때문에 글로벌화에 따른 새로운 식민지주의('식민지 없는 식민지주의'), 새로운 식민지주의를 은폐하는 내셔널리즘, 글로벌시티와 내부식민지주의라는 문제제기는 일본에서보다 현지에서 더 깊은 관심을 가지고 받아들였다는 인상을 받았다(이러한 문제에 대해서는 본문을 참조 바란다. 2006년 8월 15일 자로 출간된 이 책은 내가 내린 하나의 결론이라기보다는 문제를 제기하는 책으로 출간되었다. 출간과 동시에 일조각에서 번역을 요청했고 한양대학교에서는 앞에서 이야기한 심포지엄을 개최했으며 한국의 주요 신문에서 심포지엄에 관해 호의적인 기사를 써주었지만, 일본의 저널리즘은 『슈간도쿠쇼진週間讀書人』에서 이와사키 미노루岩崎稔 씨와의 대담을 크게 게재해준 것 외에는 거의 완전히 묵살되었다. 이러한 차이는 어디에서 오는 것일까).

셋째, 공동연구를 통해 이 문제에 관한 토론을 거듭하고 그 성과를 축적하는 것. 구체적으로는 내가 근무하고 있는 리쓰메이칸대학을 거점으로 해서 2기 6년에 걸친 과학연구비를 지원받아 공동연구를 하면서, 더욱 열린 연구로 진행하기 위해 공개적인 연속강좌와 심포지엄을 열고, 나아가 그 기록을 발간한다. 『초슈신분』에 상세하게 소개된 『리쓰메이칸언어문화연구』의 특집 「글로벌리제이션과 식민지주의」는 2006년 가을에 국제언어문화연구소와 공동으로 개최한 5회 연속강좌를 기록한 것이다(『초슈신분』, 2007년 10월 29일).

이와 같은 주제로 열린 연속강좌에 매회 평균 60명이 넘게 참석했다는 것은 사상적 소수자집단을 자인하는 우리의 시도에 용기를 주는 것이었다(이 연속강좌의 특집은 검토를 거쳐 2009년 3월에 단행본으로 교토의 人文書院에서 출간되었다).

매회의 주제를 써두겠다.

① 「왜 지금 식민지주의를 묻는가」(11월 3일)

② 「내부식민지주의에 대해」(11월 10일)

③ 「글로벌시티의 문제—상하이 · 도쿄 · 오사카」(11월 18일)

④ 「반식민지 · 반글로벌화운동」(11월 24일)

⑤ 「전후와 식민지 후—전후 일본을 어떻게 생각할까」(12월 1일)

2008년 8월(3, 4일)에 삿포로에서 홋카이도 연구자들과 협력해서 「홋카이도와 내부식민지」에 관한 심포지엄이 열렸는데, 11개 주제의 발표와 그 내용에 대한 토론이 이루어진 것은 특필할 만한 일이라고 생각한다[오타루상과대학 동아시아심포지엄준비회小樽商科大學東アジアシンポ準備會(대표 이마니시하지메今西一 교수)와 공동 주최]. 홋카이도는 식민이나 내부식민지라는 말이 발생한 땅이며 식민지정책학이 탄생한 땅임과 동시에 일본제국이라는 근대 국가 형성의 최선단지역이었기 때문에 그곳에는 아직 충분히 밝혀지지 않은 국민국가 형성의 비밀이 숨겨져 있다. 홋카이도의 근대는 국민국가 형성이 식민지주의와 일체라는 사실을 보여주고 있다.

같은 해 10월에 19일부터 21일까지의 3일 동안 리쓰메이칸대학에서 열린 심포지엄 「글로벌화시대의 식민지주의와 내셔널리즘」은 이른바 '국제 심포지엄'의 재미와 어려움을 그대로 보여준 모임이었다. 기획, 주제와 프로그램의 결정, 예산의 배분, 국외 참가자와의 연락, 통역, 번역(사용 언어는 일본어, 한국어, 중국어, 영어), 홍보, 회장의 운영, 진행, 접수 등.

우리는 먼저 다카하시 히데토시 교수 이하 대학원생과 PD(postdoctoral) 연구원을 포함한 9명의 실행위원을 정해서 작업을 시작했지만, 연구소 직원 이외에 다수의 학내외 자원봉사자, 당일 참가자의 협력이 없었으면 제대로 진행되지 않았을 것이다. 우리는 50, 60명 규모의 적은 인원으로 깊은 이야기를 나누며 심도 있는 논의를 할 수 있는 모임을 생각했지만, 실제로는 예상의 2배를 넘는 사람이 참가해서 첫날 회장은 꽤 혼란스러웠다.

4

일반 독자는 그다지 관심이 없는 이와 같은 심포지엄의 뒷이야기를 상세하게 쓴 이유는, 내가 이러한 연구나 심포지엄을 일종의 지적, 사상적인 운동으로 생각하고 있으며, 대학의 한구석에서 이루어지고 있는 이와 같은 시도와 대학 밖에서 이루어지는 시민운동이나 사회운동과의 연결을 모색하고 있기 때문이다. 공동연구나 심포지엄의 가치는 그 성과로 제출되는 연구나 논문이 중요하다는 점은 말할 것도 없지만 더욱 중요한 것은 그 과정이 아닐까 생각한다.

이 심포지엄이 성공한 요인의 하나로 공동 개최자였던 한양대학교 비교역사문화연구소가 임지현 교수와 윤상인 교수를 중심으로 한국의 다른 대학에도 제안해서 5명의 발표자와 5명의 통역이 가능한 젊은 연구자를 동행해준 것을 들 수 있다. 심포지엄의 제목으로도 알 수 있듯이 이번 심포지엄은 지난 해 한양대학교에서 열린 심포지엄, 리쓰메이칸대학의 연속강좌와 연결된 것으로, 새로운 식민지주의 문제를 그것에 동반하는 내셔널리즘의 문제와 연결해 더욱 심화시키려는 공통의 의도를 가지고 있다. 말로만 끝나는 일회성 심포지엄이 아니라 어느 정도 연속성과 문제의 공유 그리고 진정한 발언을 가능하게 하는 인간적인 신뢰관계의 중요성을 새삼스럽게 통감했다. 또 한·일관계에 한정된 시야와 발상의 틀을 깨고 싶다는 바람도 있어서, 『아시아를 논하는 것의 딜레마アジアを語ることのジレンマ』와 『다케우치 요시미라는 물음竹内好という問い』(모두 岩波書店)의 지은이이기도 한 중국사회과학원의 쑨거孫歌 선생이나 최근 『도설 타이완의 역사圖說臺灣の歷史』(平凡社) 번역서를 출간한 국립타이완대학의 교수인 저우완야오周婉窈 선생을 초청한 것도 큰 수확이었다.

이 심포지엄의 성과는 2008년 중에 출간될 예정이기 때문에 관심이 있는 독자는 그것을 읽어보는 것으로 하고, 여기서는 마지막으로 우리의 문제제기에 대한 응답으로서 나온 두세 개의 흥미 깊은 발언만을 기술해두고자 한다. 그 하나는 저우완야오 교수의 발표인 「식민지주의의 후유증植民地主義の後遺症」에 쓰여진 '중층적 식민지주의重層的な植民地主義'라는 생각이다. 타이완에서는 일본통치시대, 광복 이후 대륙으로부터 온 국민당 지배의 시대, 미국의 강한 영향력하에 있는 냉전체제 이후와 같이 식민지적 상황은 다르지만, 그러한 상황은 주민 측에서 보면 하나가 사라지자 다음 상황이 찾아오는 것이 아니라, 중층적으로 복잡하게 뒤섞인 형태로 잔존하고 있다는 이 지적은 타이완의 현상 분석에 근거하고 있지만 세계의 식민지주의를 생각할 때도 유효한 모델이 될 것이라고 생각한다.

한양대학교의 임지현 교수와 윤상인 교수는 우연히 같은 책과 그것을 둘러싼 같은 상황을 몇 개의 다른 관점에서 거론했다. 같은 책이라는 것은 2007년에 한국에서 화제가 되었던 요코 가와시마 왓킨스Yoko Kawashima Watkins의 자전적인 소설 『요코 이야기*So Far from the Bamboo Grove*』이다. 1986년에 미국에서 출간된 이 소설에는 일본의 패전 때 한반도 북부(나남)로부터 인양된 지은이의 체험이 당시 11살 소녀의 시선으로 그려져 있다. 이 소녀의 고난의 이야기는 평이한 문장으로 쓰여져 있기도 해서, 미국 각지에서 2000년을 전후해서 학교의 교재로 채택되고, 2005년 4월에 한국어로 번역되어 출간되었을 때는 '반전·평화소설'로 한국의 주요 신문에도 크게 소개되었으며 일반 독자도 그렇게 받아들인 것 같다.

그러나 이 소설에는 인양되는 도중에 체험한 생명의 위기나 배고픔, 성폭력에 대한 공포 등이 생생하게 그려져 있지만 식민지시기 식민자들의 행위에 대한 반성적인 기술은 없다. 2006년 9월에 보스턴이나 뉴욕 등 미국 동부에 사는 한국계 미국인들이 이 책에 대한 항의운동을 일으켜 보스턴 주재 한국총영사관이 개입하면서 이 문제는 한국에 역수입되었다. 그렇게 된 가장 큰 이유는 그때까지 식민지주의와 전쟁의 피해자로 되어 있었던 한국인이 가해자로, 거꾸로 가해자로 보고 있었던 일본인이 피해자로 그려져 있었기 때문이다.

이렇게 해서 『요코 이야기』는 한·일 양국의 정치적 기억에 대한 항쟁의 한가운데에 놓이게 된다. 여기서 임지현 교수가 직접 비판적인 분석의 대상으로 삼은 것은 이 작품 자체가 아니라, 그것이 불러일으킨 '희생자 내셔널리즘'이 작동하는 정치구조였다. 조선민족 = 희생자라는 기억의 정치학은 전후 일관해서 한반도의 국가적 프로젝트로 민중을 동원하는 민족주의적 권력의 논리를 정당화해왔으며, 식민지주의와 전쟁의 잔학행위에 대한 일본사회의 이상한 침묵과 부정의 근저에는 일본이 세계 최초의 원폭 희생자라는 희생자 의식이 흐르고 있다고 지적했다.

윤상인 교수는 문학연구자인 만큼 같은 작품에서 기억의 항쟁과 함께 표현의 항쟁을 읽어내며, 핵심단어로 '강간'이라는 말에 주목한다. 일본의 식민지통치를 '일제강점기'로 부르는 한국에서 식민지화는 '강간'이며, 반대로 지배하는 측은 그것을 '연애'로 보이게 하려고 한다. 『요코 이야기』에서 성적 폭력(강간)은 그와 같은 피해자 의식으로 구성된 국민적 아이덴티티를 근저에서부터 은폐할 수밖에 없는 것이다.

윤상인 교수는 또 아이리스 장Iris Chang의 『난징의 강간*The Rape of Nanking*』의 제목이 '학살'이 아니라 '강간rape'이었다는 점에 주목해, 이 작품에 대한 일본정부(사이토齋藤 주미일본대사의 항의)나 우익의 반론이 『요코 이야기』에 대한 한국인의 반론과 같은 논리구성(세부적인 오인과 기억의 차이를 지적해서 역사적 사실의 전체를 부정해 만든 이야기로 보는 것)을 가지고 있다고 지적했다.*

5

이 두 개의 발표는 『요코 이야기』를 둘러싼 문제를 글로벌화시대 내셔널리즘의 한 형태(원격지 내셔널리즘)로 보는 것에 역점을 두고 있으며, 인양자의 문제에 초점을 맞춘 것은 아니지만 나에게는 인양자의 체험담을 새삼 생각하게 하는 계기가 되었다. 왜냐하면 이 책의 지은이인 요코 가와시마 왓킨스는 나와 같은 나이이고, 소녀와 소년의 차이는 있더라도 우리가 걸어온, 북조선으로부터 탈출해서 38도선을 넘는 인양의 길이 거의 일치하고 있기 때문이며, 『〈신〉 식민지주의론』에 수록한 글에서 짧지만 내 자신의 인양 이야기를 쓰고 있기 때문이다. 그리고 내 발표나 글에서도 그것이 가장 주목받는 부분일지도 모른다.

하지만 내 의도는 그녀와 아주 다르다. 나는 한국이나 중국, 타이완과

* 미국에서 원서가 출간된 1997년 초부터, 일본 내에서는 히가시나카노 슈도東中野修道를 시작으로 한 난징대학살 부정파는 물론 난징대학살 긍정파인 혼다 가쓰이치本多勝一나 가사하라 도쿠시笠原十九司 그리고 이른바 중간파로 여겨지는 하타 이쿠히코秦郁彦 등으로부터도 게재된 사진에 오인용이 많고, 문장도 사실 오인이 많다고 지적당했다. 또 미국인 조슈아 포겔Joshua A. Fogel도 잡지 『세카이世界』에서 격렬하게 이 책을 비난했다. 그 밖에도 중국정부 등의 '반일' 공작을 위한 책이라고 하는 견해나, 일본사 전반에 걸쳐서 오인이 많다는 지적도 있었다. 일본어판의 출간에 즈음해서는, 당시 일본에서의 번역권과 출판권을 얻은 가시와쇼보柏書房가 비평책을 동시에 출간하려고 했다. 그러나 지은이가 거부했기 때문에 출간이 취소되었다. 그러던 중 1999년에 쇼덴샤祥傳社에서 히가시나카노 슈도東中野修道와 후지오카 노부카쓰藤岡信勝가 『난징 강간의 연구—중국에서 '정보전'의 술수와 전략「ザ・レイプ・オブ・南京」の研究—中國における「情報戰」の手口と戰略』이라는 비평서가 출간되었으며, 원저 출간 후 10년이 지난 2007년 12월에는 도지다이샤同時代社(후쇼코巫召鴻 옮김)로부터 『난징의 강간—제2차 세계대전의 잊혀진 대량학살ザ・レイプ・オブ・南京—第二次世界大戰の忘れられたホロコースト』로 번역, 출간되었다. 이 일본어판은 10년에 걸쳐서, 주로 일본 내에서 주장하고 있는, 원저에서 오인이라고 지적되고 있는 부분에 대한 상세한 검토를 포함한 해설서이다.

같은 구식민지에서 나의 식민지주의론을 이야기할 때, 자신이 북조선에서 태어나 패전할 때까지의 유소년기를 조선과 만주에서 지낸, 말하자면 입식자의 자녀임을 숨기는 것은 옳지 않다고 느낀 것이 첫 번째 이유이다. 나는 아주 무거운 마음으로 자전적인 글을 쓰고 있다.

두 번째로 나는 나 자신이 얼마나 식민지주의의 한가운데에 있으며 식민지주의를 은폐하려는 강한 힘을 거역하며 그것을 인식하는 데 이르렀는지, 그 과정을 써 두어야 할 필요가 있다고 생각했기 때문이다. 개개인의 탈식민지화는 쉽지는 않지만, 누구에게나 개인적인 탈식민지화의 계기와 지름길이 있으며 특히 내면화된 식민지주의를 생각할 때는 탈식민지화에 대한 인식이 중요할 것이다. 그것이 나의 경우에는 인양 이야기이며, 인양 체험은 내 사고와 감성의 거의 원점이라고 할 수 있는 것이었다. 그러나 다른 세계, 다른 인생을 산 사람에게는 탈식민지화에 이르는 또 다른 길이 있을 것이다.

그러나 이러한 나의 생각은 친한 친구나 연구자들도 그다지 이해하고 있다고는 생각하지 않는다. 그리고 그러한 상황에는 이유가 있을 것이다. 조금 쓰다 보면 알겠지만 인양 이야기가 희생자 내셔널리즘과, 그것과 등을 맞대고 있는 일종의 영웅주의적인 것이라는 사실에서 벗어날 수는 없다. 후지와라 데이藤原てい의 『흐르는 별은 살아 있다流れる星は生きている』 이후 발표된 다양한 작품을 다시 읽어 보아도 그러한 점에서 참을 수 없는 부분들이 많다. 가해자가 희생자가 되는 것은 일종의 도착된 세계의 이야기다. 그러나 그러한 이야기에 역사의 진실이 있다는 사실도 부정할 수는 없을 것이다.

인양자의 문제는 복잡하다. 그리고 그 복잡함은 식민지와 식민지주의의 복잡함과 통한다. 인양자는 기민棄民이기도 하며 난민이기도 하지만 '인양자'로 명명된 순간에 문제의 본질은 보이지 않는다. '인양자'는 그들의 긴 생애 중 극히 짧은 시기의 모습을 보여주는 것에 지나지 않지만, 인양자에게는 그 이전과 그 이후의 생애가 있다. 또 한마디로 '인양자'로 불리는 사람들은 복잡하고 잡다한 집단이다. '인양자'로 불리기 이전의 그들은 입식자와 그 가족이며, 농민이나 상인이며, 회사원이나 경관이나 군인이나 군대이며, 제국주의의 첨병적 존재였다. 그러나 다른 한편으로 그들은 본토에서 소외된 탈락자이며, 신천지를 찾아서 대아시아주의나 대동아공영권의 이데올로기를 진심으로 받아들인 사람들도 적지 않다.

인양자에게 인양 이후라는 것은 무엇이었을까. 전후사회에서 그들은 폐를 끼치는 존재이며 그들 중 대부분은 입을 다물고 그들의 식민지 체험을 전하려고 하지 않았다. 암흑가의 존재가 되거나 전범자가 되거나 대신이나 기업가가 된 사람도 있지만 왠지 모르게 경원당해서 남겨진 한 무리가 있었다는 인상이 강하다. 그러나 인양을 일본 본토로의 귀국자로서만 생각해서는 안 될 것이다. 본토로 귀국한 660만 명과, 동시에 한국이나 중국이나 타이완, 그 밖의 구식민지로 향한 150만 명이 넘는 인양자의 존재도 잊어서는 안 된다. 제2차 세계대전 후 일본에 한정하지 않고 세계 각지에서 인구의 대이동이 있었던 것이다. 식민지가 있는 한 인양자의 이야기가 있다. 인양자의 인양 이후는 끝나버린 것일까. 인류사상 그 예를 볼 수 없는 인구의 대이동을 일으킨 글로벌화시대에는 새로운 인양자들이 생겨나고 있지 않은가. 나에게 인양자의 이야기가 끝나지 않는 이상 인양자의 이야기에 계속해서 관심을 갖고 싶다.[2]

---

1 「식민지 방기와 식민지 망각—일본의 전후사회와 식민지주의의 행방植民地放棄と植民地忘却—日本の戰後社會と植民地主義の行方」, 『초슈신분長周新聞』, 2005년 1월 11일.

2 『초슈신분』 2008년 1월 9일, 11일, 14일, 16일 자에 게재된 글.

옮긴이 후기

이 책은 15세기 이후의 글로벌화(대항해)시대로부터 최근 몇 년 동안 이루어진 부시정권의 대응에 이르기까지 다양한 현상과 개념들을 '식민지주의'라는 시선을 통해 비판적으로 음미한 것이다. 지은이인 니시카와 나가오는 15세기에 시작되어 현재에 이르는 근대화, 구미화(서양화), 문명화, 세계 전체의 자본주의화, 국민화라는 것은 얽힌 한 묶음의 사상으로서 사람들의 감성과 사고에 영향을 끼쳐왔다는 점을 밝히고 있다. 그리고 그로 인해 세계는 지배-피지배, 차별-피차별이라는 경제적·문화적인 격차구조를 끊임없이 만들어왔으며 또 그러한 네트워크를 전 세계적으로 넓혀왔다는 사실, 뿐만 아니라 현재의 글로벌한 물결에 숨겨져 있는 어두운 부분, 심지어 그러한 것들은 끝나기는커녕 오히려 글로벌화 속에서 더욱 박차를 가하고 있다는 사실을 고발한다.

본문에서 지은이가 언급하고 있는 '식민지' 또는 '식민지주의'라는 말은 동아시아권의 소수자집단 연구자들에게는 특별한 의미로 다가오지만, 일반인들(특히 일본사회에서는 더욱)에게는 그다지 익숙하지 않은 말이기도 하다. 그러나 식민지 경험을 '강점기'라고 부르며, '반공'을 국시로, '반일'과 '민족주의'를 내포한 '탈식민지주의'와 주권국가 창생을 목표로 해온 해방 후의 한국사회에서 이러한 용어는 그다지 좋은 어감을 가진 말은 아니다. 오히려 사람들의 오감과 기억으로부터 빨리 지워 없애버리고 싶은 말이기도 하다.

탈식민지주의를 향한 희망을 이야기하고자 한다면 나는 그야말로 이 책을 찬찬히 읽어볼 것을 권한다. 해방 후 '민족주의'와 '민족주의자'를 가늠하는 잣대는 '반일행동'이었으며, 국민의 역사에 대한 기억은 그러한 사람들의 일화로 물들어 있음은 주지의 사실이다. 그리고 지금도 대다수의 국민들은 그러한 역사를 평가하는 잣대에서 벗어나지 못하고 있다. 그 한 예로 정치·사회적인 기사를 둘러싸고 국내 네티즌들은 아직도 인터넷 게시판을 '친일'과 '좌파(좌익·빨갱이)'라는 용어로 도배하기를 좋아하는 경향이 있기 때문이다. '반일'과 '친일'에 대한 물음이 충분히 제시되고 세계사적 관점에서 식민지기를 재조명해볼 때 그리고 그러한 용어가 더 이상 어느 개인의 정치적·사회적 활동을 가늠하는 잣대가 되지 않을 때 한국은 탈식민지화를 향해 한 걸음 더 나아갈 수 있지 않을까. 이 책에서 지적하고 있듯이 탈식민지화와 글로벌화에 가려진 어두운 부분을 밝히고자 한다면 지금이야말로 '반일'과 '친일'에 대한 국민적 논의가 필요한 때라고 생각한다.

다른 한편으로 식민지라는 용어를 둘러싼 국민적인 감성은 본문에서 언급하고 있는 국민의 역사에 대한 기억을 '식민지 망각'으로 내달리게 했다고도 할 수 있을 것이다. 이 현상은 바꾸어 말하면 이전의 식민자와 피식민지 측의 '식민지 기억'을 둘러싼 감각이 표리일체라는 사실을 증명하고 있다고도 할 수 있다. '식민지'와 '식민지주의' 그 자체를 묻는 것과, 식민지하에서의 실상을 밝히는 것에 대한 불충분함(식민지기의 제반 현상에 대해 논하면서 어느 한쪽으로 치우친 관점에서의 연구·분석) 등으로 인해 예전의 종주국과 식민지 측 사이에 '식민지'를 둘러싼 인식은 언제나 '희생자·피해자' 또는 '가해자'라는 야누스의 얼굴을 내보이며, 그때그때 상황에 따라 어느 한쪽의 얼굴을 강조하는 것이다. 최근 『요코 이야기』는 동아시아에서, 이민사회의 '원격지 내셔널리즘'이 원향原鄕의 사람들에게 '식민지'를 환기시켜 '민속주의'를 불러일으켰다. 글로벌화라는 것은 심지어 '내셔널리즘'도 역수입되는 시대임을 보여주며, 글로벌화 속에서 '내셔널리즘'이 갖는 새로운 역할에 대한 검증을 필요로 하고 있다.

이 책에서 말하는 '〈신〉식민지주의'는, 식민지 영유는 식민지주의의 특정한 단계를 의미하는 것으로, 반드시 영토로서의 식민지를 필요로 하지 않는다. 또 과거의 것뿐만 아니라 글로벌화가 진행되는 지금을 살아가는 우리의 인식과 지성 또는 감수성의 문제인 것이다. 그중에서도 '식민지 없는 식민지주의'는 영역적인 지배(점령, 입식)를 필요로 하지 않는다. 따라서 현재의 한반도를 둘러싼 현상을 이러한 관점에서 조망해 보면 그 가려진 부분이 확실하게 보일 것이다. 또 다른 예로서, 최근 몇 년 동안 '한류'라는 현상이 글로벌화라는 이름 아래 숨겨져 있는 식민지주의의 어두운 부분을 가렸으며, 드디어는 더욱 강력한 식민지화(새로운 식민지구도)로 빠져들게 하고 있다는 것을 알아차리지 못하게 하고 있음도 그 한 예로 들 수 있다. 또 국외에서 생산된(한국인이 주체가 아닌 일본인 또는 아시아인이 주체가 된) '한류'는 그 경제적·문화적 회수回收가 반드시 국내나 내국인으로 돌아가고 있는 것은 아니라는 사실도 지적할 수 있다. 오히려 경제와 문화 개방을 강요해서 외부의 경제자본과 문화가 물밀듯이 들이닥쳐 국내 경제를 압박하고 국민정서를 어지럽히고 있는 것이다. '한류'라는 통로로 전달되는 매체(물품과 감성)를 통해 실질적으로 이익을 얻고 있는 것은 국외의 엔터테인먼트나 그것을 산업화하고 있는 그 지역의 주민이다. 또 일본 국내의 대중매체를 통해 흘러나가는 한국의 이미지(영상, 주로 영화나 드라마)는 일본인 시청자들에게는 잠시 접할 수 없었던 구식민지에 대한 향수이며, 옛 식민지였던 곳을 자유롭게 분석할 수 있는 매체가 되기도 한다. '욘사마'나 젊은 한국 남성 연예인에게 열광적인 일본인 여성들이 그들에게는 관대(무조건적인 사랑을 주는 상대)하지만, 그녀(일본인)들이 갖고 있는 재일코리안에 대한 차별(편견)이나 한국사회에 대한 편견적(식민지적) 시선에는 변함이 없기 때문이다.

이 책에서 독자의 감성을 자극하는 부분은 아마 지은이의 인양 체험 이야기일 것이다. 현재 과거의 전쟁을 둘러싼 기억과 그 전달에 대한 학술적 접근이 그 어느 때보다 활발하다. 무엇보다 이 책의 서문에서 예를 든 한국과 타이완의 여자 유학생들(구식민지 측)과의 대화에서, '정치지도자의 민족적인 연결(동족인가 아닌가)보다는 지도자의 좋은 정치를 더 중요시한다'는 유도(「서문을 대신해서—나의 신식민지주의론」, 31쪽)는 전쟁 체험자이며 식민자이기이기도 한 지은이의 구식민지에 대한 조망과 식민지 지배에 대한 평가를 시사하고 있는 것이다. 그렇지만 지은이는 좋은 정치란 무엇인지에 대한 본질적인 물음과 그 대답은 거론하지 않았다. 이러한 대목들에서 나는 영화 『잔혹한 음모The Boys from Brazil』(프랭클린 샤프너Franklin J. Schaffner 감독, 영미합작영화, 1978 ; 『죽음의 천사Nazi Angel of Death Josef Mengele 'Created Twin Town in Brazil'』, 제2독일 텔레비전, 1998 ; 『내 아버지My Father—Rue Anguém 5555』, 에기디오 에로니코Egidio Eronico 감독, 이탈리아 · 브라질 · 헝가리, 2003)를 떠올릴 수밖에 없었다. 이 작품들은 아우슈비츠에서 수 많은 인체실험을 행하며 '죽음의 천사'로 불렸던 요제프 멩겔레Josef Mengele(1911~1979)에 대한 이야기를 다루고 있다. 그중에서 『내 아버지』(토마스 크레치만Thomas Kretschmann, 머레이 아브라함F. Murray Abraham, 찰턴

헤스턴Charlton Heston 주연)는 전범이라 불리는 아버지와 그러한 아버지를 이해하고자 하는 아들의 갈등을, 아들의 증언을 토대로 그려낸 충격적인 영화이다. 아버지 멩겔레는 자신의 행위를 부끄러워하기는커녕 역사가 부여한 사명이라 믿고 전후에도 계속 영예로 여기며 살아왔다. 전범자인 아버지를 이해하려는 아들과의 갈등은 아버지 멩겔레의 특론인 "당시 나치 친위대 지식인들이 가졌던, 동물의 세계에서 절멸종이 있듯이 인산세계에서도 열등종은 자연도태되어 사라져간다는 사상으로 세계를 우수한 아리아인종 왕국으로 만들겠다는 나치의 야망"에서 절정에 이른다. 멩겔레는 '강자는 언제나 강해지기를 바라며, 약자는 가차없이 사회의 주(저)변으로 밀려나는 숙명을 가지고 있다'고 말하면서도, 유대인 제거는 원시적인 방법으로 행했다고 고백한다. 그러한 아버지를 이해하거나 용서할 수도 없지만 그렇다고 고발할 수도 없었던 아들은 이것으로 아버지와 이별을 고한다.

전범인 멩겔레의 변명은 스스로 우수하며 강자라고 믿는 쪽이 자신들이 믿고 있는 것을 실현하기 위해서는 타자의 목숨마저도 간단히 희생시키는 것을 두려워하지 않으며, 심지어 자신들의 행위를 언제나 유리하게 정당화시키는 존재임을 암시하고 있다. 그리고 그러한 논리를 자신들의 다음 세대, 심지어는 타자(구식민자 측 세대)에게도 강요하려 든다. 나는 독자들이 구식민자 측의 식민지 행위에 대한 기억과 전달 그리고 구식민지를 조망하는 양면성에 대해서도 주의 깊게 살펴보기를 바란다. 그러나 그것이 단순히 피해자 또는 희생자, 가해자라는 도식으로 이해되는 것에는 주저할 수밖에 없다.

그러나 긍정적인 측면에서 보자면 이전의 식민자와 식민지 측의 새로운 관계를 모색하기 위한 움직임으로서의 가능성도 가늠해볼 수 있지 않을까. 그러한 점에서 또한 지은이의 관점에 공감하는 부분이 많을 것이다. 지은이는 그 가능성을 모색하기 위해서 마르티니크에서 오키나와로 돌아가면서 음미하고 그것을 다시 일본사회의 '재일'로 전환시키며 결국에는 지은이 자신의 문제로 귀결시키고 있는 것이다. 본문에서 지은이 자신의 인양 체험 이야기는 지금도 고향을 떠나 세계 각지에 산재해 살고 있는 사람들의 존재를 환기시키면서, 동시에 우리에게 글로벌화에 포장된 '식민지주의'에 대해 의문을 갖기를 바란다. 지은이의 인양 이야기는 일본사회에서 소수자로서 전후를 살아온 많은 인양자들을 대변하는 것이며, 구식민자가 구식민지인들에게 내민 '화해를 위한'(지은이 자신은 화해라는 것은 있을 수 없다고 생각하지만) 사상이며, 양자 사이의 새로운 관계를 모색하기 위한 '프롤로그'이기도 하다. 그리고 그 이야기는 앞으로도 계속될 것이다.

이 책의 번역 작업은 2006년에 시작되었지만 그동안 내용에 대한 많은 검증과 수정을 거치면서 새롭게 가다듬었다. 분량은 적지만 본문에서 거론하고 있는 사건과 예들을 원문과 대조하면서 잘못된 부분을 바로잡고 부족한 내용을 보완하면서 만들어졌다. 이러한 과정은, 번역은 단순히 다른 언어로 옮기는 작업이 아니라 원저의 잘못된 부분을 바로잡고 독자의 이해와 학술적인 접근을 돕기 위해 보완하면서 새로운 책을 만드는 것이라는 일조각의 번역 작업에 대한 뜻을 반영하고 있는 것이기도 하다. 원어의 확인작업에 많은 도움을 주신 한경구 교수님과 본문의 검증 작업을 꼼꼼히 맡아주신 편집부 직원 여러분께도 감사한다.

나는 일본에서 18년째 지내고 있다. 처음 유학으로 시작된 인생이 어느새 식민지 문제와 씨름하면서 이 과제가 이제는 나 자신의 인생이 되었다. 여전히 풀리지도 끝나지도 않은 많은 문제와 그러한 문제들이 새로운 형태로 재생산되는 것을 현실에서 접하며 가중되는 식민지의 무게를 절감한다. 교정 작업 중 조카 준영이가 논산훈련소에 입소했다. 병역의무를 다하고 있는 준영이와 한국 국군 장병 여러분을 떠올리면서, 식민지의 산물인 한국 군대의 특수성에 대해서도 다시 생각하게 되었다. 한국사회에서 병역의무라는 것이 단순히 한국의 젊은이들이 짊어져야 할 운명과 숙명으로서 존재하기를 바라지 않는다. 한동안 잠잠했다가도 끊이지 않고 들려오는 병역기피를 둘러싼 비리와 양심선언이라는 부조리함과 사회적 갈등을 보면서 이제는 한국의 군대가 단순히 식민지의 산물로서 존재하는 것이 아니라 군대 본연의 의무를 충실히 이행하고 모든 국민에게 평등하며 보다 합리적인 군대로 거듭나기 위해 냉정하고 비판적이며 미래지향적인 국민적 논의가 필요한 때라고 생각한다.

따라서 나는 이 책이 국내의 혁신적인 소수자집단 연구자들과의 연대의식을 높이기 위한 지침서나 애독서로 그치지 않고 더욱 많은 이들의 눈에 닿기를 바란다.

2009년 11월 20일

교토에서 **박미정**

新식민주의론
글로벌화시대의 식민지주의를 묻는다

1판 1쇄 펴낸날 2009년 11월 20일

지은이 | 니시카와 나가오
옮긴이 | 박미정
펴낸이 | 김시연

펴낸곳 | (주) 일조각
등록 | 1953년 9월 3일 제300-1953-1호(구 : 제1-298호)
주소 | 110-062 서울시 종로구 신문로 2가 1-335
전화 | 734-3545 / 733-8811(편집부)
733-5430 / 733-5431(영업부)
팩스 | 735-9994(편집부) / 738-5857(영업부)
이메일 | ilchokak@hanmail.net
홈페이지 | www.ilchokak.co.kr

ISBN 978-89-337-0578-0 03300
값 16,000 원

* 이 도서의 국립중앙도서관 출판시도서목록(CIP)은 e-CIP홈페이지
(http://www.nl.go.kr/ecip)에서 이용하실 수 있습니다.
(CIP제어번호 : CIP2009003520)